●学術 mini 情報誌・・・フットワークで集めた学術先端情報

CPC JOURNAL

2025　　第7号

江ノ電が走る街―『江ノ電沿線の近現代史』より

CPC JOURNAL

特集：鉄道沿線史の著者が自著を語る

『西鉄沿線の近現代史』を書き終えて

鷲崎俊太郎（九州大学准教授/日本経済史・歴史地理）

2009（平成21）年4月、私が九州大学へ着任して間もない頃のことです。当時、西日本鉄道株式会社（以下、西鉄）に勤務していた吉富実さんから、鉄道史の資料・書籍を収集した「山本魚睡コレクション」を、当研究室に寄託していただきました。

山本魚睡というのは、西鉄の社員だった方です。1978（昭和53）年に刊行された『西日本鉄道70年史』の奥付には、編集担当者に山本正治という本名で掲載されています。ご自身でも、鉄道に関する資料や書籍の収集をライフワークとし、後々それが立派な「コレクション」となっていきました。2008（平成20）年刊行の『西日本鉄道百年史』にも、「山本魚睡コレクション」からの写真が、数々掲載されています。山本さんが亡くなったのち、ご遺族や吉富さんのご厚意によって、その一部が私の研究室へやってきました。

寄託されたコレクションのうち、重要な位置を占める資料が西鉄の社内報です。古くは5社合併・西鉄成立以前における九州電気軌道の『九軌社報』（創刊号は1931年7月）から、戦後の1976年3月に至るまで、西鉄で発行された社内報が、おかげさまで、いつでもすぐ手の届く距離に置かれていました。これらの社報を活用して、地元福岡の経済史研究ができないかと、私は思案していましたが、当時は江戸・東京の土地市場や不動産経営を分析した博士論文を執筆していたために、なかなか実行に移せませんでした。

そういう状況下でも、野球好きなゼミ生たちと「西鉄ライオンズの経営史研究会」を結成し、この社報から、終戦直後の都市対抗野球大会で優勝した西鉄野球部や、その野球部を母体として誕生したプロ球団・西鉄クリッパース（のちに愛称名を西鉄ライオンズと変更）に関する記事を拾い集め、プロ野球史における西鉄の役割や、戦後福岡の社会経済を探究する素材として活用していました。この課外活動は、幸運にも、テレビ、新聞、ラジオなど、あらゆるマスメディアで採り上げられたので、私としては、戦後の福岡や西鉄に対する県民の高い関心とその手応えを、感じ取ることができました。

2020（令和2）年、新型コロナウイルス感染症対策による「STAY HOME」の実施は、私の研究スタイルに大きな変化を与えました。都道府県を跨ぐ「不要不急」の移動を自粛させられたために、東京都や他府県へ資料を調査しづらい状況に陥りました。翌年度のサバティカル期間中には、東京の実家を拠点に研究生活に没頭したかったのですが、各地の資料館では相変わらず閲覧に厳しい制約が課されていました。そのために、福岡県をベースにして、何か地域のために貢献できる研究はないかと考えようになったのです。

その転機は、2022（令和4）年10月29日に突然訪れました。この日、首都圏形成史研究会の例会が、久々に対面で開催されることになりました。しばらく仲間と顔を合わせていなかった私は、もうカメラをオフにせず、マイクをミュートにしなくてよい会合へ出席すべく、福岡から横浜開港資料館へ文字通り飛んで行きました。この例会は、「“鉄道史”展示の現状と課題」というシンポジウムで、新たな発見を得た内容でしたが、それ以上に新たな「発見」となったのが、懇親会時に初めて挨拶を交わしたクロスカルチャー出版の川角社長でした。会ってわずか数分で、「福岡に住んでいるなら、『西鉄沿線の近現代史』を書いてみませんか？」と、仕事を依頼して下さったのです。この瞬間、『西鉄社報』の活用、地域に貢献できる研究、単著の出版化という3本の矢が、1つに束ねられました。

とはいえ、この時点では、私に西鉄電車に乗った経験がそれほどありませんでした。天神大牟田線に乗車しても、せいぜい太宰府まで。甘木線・貝塚線への乗車は、皆無でした。そこで、執筆のネタ探しのために、西鉄福岡（天神）駅を出発して各駅で下車し、周辺を歩きまわり、興味深いお家やお店があれば、アポ無しで取材に押しかける日々が始まりました。言わずもがな、その距離と時間は、徐々に延びていきます。そして主の方からお話を伺っていくうちに、既存の文献には出てこないようなエピソードを拾うことができ、歴史学にフィールドワークを混ぜたストーリーが、少しずつ固まっていきました。

たとえば、福岡（天神）駅から次の薬院駅で降りて、平尾浄水場の跡地へ向かうために浄水通りを歩いていると、偶然出くわしたのが、「ニッポンセーラー服発祥の地　福岡女学院跡」という電柱の看板でした。その真相を確かめるために、今度は福岡女学院の資料室（最寄駅は井尻駅）を訪問すると、かつて福岡女学院大学が小郡市にキャンパスを所有していた事実を耳にしました(最寄駅は大保駅)。そのキャンパス跡地がどうなっているのかを調べてみると、第一精工（現・I-PEX）株式会社が大学の建物を購入したことを知りました。そして、同社の企画営業部を通じて現況を見学し、民間企業が大学の建物を購入した経緯を理解できたのです。（詳細については、第1章と第5章をご覧下さい。）

沿線史というのは、けっして鉄道自体の歴史ではありません。鉄道に沿った土地や空間全体の歴史を指します。そして、そこに行き交うヒト・モノ・カネ・情報が、この空間をどのように利用していったのかを探求する学問だと思っています。近年、福岡は「住みやすい街」という評判を得ています。しかし、読者の皆さまには、大宰府政庁のいにしえから、長い年月をかけて「住みやすくしていった街」が福岡なのだという推移を、本書から味わっていただけますと、少しは地域貢献を達成できたかなと、自負しています。

り「鉄道」史と化した原稿を脱稿することになりました。理由は、鼓ヶ浦海水浴場の開発への言及には主体の伊勢電気鉄道が不可欠で、その言及には明治末期の伊勢鉄道創設にまで遡る必要があり…、ということを500km余で行えば、当然のことながら紙数が尽きてしまったのでした。

近鉄沿線は、大阪府、京都府、奈良県、三重県、愛知県の２府３県に跨がり、2007年の養老線の事業形態変更以前は岐阜県にまで広がっていました。それをコンパクトな200頁弱の冊子にまとめる力量を欠いたことをいまも悔やんではいます。一方やむを得なかったという思いも抱きながら。

【鉄道沿線史シリーズ　既刊８点】

No.5　いま小田急沿線史がおもしろい!!
小田急沿線の近現代史
●永江雅和（専修大学教授）
●A5判・本体1,800円＋税　ISBN978-4-905388-83-8
鉄道からみた明治、大正、昭和地域開発史。鉄道開発の醍醐味が＜人＞と＜土地＞を通じて味わえる、今注目の１冊。

No.6　アメージングな京王線の旅!
京王沿線の近現代史
●永江雅和（専修大学教授）
●A5判・本体1,800円＋税　ISBN978-4-908823-15-2
鉄道敷設は地域に何をもたらしたのか、京王線の魅力を写真・図・絵葉書入りで分りやすく解説。年表・参考文献付。

No.8　湘南の魅力をたっぷり紹介!!
江ノ電沿線の近現代史
●大矢悠三子
●A5判・本体1,800円＋税　ISBN978-4-908823-43-5
古都鎌倉から江の島、藤沢まで風光明媚な観光地10キロを走る江ノ電。"湘南"に詳しい著者が沿線の多彩な顔を描き出す。

No.9　120年の京急を繙く
京急沿線の近現代史
●小堀　聡（名古屋大学准教授）
●A5判・本体1,800円＋税　ISBN978-4-908823-45-9
第45回 交通図書賞受賞
沿線地域は京浜工業地帯の発展でどう変わったか。そして戦前、戦時、戦後に、帝国陸海軍、占領軍、在日米軍、自衛隊の存在も一。

No.14　鉄道沿線史シリーズ　５
中央沿線の近現代史
●永江雅和（専修大学教授）
●A5判・本体2,000円＋税　ISBN978-4-908823-73-2 C0021
小田急、京王線に続く第3弾! 東京の大動脈、中央線の今と昔。街並み、乗客、列車、駅、この4つを平明に書き記した著者の歴史家としての視点が冴える。

No.18　近鉄開業125周年記念出版
近鉄沿線の近現代史
●三木理史（奈良大学教授）
●A5判・本体2,000円＋税　ISBN978-4-910672-15-1
大和西大寺駅から書き始めて複雑な路線図・沿線史を分かりやすく描き出す。沿線の発展史は、もう一つの合併史でもある。関連年表・写真・図版85枚入。

No.20　ネイビーブルーが首都圏を疾走!!
相鉄沿線の近現代史
●岡田　直（元横浜都市発展記念館・主任調査研究員）
●A5判・本体2,000円＋税　ISBN978-4-910672-42-7
神奈川―東京―埼玉を結んで新たな夢を運ぶSOTETSU。地図を手がかりに路線の歩みを的確かつわかりやすく描きだす。いま、相鉄がクール。

No.22　天神大牟田線開業100周年記念出版
西鉄沿線の近現代史
●鷲崎俊太郎（九州大学准教授）
●A5判・本体2,000円＋税　ISBN978-4-910672-51-9
鉄道開通以前の沿線史にも焦点を当て、それらが現代の生活とどう結びついてきたのかを考察する。

上記書目は刊行順です。

【これから出る鉄道沿線本】

・荒川沿線の近現代史
・山陽沿線の近現代史
・名鉄沿線の近現代史
・京阪沿線の近現代史
・東横沿線の近現代史
・西武沿線の近現代史

■ CPC 便り（7）

□□□□４月の新刊□□□□

【日本現代史シリーズ 14】
『戦後学力テスト研究資料集』
第２回配本（全３巻）西日本編
編集・解題：北野秋男（日本大学特任教授）
B5判・上製・2,000頁　定価100,000円＋税
ISBN978-4-910672-56-4 C3337
既刊：第１回配本（全３巻）東日本編
ISBN978-4-910672-38-0

■□■□今後の主な刊行物□■□■

●2025年６月末日　発売
【文学・言語研究シリーズ３】
『近代日本語教科書選集 補遺編』全４巻
李長波（同志社大学教授）編集・解題
B5判・上製　2,400頁　定価120,000円＋税

●2025年８月20日発売
〈CPCシリーズ23〉永澤　済（上智大学准教授）著
『教養としての日本語史』全１巻
A5判・並製　180頁　定価2,000円＋税

●2025年９月末日【日本経済研究資料シリーズ８】
『明治大正期 帝国信用録』第３回配本
B5判・上製　3,300頁　定価165,000円＋税

知の円環運動を射る３つの矢→異文化・文学／言語・歴史統計そして人文・社会科学分野

■編集後記■

◆学術情報誌「CPC JOURNAL」第７号（通巻第20号）をお届け致します。約６年半ぶりの「CPC JOURNAL」になります。その間に〈刷新と充実〉を図るべくリニューアルしたホームページに電子書籍も数点搭載中です。尚、バックナンバーは同じくホームページの「冊子の案内」で見ることができます。webpage：http://crosscull.com

◆今回の特集は＜鉄道沿線史の著者が自著を語る＞です。編集長は九州大学の鷲崎俊太郎先生にお願いしました。ここからは鷲崎先生にバトンタッチします。よろしくお願いいたします。

◆「名ばかり編集長」の鷲崎俊太郎です。このたびは大役を仰せつかり、光栄に感じております。たまたま私が『沿線の近現代史』シリーズの著者５人と顔見知りだったので、二つ返事で引き受けてしまいました。なかには、４半世紀ぶりに連絡を取り、近況を報告し合う方もいらっしゃいました。これも、何かのご縁です。そのおかげもあってか、六者六様に「鉄道沿線史の自著を語る」ことができたと思われます。沿線史の特色とともに、著者の特色をも読み取って下されば幸いです。
６人の著者がそれぞれの沿線における始発駅だと喩えると、編集という作業は、その始発駅をぐるっと結びつける役割を果たします。換言すれば、川角社長の仕事は、山手線もしくは大阪環状線を定時運行させることになるわけです。私は自著を販売する際、数々の書店へ出向き、営業を行いましたが、今回、編集の作業に携わることで、相手の立場になる経験を、またひとつ得られました。深謝申し上げます。

◆最近小社において画期的な出来事がありましたのでこの紙面お借りしてご報告させて頂きます。一つは、小社でも『アーカイブズと私―大阪大学での経験』『戦前期商工信用録解題―詳細とその活用法』の２冊を刊行された経済史家の阿部武司先生（大阪大学名誉教授）が学士院賞を受賞されました。心からお祝いを申し上げます。もう一つは､小社の【日本経済調査資料シリーズ３】の『商工資産信用録』関連の論文（佐藤秀昭大阪大学准教授）が学術雑誌『社会経済史学』No.50 2025年２月号の巻頭に掲載されたことです。このシリーズの活用を願っていた小社としては嬉しいニュース。刊行予定にも続刊の資料集がありますが、これを機に研究者の皆様はじめ大学図書館や公共図書館においてこの資料（商工業者の人名録）をご活用頂ければ幸いです。

◆今回の特集では鷲崎俊太郎先生に編集長をお願いしました。多謝！（K）

CPC JOURNAL 2025 第7号　2025年5月20日　発行
●発行・編集：クロスカルチャー出版　CPC JOURNAL 刊行委員会
〒101-0064 東京都千代田区神田猿楽町 2-7-6
TEL:03-5577-6707 FAX:03-5577-6708 webpage:http://crosscull.com
●印刷：城島印刷 ●頒価 50 円

江ノ電のある風景

大矢悠三子(さいたま市史編さん専門委員 / 交通史)

初めて江ノ電と出会ったのは、私がまだ10代の頃でした。名古屋市生まれの私は、憧れを抱いていた鎌倉という土地に行けることに頭がいっぱいで、名前だけしか知らなかった江ノ電という電車にそれほどの期待を抱くこともなく初めての乗車を迎えたのです。

その時の私は、おそらく多くの人びとが感じたのと同じように、小さな車両が住宅の軒をかすめるように走ることに驚き、目の前にひろがる光る海とその向こうに同じく名前だけ知っていた江の島が横たわる姿に眼を奪われました。テレビの向う、書籍の上だけで知っていた景色に初めて足を踏み入れたこと、同時に日々通勤地獄・通学地獄と闘う東京圏から日帰りで行ける距離に別世界の風光明媚な景色が広がることに不思議な気持ちになったことを覚えています。

江ノ電を降りて江の島に渡ると、そこには懐かしい空気が流れていました。お祭りの夜店にも通じるワクワクした気持ちで、櫛に刺したイカの丸焼きを食べたことは今でも忘れていません。そんな遠い記憶を思い出しながら執筆したのが、第5章「湘南のランドマーク　不思議アイランド・江の島」です。節のタイトルにした「その時代遅れと最先端の魅力」という言葉は、研究と向き合った時間を経て感じ取った新たな江の島のイメージです。同じ事柄でも江の島が舞台になると違った色合いに見え、それがまた新たな魅力を形成する、そして湘南のランドマークである故に広く速やかに発信されていく……江の島はまるで不思議なトレンドジェネレーターのようではありませんか。

江ノ電沿線の藤沢・鎌倉というところは地域に愛着と誇りを持っている地元愛の強い土地柄と言えるでしょう。第8章「鎌倉を愛した文士たち」では、鶴岡八幡宮の裏山にあたる御谷地区の宅地造成をめぐる反対運動を取り上げました。「鎌倉の自然を守る会」が起こしたこの運動は、のちに古都保存法が制定される契機のひとつになりました。そんな地元愛はもちろん住宅街にも存在します。私たちが住まいを選ぶとき、物件の内容だけでなく、周辺環境も選択の大きなピースだと思います。最寄り駅までの所要時間などの交通環境、コンビニやスーパーマーケットなどの小売店や医療機関、金融機関の有無など生活の利便性、治安状況など周辺の条件も含めて比較検討することでしょう。第6章「海岸線――「江ノ電のある風景」の変貌」を執筆しているとき、私は江ノ電沿線を住宅の候補に考えたときに、この地域を選ぶもうひとつの要素に気づきました。それは景観です。「目の前に広い海、美しい富士山と緑の江の島」と景色の美しさが広告に謳われた七里ガ浜分譲地域で、のちに高校建設計画が起こった時、神奈川県が示した校舎の設計案では鎌倉の景観が損なわれるということを鎌倉建築家クラブが指摘しました。その後、同クラブや都市計画市民懇親会が神奈川県教育委員会と折衝を重ね、四階建ての校舎建設回避など、地域に溶け込むことに成功したのが1976（昭和51）年に開校した神奈川県立七里ガ浜高校です。これは生活のなかで景観を大切に考えるというアイデンティティを示す例と言えるでしょう。

今から約半世紀前、廃線の危機にあった江ノ電を救ったのは、テレビドラマでした。ドラマの舞台として極楽寺駅と江ノ電の車両が毎週のように映し出され、それまで休日でも乗降者数が1,000人に届かない鄙びた駅だった極楽寺駅は突如脚光を浴びました。これが江ノ電の転換期となり、廃線危機から一転、以後多くの映像作品に登場するようになりました。やがて、江ノ電は実写だけでなく、「江ノ電」としてマンガやアニメーションの世界でも無二の存在感を示していったのです。

『江ノ電沿線の近現代史』のなかでもオーバーツーリズムの問題には触れましたが、本書出版後、コロナ禍を経て、その顕著な例としてメディアにも多く取り上げられたのが、江ノ電の鎌倉高校前1号踏切に押し寄せる観光客の姿でした。井上雄彦作『SLAM DUNK』（『週刊少年ジャンプ』、集英社）の連載終了から長い時を経て、映画『THE FIRST SLAM DUNK』（2022年）が公開されたことが大きな契機でありましょう。同作品の聖地巡礼として世界中からファンが集まってきたのです。

オーバーツーリズムに対しては行政も動きました。2022年のNHK大河ドラマ『鎌倉殿の13人』の放送によって鎌倉への観光客の増加が見込まれたため、鎌倉市役所では、オーバーツーリズム担当を観光課内に設置し、また分散型観光を推進する「鎌倉観光混雑マップ」「鎌倉フリー環境手形」「江ノ電鎌倉駅西口改札における社会実験（沿線住民の優先入場）」などの対策を講じています。観光地は混雑して当たり前、そんな考え方が長い間通用してきましたが、令和の現在、日本の各所でこの問題を再考し、様々な取り組みがなされているようです。

1902（明治35）年に藤沢から出発し、1910年に小町（現在の鎌倉）まで全線開通した江ノ電。その姿は海岸線だけでなく、住宅地でも山の中でも自然に溶け込み、海に浮かぶ江の島や遠くにそびえる富士山のように、江ノ電が走ることがナチュラルな風景となっています。多彩な顔を持つこの地を、1日乗車券「のりおりくん」と本書を手に散策し、読者オリジナルの『江ノ電沿線の近現代史』を語ってもらえることと、江ノ電のある街の風景がこれからも穏やかに続いていくことを願ってやみません。

京急沿線の近現代史　あとがきのあとがき

小堀　聡（京都大学准教授 / 日本経済史）

最初の「あとがき」でも記したように、『京急沿線の近現代史』の執筆を筆者が決断したきっかけは、京急大津駅前にあった小さな書店を、編集の川角功成さんがご存じだったことである。もっとも、川角さんとの出会いは2016年の５月だったから、18年12月末の刊行まで２年半以上を要した。実はこの間、執筆を後押ししたもう一つのきっかけがある。それは、17年12月30日、帰省先の北久里浜駅で、以下のポスターを目にしたことであった。

京急は創立120周年　これからもたくさんの笑顔を乗せて
皆様のご愛顧により、おかげさまで京急は2018年２月25日に創立120周年を迎えます。
…（略）…
2018年元旦

多忙な元旦を避けて、予め貼り出されていたのだろう。2018年が創立120周年だと筆者が気づいたのは、実はこのポスターのおかげであった。『京浜急行八十年史』を既に読んでいたにもかかわらず、である。というわけで、18年内の刊行が、新年早々の目標になった。

幸い、永江雅和さんの『小田急沿線の近現代史』に倣って12章にする構想は、既にできている。そこで、１～６月に毎月２章ずつ下書きすれば間に合うのではないか、と考えた。これは計画通り進み、７～９月にかけて全体を修正したのち、入稿、そして校正。2018年末の帰省時には、文教堂横須賀MORE'S店（旧、平坂書房）で平積みの拙著を目にすることができた。印刷や宣伝・配本などにご尽力いただいた皆様に、この場を借りてお礼申し上げる。

執筆に際しては、たまたま手許にあった文献が、しばしば役に立った。たとえば、第11章で利用した『大津郷土誌』。これは、1981年の刊行時に祖父が入手していて、今回初めて通読した。また、『広報よこすか縮刷版』は、横浜市立中央図書館の郷土資料書架で偶然知ったもの。ちょうど古書店で安売りされていて購入したのが、2011年のことである。第９章に登場する馬堀自然教育園の資料も、脚注に挙げた土谷直人さんの卒業論文に触発されて、同じ頃に集めていた。まさに、犬も歩けば…、である。

この馬堀自然教育園に加えて金沢地先や北川湿地の埋立など、本書では環境史—自然環境と人間との相互作用の過程—を柱の一つに据えている。その際に最も気を付けたのは、反対運動や自然保護活動のみならず、開発側の構想・思想や動きについても、当時の資料に基づいて内側から描くことであった。むろん、反対運動が環境保全に果たしてきた役割は少なくない。とはいえ、それが対峙した相手が何を考えていたのかについても公平に描いてこそ、日本の深刻な自然破壊の経験を将来に伝えることができるのではないか。

そこで拙著では、たとえば、金沢地先埋立を「横浜市全体」の観点から断行した飛鳥田一雄市長や、小網代開発を「三浦市衰退への危機感」から京急と一緒に進めようとした久野隆作市長について、彼ら自身の発言を引用しつつ紹介した。なかでもかなりの行数を割いた久野の叙述には、複数の方から好意的な感想をいただいた。拙著への反応のなかでも、とりわけ嬉しかったことの一つである。

久野市政には、拙著で触れられなかった功績もある。それは、1954年３月１日に端を発する水爆実験被害—ビキニ事件—について、記録集を刊行したことだ。ビキニ事件では第五福竜丸の被ばくがよく知られているが、放射能の検出はこれにとどまらず、周辺海域で操業していた多くの漁船が被害にあっている。そのなかには三崎から出港していたものもあり、大量のマグロが処分された。翌55年１月の三崎町消滅・三浦市成立も影響して、多くの関連資料が失われたが、事件の風化を懸念し、記録を後世に残すという観点から、久野市政は再調査を実施。その成果は『ビキニ事件三浦の記録』として、96年にまとめられた。現在では三浦市のウェブサイトでも、全頁がPDFで公開されている[1]。

この調査・執筆を実際に行なった森田喜一によると、制作は、以前から親交のあった久野からの依頼によるものであった。久野の家業は遠洋マグロ漁船の廻船問屋であり、ビキニ事件でも影響を受けていた（「平成４年三浦市議会第３回定例会会議録第１号」1992年９月　９日、『タウンニュース』三浦版、2011年５月13日、24年２月２日）。久野にとってビキニ事件は、私事でもあったのだろう。

ちなみに、久野の前代市長の野上義一は、北原白秋の研究や句作などでも知られる。野上の白秋研究は『北原白秋—その三崎時代』にまとめられており、拙著でも参照した。副題にもあるように白秋の三崎滞在期間を追跡した作品であり、市長就任前年の1976年に刊行されている。

久野と野上とでは、京急の開発に対する姿勢は、かなり異なる。だが、京急沿線の貴重な近現代史を後世に伝え残した点に、二人の違いはなかったといえよう。筆者も、彼らと同じ役割を果たせているとしたら、幸いである。

---

1) https://www.city.miura.kanagawa.jp/soshiki/seisakuka/seisakuka_hisho/peace/bikini.html

2府3県に跨がる500km余の路線を相手に

三木理史（奈良大学教授 / 歴史地理）

「あとがき」をもう一度

「あとがき」の繰り返しながら、筆者の担当した近畿日本鉄道（以下、近鉄）の2021（令和3）年における営業キロは501.1kmで、既刊の小田急120.5kmの約4倍、京浜急行87.0kmの約6倍、江ノ島電鉄10.0kmの約50倍、JR在来線の東海道本線に例えれば東京～膳所（ぜぜ）（滋賀県）間の501.9kmにほぼ匹敵します。ちなみに近鉄の営業キロ最長は1986年10月～92年10月の595.2kmで、あと少しで600km（東京～神戸間相当！）に達しつつあった時期もあったことを思えば、現状でも少し短縮されてはいます。

「鉄道沿線史」シリーズは、分量を限定しているわけではないようながら、200頁以内くらいに収めることは暗黙の了解事項のようです。とはいえJR東海道本線（京浜東北線）でいえば東京～大森間（11.4km）の通勤電車で10数分の距離相当の江ノ電と、かつては夜行列車で一晩かけていた東京～膳所間に匹敵する近鉄をほぼ同じ密度で扱うことは、土台無理な相談でした。

その点は川角社長も承知されていたようで、企画段階で近鉄の一線区（たとえば近鉄奈良線沿線の近現代史）でもいいですよ、というご意見も頂きました。すでに『中央沿線の近現代史』が刊行されており、それに倣うご意見ながら、方や元国鉄たるJRの一線区であり、全国的鉄道網の一角を成しています。小国鉄を他称されたこともあった近鉄とはいえ、民鉄の沿線は全国的鉄道網の一部とは異なり、その会社のカラーが投影され、特に在阪大手民鉄は阪急電鉄を筆頭に個性的カラーが定着しています。奈良線だけを取り出して、果たして近鉄沿線のカラーが描けるでしょうか？　近鉄の代名詞でもある近鉄特急は、単なる速達や座席指定列車ではなく、広域に展開する路線を急行列車以下にはない縦横に跨いだ運転にこそ特徴があります。そのように考えていると、結局一線区に対象を絞ることも見送らざるを得なくなってしまいました。

そして、その広域路線網は、近鉄直系の大阪電気軌道（以下、大軌）を軸に、星の数といっても大袈裟でないほどの鉄軌道会社を合併することで成り立っています。その過程で大軌自体も関西急行鉄道、近畿日本鉄道と社名が変転し、その間には南海鉄道の合併や南海電気鉄道への分離など複雑な経過をたどってきました。執筆中は、そこに多数の被合併会社の複雑な変転を盛り込んで、本書の主題である沿線に言及する紙幅が得られるか？　というより残るか？　という根本的問題に悩みつづけました。

ネイティブユーザーの現地体験

筆者自身のことを振り返れば、生まれも育ちも近鉄沿線の、いわばネイティブユーザーで、幸いに職を得た大学もまたそうでした。さらに近鉄が創業100年を記念して編さんした『近畿日本鉄道100年のあゆみ』の執筆者にも加えて頂き、また沿線の愛知県や奈良県王寺町、三重県伊賀市の自治体史編さんに関わる機会も与えられてきました。そのため1から勉強し直す点は少なかったものの、現状を見落とす可能性を危惧していました。

折しも川角社長から執筆のお話しを頂いたのがコロナ禍真っ只中の2020年晩夏で、遠隔地へ調査に行きづらい環境にありました。そして乗客難に悩む近鉄が格安のフリー切符を乱発？　したのを好機に、それらを駆使して近鉄沿線をとにかく見直してみることにしました。前述の社史や自治体史の編さんでは資史料調査に精を出しましたが、時間的に現地調査が不充分で、その分本書ではとにかく現地を歩くことにしました。

コロナ禍真っ只中で海外はおろか、国内移動も憚（はばか）られるなか（広域の近鉄沿線は立派な「県を跨ぐ移動」ながら）、おかげでそれまで名前を知るのみの鼓ヶ浦海水浴場や生駒鋼索線の梅屋敷駅などにも足を運ぶことができました。またレンタサイクルを利用して明治期四日市港の修築工事に尽力した稲葉三右衛門縁（ゆかり）の通称「潮吹き防波堤」や鈴鹿線沿線の旧軍施設跡地など、これまで訪ねたいと思いながらも機会に恵まれなかったところへもずいぶん足を運びました。そして、近鉄沿線には鳥羽線や志摩線沿線の海の幸から、津市内の多くの鰻（うなぎ）料理店や天むすの発祥店、果ては「蜂蜜（はちみつ）まんじゅう」なるB級グルメまで事欠かず、それらを味わうことも忘れませんでした。また、コロナ禍の観光客減少で特急券を買いやすくなった観光特急「しまかぜ」に乗車し、カフェ車両でスイーツも味わえました。

近鉄沿線には、それらに勝るとも劣らない数の古代の旧跡が、筆者の地元から勤務先にかけて集中しています。古市古墳群から明日香・藤原京、大和三山、平城宮跡、そしてその周辺に点在する多数の社寺仏閣には国宝級の文化財も珍しくなく、世界遺産に指定されたところさえ含まれています。コロナ禍でインバウンドはもちろん、日本人観光客も減少した当時、それらを静かな環境で楽しむチャンスではあったのですが、結果的にあまり足が向かず、結局割愛しました。唯一例外は、コロナ禍で大阪方面での実施を大学から認められなかった学生引率巡検に託（かこつ）け、津市郊外の浄土真宗高田派総本山専修寺（せんじゅじ）と一身田寺内町を訪ねたことくらいでしょうか。

最後に言い訳を

さて、いよいよ執筆です。それらフィールドワークの成果を活かして沿線を存分に紹介できました…、と書ければよかったのですが、実物を手に取って頂ければ明白なように、シリーズ他巻とは異なって、すっか

自著『相鉄沿線の近現代史』をめぐって〜若干の補足

岡田　直（元・横浜都市発展記念館調査研究員/歴史地理）

本書の「あとがき」にも書きましたが、我々がある地域の地理や歴史を語る場合、最も一般的に用いる地域単位は、都道府県や市区町村という地方自治体の行政区域になるでしょう。しかし、大都市圏に暮らし、日常的な移動に鉄道を用いていると、「○○市」や「○○区」と言うよりも、「○○沿線」や「○○駅周辺」など、鉄道の路線や駅を単位として説明をする方がわかりやすいことがしばしばあります。

行政区域の枠組みを外し、大都市圏をセクター状に区分する鉄道沿線を単位にして、地理や歴史を描いてみると面白いのではないか。そんな関心から、もちろん鉄道そのものへの興味もあるのですが、本シリーズの一冊を担当させていただきました。もっとも、東京都心を中心に各方面へ複数の路線が放射状に広がる首都圏において、担当した相模鉄道（相鉄）は、その副次（サブ）的な核である横浜駅を起点に伸びる、いわば支線的な路線ということになります。

それでも相鉄沿線には、近年の新横浜線の開通で利便性を一変させた二俣川駅周辺や、林立する超高層マンションが「第二のムサコス（武蔵小杉）」として人気の海老名の街、そして、昨年にオープンした話題の大型商業施設「ゆめが丘ソラトス」など、注目を集める場所が連なっています。これらが一本の沿線地域としてどう連動しているのか、明確に説明することは難しいのですが、沿線が一つの魅力ある地域イメージを形成しつつあることは確かでしょう。

さて、行政区域にとらわれない地域単位として、冒頭でもう一つ上げたのは「○○駅周辺」です。それは「○○沿線」を構成する、表に出ていませんが、本書のもう一つのキーワードです。相鉄沿線をテーマにした本書では、その起点の横浜駅について、相鉄の取り組んだ西口の商業開発に焦点をあてながら、とりわけ多くの頁を割きました。本稿では「○○駅周辺」の一例として、横浜駅をもう一度取り上げ、本書に盛り込めなかった事項を若干補足したいと思います。

横浜市では昭和初期、当時の中心市街地の辺縁部へ東海道本線の横浜駅が、つまり横浜という都市を代表する中心駅が移転されました。そこは内湾の埋立地で、大正前期までに複数の工場が立地していましたが、関東大震災で大火災が発生し、その後は空地となっていた場所です。新駅が竣工すると、表側の東口（現・西区高島二丁目）には国道と市電が走り、駅前広場が整備されます。一方、西口の駅裏（現・西区の南幸一丁目・二丁目、北幸一丁目・二丁目など）は昭和中期に至るまで空地のままで、資材置き場となるだけでした。

この東口と西口をあわせた横浜駅周辺には戦後、実際にどのような業種の商工業者が立地したのか、地図やデータは割愛しますが、岡田（2024）をもとに概観し本書を補足しておきましょう。

今日に見られるような小売業（飲食店を含む）の集積は、1960年代から西口の南幸一丁目において圧倒的な規模で進みました。そして、1970年代後半以降、集積がさらに巨大化します。これが本書で取り上げた、相鉄の商業開発によるものであることは言うまでもありません。また、北幸一丁目においては、金融・保険業の集積が同じく1960年代から顕著になります。そして、やはり1970年代後半以降に圧倒的に巨大化します。それは南幸一丁目や、隣接する神奈川区鶴屋町にも拡散しました（加えて鶴屋町では旅館・ホテルと、各種学校等のサービス業の立地が増えます）。

一方、両町の一丁目よりも駅から離れる北幸二丁目や南幸二丁目では、1950年代から70年代においてもまだ製造業（工業）や建設業の立地が目立ちました。これらは1980年代以降、小売業などに転換します。また、東口の高島二丁目には戦前から戦後を通して、食堂や旅館・ホテルも見られますが、倉庫を含む運輸業が集積していました。商業開発は1980年代にまで遅れます。

このように横浜駅周辺では1960年代以降、西口の南幸・北幸一丁目を中心に金融・小売・サービス業が集積しました。その結果、横浜の都心機能の一部（経済・商業サービスの中枢機能）を担い、関内・伊勢佐木町の旧来の都心地区とで都心を二極化させていくことは、本書で述べた通りです。

横浜駅の駅前、特に西口に開けた横浜の中心商店街は、規模にしても東京の渋谷や池袋の繁華街に引けを取りません。しかし、問題は「○○駅周辺」という認識が強すぎてか、「南幸」「北幸」などの町名で呼ばれることがなく、この街を指す呼称が「横浜」という駅名しかないことです。パイオニアの相鉄は西口に「横浜センター」という呼称を定めたのですが、定着しませんでした。今日、「横浜の街」と言う場合、一般的には港湾都市横浜の全体を意味するはずですが、単に横浜駅周辺だけを指すことも多々あり、誤解も生じかねません。

例えば、東京駅前のビジネス街には「丸の内」、大阪駅前の繁華街には「梅田」や「キタ」という、通称される地名があります。また、神戸や名古屋、福岡の中心駅周辺に発達した商店街等にも「三宮」や「名駅」、「天神」などの、対象を特定できる適切な呼称が使われています。

横浜駅周辺の街を的確に指し示す何かよい呼び方はないものか、そんな懸案も補足して本稿の終わりとします。

【参考文献】

岡田直（2024）：高度成長期における横浜駅周辺の変容について〜商工資料を中心とした考察、『横浜市史資料室紀要』第14号

「沿線史」への招待

永江雅和（専修大学教授／日本経済史）

「オレが下赤塚、東武練馬、上板橋、ときわ台…で、ノリタケが千歳船橋、経堂、豪徳寺、梅ヶ丘…ノリタケの方が坊ちゃんなんだよ」

もう何時の時分だったか記憶もあいまいなのですが、上京後に東京の地理もあいまいでJRと私鉄の乗り換えにも苦心していた頃、当時人気だったとんねるずが、テレビだったかラジオだったかでかわしていた会話が記憶に残っています。石橋貴明は東武東上線成増育ち、木梨憲武は小田急線千歳船橋だったか祖師ヶ谷大蔵だったか。板橋区稲荷台にある帝京高校の同級生として出会った２人の関係性について、石橋が自分は東武線育ちであまり育ちが良くなく、ノリタケは世田谷出身で育ちが良いんだよ、という文脈だったように思います。特にとんねるずファンだったという自覚もないのですが、東京の出身の方が、自らの育ちを沿線で語るという話法が地方出身の私にはとても新鮮に聞こえたのだと思います。もちろんその後、関西出身の方々も阪急沿線、阪神沿線といった話法でこのような話をされることを知りました。

私が専攻していた日本経済史、なかでも農村史分野においては従来、近畿型・東北型・（養蚕型）といった地域類型論が存在していました。この累計は基本的に資本主義経済の浸透度合いを基準にする区分であったわけですが、私が主に研究してきた関東近郊の農村部においては適用が難しい概念でした。また地域経済は単独の市町村で完結するものではなく、個々の市町村の事例を繋ぐ「線」、或いは「面」を形成する方法論がないものかと考えることがしばしばありました。水系や街道といった資源や交通のつながりによって地域経済の断面図を形成するという方法論の模索が「沿線史」の背景にあったということになります。

そういう私が『小田急沿線の近現代史』という本を上梓するきっかけとなったのは、専修大学に赴任するご縁を頂いた後に、同僚先生方の薦めで2002年３月に閉園した向ヶ丘遊園について小文を執筆する機会を頂いたということと、また橘川武郎先生、粕谷誠先生主催の不動産史業研究会で、中村尚史先生による箕面有馬電気軌道による用地買収を巡る研究報告に触れたことになります。それまで戦後農地改革や農地法を巡る研究に取り組んでいた私にとって、鉄道史が土地問題と密接に関わる分野であるという知見は大きな刺激になりました。先に遊園地を巡る史料を集めた経験を起点にして、鉄道用地買収や駅設置を巡る自治体と鉄道会社の交渉を明らかにする研究が、小田急沿線で出来ないだろうかと考えたわけです。こうしてポツポツと集めた資料のエッセンスを、勤務先の講義で少しずつ開陳すると、学生からの反応が思いのほか良かったこともあり、講義ノートが少しずつ分厚くなっていきました。そのようなタイミングでクロスカルチャー出版の川角社長からお話を頂き、出版に至ったという経緯になります。

最初に執筆した『小田急沿線の近現代史』（2016年）は、不動産業史への関心から出発した影響が強く、用地買収を巡る駅設置を巡る鉄道会社と地元自治体との交渉過程に叙述の多くが費やされています。背景には創業者である利光鶴松の政治家時代に交流のあった、自由党・立憲政友会系の沿線有力者（森恪、伊藤葦天、村野常右衛門等）との関係性があり、これが用地買収を円滑化させる要因になったという点が著者自身の学びとなりました。

『京王沿線の近現代史』（2017年）は、小田急の事例を相対化するために、並行して資料調査を行っていた京王電鉄の事例ですが、同社の前身である京王電気軌道が、軌道法に基づく路面軌道規格の会社として出発したことが一つの特徴として印象に残りました。実際には新宿に近い一部地域を除けば路面上を走行してはいないのですが、道路との接触が多かったことが、路線の変更や戦後の地下化を必然化したという過程が地方鉄道法準拠で専用軌道で出発した小田急との違いとして強く意識されることとなりました。また同書では、小田急書で不十分な叙述となってしまった、多摩ニュータウン関連について記述を補足できたと感じています。

『中央沿線の近現代史』（2020年）は、新型コロナウィルスに関わる緊急事態宣言の重苦しい社会的空気のなかで、執筆した記憶が残っています。当初から電鉄として出発した小田急、京王と異なり、蒸気機関車鉄道として出発した甲武鉄道の性格が路線選択や駅設置に与えた影響（主に蒸気機関車に必須となる玉川上水分水の確保、都心部の路線選択における江戸城外堀の活用）について言及出来たことが重要かと考えています。また同書ではこれまで主に郊外から新宿までの、いわゆる「郊外」を中心に叙述してきたなかで、中央線の新宿から東京までの都心部延伸について叙述を試みたことが、地方出身者である筆者にとっては新しい挑戦となりました。

鉄道史を専門とするわけではない筆者がこのような本を上梓することに、不安はありました（現在もあります）が、その後、多数の優秀な執筆者が参集してくださり、10冊に迫るシリーズになろうとしていることに驚きを感じるとともに、このような問題関心を共有してくださる執筆者が多いという事実に喜びを感じています。またその一方で、それぞれの執筆者の方々が各沿線に投影されるイメージや方法論に豊かな差があるところが大変興味深いと感じております。シリーズを続けてくださった川角社長に深く感謝申し上げます。今後もどのような形の沿線史が登場するのか、私自身大変楽しみです。

朝鮮通信使と同時代の知識人

小田弘史

クロスカルチャー出版

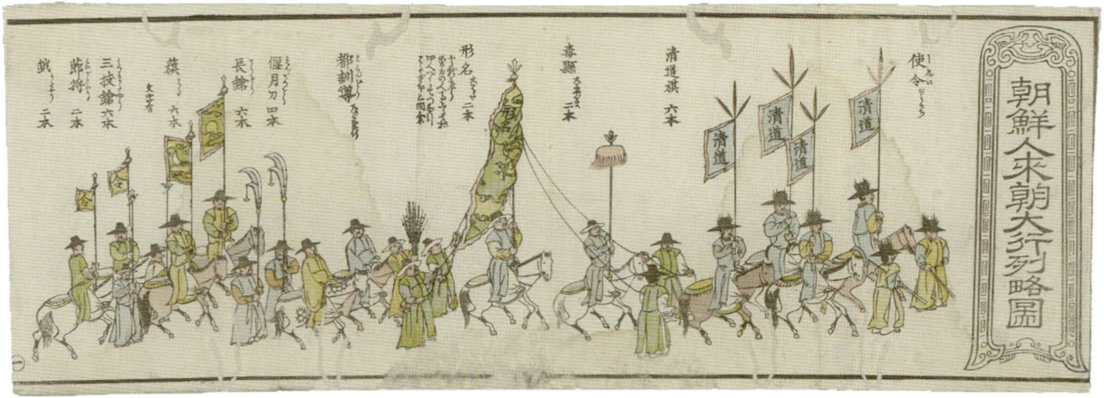

「朝鮮人来朝大行列略図」

東京都立中央図書館藏

小田弘史『朝鮮通信使と同時代の知識人』刊行に寄せて

関東学院大学名誉教授　矢嶋道文

小田弘史君は、今から10年ほど前に私の勤務する関東学院大学大学院文学研究科の博士後期課程に入学した。以来、一貫して朝鮮知識人の対日認識を学んできたが、やがて朝鮮通信使の研究をするようになり、今回の書籍に結実した。本書テーマの『朝鮮通信使と同時代の知識人』は、2017年度の博士後期予備論文として書かれたものに研究史を増補したものである。主な内容は、序章「朝鮮通信使とは」、第一章「東アジアの華夷秩序」、第二章「朝鮮知識人の対日認識」、第三章「朝鮮通信使の往来」、第四章「朝鮮観の変遷」、補論「先行研究に関する補足」、結語である。

小田研究の特徴は、朝鮮後期知識人のみた対日認識を原著文献を用いて論及したところにある。在籍中には、金ギョンスク『日本に行った朝鮮の知識人たち―朝鮮通信使の日常生活と文化父流―』、熊津シンクビク、2012年（韓国語）を全訳している。また、2019年には、韓日関係史学会第2代会長の孫承喆氏が、1989年、韓国成均館大学校大学院に文学博士号を請求するにあたって執筆した論文「朝鮮後期対日政策の研究」を紹介している（『KGU比較文化論集』第11号、2020年）。その後、2021年には、同氏が博士論文に加筆した『朝鮮時代韓日関係史の研究』知性の泉社、1995年（韓国語）を紹介している（『KGU比較文化論集』第12号）。

上記、小田君に関して是非とも触れておきたいことがある。それは画家である小田正人氏（父上）のことである。今から7、8年前、小田君の案内で、正人氏の個展を見に行く機会を得た。驚いたことに、正人氏は小田君に（というよりも小田君は正人氏に）瓜二つであった。頷き方も、思案の仕方もそっくりであった。父上は、芸大油画（専攻科）を卒業されたのち、ヨーロッパ各地を訪れ、風景をスケッチされた。1977年には、衆議院永年勤続表彰議員肖像画を制作されている。個展は毎年のように開催されているが、本年度は「小田正人88歳記念展」として銀座「新井画廊」に出品され私も訪れた。正人氏は「風景との一期一会」の中で、「仕事だけでなく、ワインやおいしい料理を仲間と楽しむことも忘れない」という。小田君はお酒の方は強くないようだが、一つのことに集中する側面は、画家としての正人氏の性格を受け継いでいるように思われる。さらに望むべくは、正人氏の絵画のように、テーマ全体を鳥瞰し、なおも緻密に仕上げる技を一層身に付けてもらえればと願うものである。小学校教員として勤務する傍ら書き上げた本書を、この機会に是非ともお読みいただければ幸いである。

目次

はじめに

言うまでもなく日本と朝鮮半島との間には、はるか昔から物質や文化など様々な方面における交流が蓄積されてきた。しかしながら、日本と韓国との間を考えてみても、「近くて遠い国」という言葉に示されているように、現代においても複雑な問題が横たわっていることは多くの人々が首肯するところであろう。

叙上の状況において注目すべきことの一つに、本書で取り扱う朝鮮通信使がある。中でも日本の江戸時代に朝鮮から12回にわたり来日した使節による交流が知られている。一般的には、これまであまり注意されてこなかった使節であるが、1990年に来日した盧泰愚大統領が宮中晩餐会において、日本側の雨森芳洲、朝鮮側の玄徳潤を取り上げてその交流に触れたことで注目された。その後、2017年には、ユネスコの世界記憶遺産に朝鮮通信使に関する記録が登録された。そのような状況を反映してか、高等学校の教科書として広く利用されている『詳説日本史』((山川出版社、2015年発行版)でも、「歴史へのアプローチ」として、四つの項目の一つに「歴史の説明　朝鮮通信使」を挙げ大きく取り上げている。朝鮮通信使への関心が少しずつ高まっているといえよう。

そのようなことから、本書は、朝鮮通信使を軸として、日朝の相互認識をテーマにしたものである。筆者がこの問題に着目した契機は、韓国の研究者・金ギョンスク氏の著書『日本に行った朝鮮の知識人たち』を邦訳したことにあり、日本からの視点よりも朝鮮からの視点ということに注目したのである。

朝鮮通信使にのみ着眼した研究を見ると、室町時代から江戸時代にかけての時期を、牧歌的な友好善隣の時代であると考える傾向があるように思われる。果たして、そのように考えてよいのだろうか。室町時代以来、日本側の外交担当者が日本国王を名乗っていいのか悪いのかの議論があり、倭寇による略奪があり、豊臣秀吉の朝鮮出兵があり、到底一直線の友好善隣関係というわけには行かなかった。徳川幕府が日朝関係を修復した後も、日本が上か朝鮮が上かの確執は継続していたのである。

日朝関係を困難なものにした原因の一つに、中国中心の華夷秩序がある。中国の周辺国の国王は中国皇帝から任命されるものであり、朝鮮国王は周辺国国王の筆頭にあるものとされた。朝鮮は儒教の影響を強く受け、その尺度による上下関係の考え方は、日本とはすれ違いの様相を示していた。日本は儒教の受容が朝鮮ほどではなく、日本的摂取という一面があったので、中国皇帝とは別に天皇という独自の権威を擁していたのである。日本の天皇は太陽を祖先とする皇帝であり、他者から権威付けられる必要がない。その一方で朝鮮国王は人間たる中国皇帝から権威付けられた立場であり、両者の対等を主張するには考え方の相違というものがあったのである。

徳川幕府が経費を負担する形で、江戸へは1764年まで、対馬限りなら1811年まで、朝鮮通信使が往来した。当初は名実共に文化先進国としての朝鮮が、日本の知識人や民衆に、儒教・漢詩・医学などの知識を分け与えた。朝鮮通信使が立ち寄った地域には、朝鮮通信使の足跡が残されており、郷土史からの研究という方向も可能である。その一方で、1748年使行以降、金ギョンスク氏が著書の終章で読者に投げ掛けているように、日本が朝鮮通信使に対する態度を変え始めたと言える現象が起きた。朝鮮は、孔子よりも宋儒を重んじており、朝鮮にとっての儒教と、日本にとっての儒教が異なる傾向が明らかになってきたのである。それと同時に、江戸時代後期の社会変化、即ち貨幣経済の浸透や西洋諸国の沿岸出没は、日本の思想界に地殻変動を起こしていた。その現れの一つが国学の台頭である。国学は、民衆の間の社会通念とも重なり、その影響力を拡大し、朝鮮に対する認識をも変えて行った。本書は、金ギョンスク氏のそのような投げ掛けに答えることをも主眼としている。

それでは、本書の構成を述べることとしよう。

序章では、朝鮮通信使とは何であるかを述べた。次に、第一章では三節を立て、近代以前の東アジアの国際的な枠組みについて述べた。中国王朝は、周辺諸国に対し自発的な服従を求めつつ、自発的に服従しない場合には武力行使もあり得た。地続きの朝鮮やベトナムは、容易に中国王朝の武力行使を受ける環境にあった。

第二章も三節を立て、朝鮮知識人の対日認識について、「一般的」と「個別」に分けて概観した。朝鮮知識人は、日本に行ったことがなく、日本書籍を読んだこともなく、壬申倭乱の記憶と、中国書籍に現れる日本記述を中心に日本を理解していた。朝鮮通信使からの伝聞を通じ、あるいは朝鮮通信使が齎した日本書籍を通じ、日本を理解し始めたのは18世紀になってからである。

第三章は六節に分け、朝鮮通信使とそれを迎える日本人の諸相について概観し、最後に朝鮮通信使としては最も成熟した、また結節点ともいえるであろう1748年使行と1764年使行とを個別に概観し、日本と朝鮮の相互認識について記述した。

第四章は二節から、日本側の朝鮮観の変遷について、日本側に連綿と流れる朝鮮蔑視と、具体的な朝鮮蔑視とを記述した。国学・日本庶民の伝統的な朝鮮蔑視・西洋の衝撃といった3つの要素が、日本による朝鮮差別の源流になって行ったと考察した。

また、補論として、分量が多くなったが、これまでの先行研究について補足をした。これは、本書の骨格を成すものは今から七年ほど前に作成したものであり、その後に得た知見を含めて先行研究の補足をしたいと考えて加えたものである。具体的には、14の先行研究を取り上げその内容を紹介した。

結語では、これらの叙述と考察を通して、筆者の考える問題について検討した。

なお、全編を通して訳出した原典は、紙幅の関係上これを省した。

序章　朝鮮通信使とは

朝鮮通信使とは、朝鮮王朝が日本に派遣した使節団の総称である。壬申倭乱を挟み、前期の朝鮮通信使と後期の朝鮮通信使に分かれる。前者は朝鮮王朝が倭寇取り締まりの要請を目的に室町幕府に対し臨時に派遣したものであったが、後者は朝鮮王朝と徳川幕府の間の正式な国交であった。どちらにしても、朝鮮通信使は朝鮮王朝の公の使者であったわけだから、その時期の日朝の交隣体制の枠組みから考えなければならない。

日本では、足利・豊臣・徳川と、3つの武家政権が交替しているために、時代によってどのように日朝の交隣体制を構築するかに相違がある。足利政権は、明から冊封され、「日本国王」と称して外交権を行使し、慣習的な儀礼を実施している。豊臣政権は、「関白」と自称し、「日本国王」と認められたが、明の冊封は受けていない。徳川政権は、豊臣秀吉の朝鮮出兵により、朝鮮・明と国交が断絶したのを受け、対馬島主が仲介し、明から冊封を受けることを前提とせず、朝鮮との国交を回復させることに成功した[1]。

日朝交隣の発端は倭寇である[2]。高麗忠定王2年の1350年以来[3]、朝鮮王朝成立期にかけて、倭寇禁制を求める使者がしばしば日本に派遣された。1367年には、高麗から万戸金龍・検校中郎将が派遣され、高麗の沿岸を略奪する日本海賊の禁圧を求めた。1375年に

---

[1] 中村栄孝『日鮮関係史の研究』下（吉川弘文館、1970年）273頁註20。

[2] 同上、257頁。

[3] 同上、278頁。

は判典客寺事羅興儒が博多に来た。1377年6月には、判典客寺事安祥が来たが日本で病死。1377年9月には鄭夢周[4]が報聘使として禁賊求請の書状を持って博多に来た。

この時期の日朝交渉の目的は、朝鮮にとっては倭寇の防止であり、日本にとっては大蔵経を入手し、西日本の諸大名及び幕府が交易で利益を得ることであった[5]。

朝鮮が始まると、1394年に朝鮮の回礼使として金巨源・僧梵明が日本に派遣され、1395年には大内義弘の朝鮮通信に答えて回礼使・朴惇之が日本に派遣された。1399年、足利幕府が日本国大将軍の名義で朝鮮に国書を送り、1404年7月、足利義満の使いが日本国王の使節として朝鮮に派遣された。更に同年10月、報聘使として梁需[6]が日本に派遣され、義持の襲職を賀すると共に、義満を弔った。

壬申倭乱以前の朝鮮通信使の一覧表は、次のようである。李元植『朝鮮通信使の研究』思文閣出版1997年40頁を補充した。

年代西暦	年代朝鮮日本	年代干支	正使	副使	書状官	使命	備考
1420	世宗2 応永27	庚子	宋希璟		孔達（従事官）	回礼使。	亮倪、世宗に謁見し、大蔵経を賜り対馬征伐の意図を説明される。ソウル～京

[4] 李元植「壬申倭乱僧将松雲墨跡の発見に寄せて」（『韓』53号、1974年）。

[5] 中村栄孝『日鮮関係史の研究』下、266頁。

[6] 同上、上、158頁註（2）。

							都を往復するが、仁和寺に放置される。宋希璟著『老松堂日本行録』、通事・尹仁甫随行。
1422	世宗 4 応永 29	壬寅	朴熙中	李芸	呉敬之		ソウル～京都を往復。通事・尹仁甫随行。
1428	世宗 10 正長元	戊申	朴瑞洋	李芸	金克柔	義満・義教継承の慶弔。	『世宗実録』11年1月3日条（復命書）。宗金、正使に随行し、ソウル～京都を往復。
1439	世宗 21 永享 11	己未	高得宗	尹仁甫	金礼蒙	修好。	ソウル～京都を往復。
1443	世宗 25 嘉吉 3	癸亥	卞孝文	尹仁甫	申叔舟	義教・教勝継承の慶弔。	ソウル～京都を往復。申叔舟著『海東諸国紀』1471年刊行。将軍御教書を持参していなかったため、尾道で警固を拒否される。
1459	世祖 5 長禄 3	己卯	宋処倹	李従実	李覲	仏典贈呈。	海上遭難、行方不明。
1475	成宗 6 文明 7	乙未	裵孟厚	李命崇	蔡寿	報聘。	渡航中止。
1479	成宗 10 文明 11	己亥	李亨元	李季全	金斯		
1590	宣祖 23 天正 18	庚寅	黄允吉	金誠一	許筬	秀吉の国内統一祝賀。	金誠一著『海槎録』。 1592年壬申倭乱。
1596	宣祖 29 慶長元	丙申	黄慎	朴弘長			明使に随行。黄慎著『日本往還日記』。

1479年から1590年まで100年以上の空白があり、16世紀前半には一回も朝鮮通信使が派遣されていないことも目を引く。せっかく朝鮮通信使を派遣しても効果が少ないこと、足利幕府が西日本を把握しておらず、対馬から京都に至る道が危険であったことからこの空白が生じた[7]。1483年、1490年、1535年に通信使派遣が議論されたが、海路が危険であるとの理由で、いずれも取り止めになった[8]。

1587年5月、豊臣秀吉が九州の豪族・島津義弘を制圧して、帰路6月に筑前の箱崎に立ち寄った時、対馬島主の家臣・柳川調信が出迎えており、秀吉は朝鮮国王の入朝を対馬島主の宗義調・義智父子に命じた。壬申倭乱の糸口はここにある。

1589年のこと、博多の僧侶・聖福寺仙巣玄蘇がたまたま対馬に滞在し、対馬島主・宗義智は、玄蘇並びに家臣の柳川調信らを伴って朝鮮に渡り、朝鮮通信使の派遣を要請した。朝鮮は、通信使の派遣の是非を検討し、1590年3月、正使・黄允吉（1536～？）、副使・金誠一（1538～1593）、書状官・許筬（1548～1612）がソウルを出発した。4月29日、釜山を発ち、対馬に1か月滞在し、7月22日に京都に到着し、小田原の北条氏征伐を終えたばかりの秀吉に聚楽第で面会した。秀吉は、通信使の目的を入朝と誤解し、入明の先導を朝鮮国王に要請することにした。朝鮮国王に送る国書に入朝と記し、殿下でなく閣下、礼幣でなく方物と表記したため、黄允吉らが異議を唱えたものである[9]。

---

[7] 中村栄孝『朝鮮－風土・民族・伝統』（吉川弘文館、1971年）155頁。
[8] 吉田光男『日韓歴史共同研究報告書』第2分科会編、2005年。
[9]『朝鮮王朝実録宣祖大王修正実録』巻35、24年2月条。

1593年、秀吉は朝鮮出兵を断行した。その講和交渉には、明の冊封使として楊方亨・沈惟敬が、朝鮮通信使として敦寧郡正黄慎・大丘府使朴弘長らが日本に派遣された。黄慎著『日本往還日記』では、堺で上陸し、大坂に赴き、交渉が決裂した様子を記録している。

秀吉が朝鮮に出兵してからも、小西行長と明の沈惟敬が中心になり、日明の講和を目指したが、一時逃れの措置が目立ち、秀吉は二回目の出兵を断行した。1598年8月18日、秀吉が伏見で病没すると、徳川家康・前田利家ら五大老が、直ちに秀吉の死を秘して撤兵命令を下した。撤兵命令には、和議に関する指示も含まれていた。日本と明は、人質を交換し、朝鮮から使者を出して和議を論ずることとしていたが、朝鮮から使者は派遣されなかった。停戦は明が主導したものであって、朝鮮は抗戦を望んでいたのである。対馬が講和を切望していた。朝鮮との平和的な交流は、対馬にとって死活問題であった。対馬島主・宗義智は、家臣である柳川調信と図って、縁故の深い小西行長・寺沢正成らの指揮を仰いで、撤兵終了直後から朝鮮に使者を送って交渉を始めていた。

日本が撤兵すると、明軍も順次帰国を始めるが、日本軍の再来を恐れ、24000余りの明軍が残り、その総司令官として万世徳がソウルに駐留した。1599年から1600年にかけ、日本にいた人質や俘虜の帰国が始まり、一様に日本の再来はないと述べた。ただし、日本の使者に回答しないと、再来があるかもしれないという声も強く、朝鮮は日本に礼曹の公文を送ることにし[10]、東莱から派遣した軍官金直・校生朴希根・通事李希万ら3人が礼曹の書契を持って同行し

---

[10] 中村栄孝『日鮮関係史の研究』下、269頁註3。

た。これが、壬申倭乱後初の朝鮮から来た回答であった。姜沆も帰国し、日本軍が再来する恐れはないと伝えた[11]。万世徳もソウルを去り、釜山に対日警備を監視する駐在所が残されたのみで、朝鮮は対日講和に関して明から干渉を受けることがなくなった[12]。朝鮮では明の駐留軍の存在が戦後処理を困難にしていると見做され、「駐留軍の弊害は倭賊より大きい」と嘆く者もいたという。

1601年2月、尹斗寿・李徳馨ら朝鮮の重臣たちは、日本に経験豊かな者を派遣して賊中の消息を偵探させようと提案した。6月には、和好に関する寺沢正成・宗義智・柳川調信の書状を携え、対馬の橘智正が釜山に渡り、250名の俘虜と共に朝鮮側に伝達した。1602年正月には、朝鮮は東莱の全継信・招募陣千摠と孫文彧・司訳院正を対馬に送って日本の真意を探らせた。1603年2月には、徳川家康が征夷大将軍となり、和好の証として通信使を派遣するよう朝鮮に要請した。

1604年8月、僧・惟政（号・松雲1544～1610）と孫文彧が探賊使として対馬に派遣された。12月27日には、惟政は宗義智に伴われて京都に入り、本法寺で家康父子の上洛を待つこととなった。1605年3月5日、惟政と孫文彧は京都伏見城に迎えられ家康父子と会見し、俘虜1390人を朝鮮に連れ帰った。これを契機に、朝鮮朝廷と徳川幕府の関係は急速に進展を見せるようになった[13]。惟政は、1592年に壬申倭乱が起きると、法衣を軍袍に着替え、戦場を

---

[11] 同上、273頁註20。
[12] 同上、257頁。
[13] 同上、278頁。

駆け巡り、加藤清正の陣営に4度往来し、自ら救国活動に身を投じた高僧である。13歳時に詩文競作大会である少年白日場で状元となり、18歳で科挙の禅科に及第した。漢詩文に秀でており、草書が有名で、一点一画を疎かにしないという評判であった。『奮忠紓難録』の「五台山僧就恵所蔵文藁中記松雲事跡」には、講和使僧として京都入りした時の歓迎ぶり、家康との会見の模様、被虜人の刷還などについて記されている。

柳川景直は、父の死後、1606年正月に橘智正を朝鮮に派遣したら、朝鮮から講和に関する2箇条要求が提示された。一つ。徳川家康から先に国書を送ること。二つ。戦争中に先王（成宗貞顕王妃の宣陵及び中宗の靖陵）を犯した賊を縛送すること。

11月に、橘智正が、対馬で改竄した家康の国書を持参し、対馬で囚われていた罪人である麻古沙九（孫作）と麻多化之（又八）の二人を朝鮮側に縛送した。10年以上前の事件にしては、罪人が若過ぎるといった疑問はあったものの、決着を急ぐこととし、対日使節を「回答兼刷還使」と命名した[14]。

このようにして、1607（慶長12）年正月、正使呂祐吉、副使慶暹、従事官丁好寛一行は対馬に渡り、宗義智及び僧玄蘇に導かれて対馬・府中を出発し、5月24日に江戸に到着した。6月6日に登城し、征夷大将軍秀忠に謁見して国書と別幅を献上して使命を果たした。6月14日江戸を出発し、6月20日に駿府で秀吉に謁見し、対馬を経て7月17日に帰国・復命した。ここに朝鮮と日本の交隣関係は復旧した。この時、対馬で改竄された朝鮮国書原本は、京都大

[14]『海行録』巻上、万暦丙子条。

学総合博物館に現存している。

江戸時代に入り、一般に言われる朝鮮通信使の往来が始まる。1607年の第1次から、1811年の第12次までは次のようである。但し、1列に収まりきらないため、2列に分割する。

（前半部分）

次数	西暦	朝鮮 日本	干支	正使	副使	従事官	製術官	書記	訳官
1	1607	宣祖40 慶長12	丁未	呂祐吉	慶暹	丁好吉	学官 楊万世		金孝舜 朴大根 韓徳男
2	1617	光海君9 元和3	丁巳	呉允謙	朴梓	李景稷			朴大根 李彦瑞 康遇聖 鄭純邦 韓徳男
3	1624	仁祖2 寛永元	甲子	鄭岦	姜弘重	辛啓栄			朴大根 李彦瑞 洪喜男 康処聖
4	1636	仁祖14 寛永13	丙子	任絖	金世濂	黄戻	吏文 学官 権侙	文弘積 文邨	洪喜男 姜渭賓 康遇聖 李長生
5	1643	仁祖21 寛永20	癸未	尹順之	趙絅	申儒	読祝官 朴安期		朴喜男 李長生
6	1655	孝宗6 明暦元	乙未	趙珩	兪瑒	南龍翼	読祝官 李明彬	裴穖 金自輝 朴文源	洪喜男 金謹行 洪汝雨
7	1682	粛宗8 天和2	壬戊	尹趾完	李彦綱	朴慶後	成琬	林梓 李聃齢	朴再興 卞承業 洪禹載
8	1711	粛宗37 正徳元	辛卯	趙泰億	任守幹	李邦彦	李礥	李舜衍 厳漢重 南聖源	崔向曄

									李碩麟 李松年 金始南
9	1719	粛宗 45 享保 4	己亥	洪致中	黄璿	李明彦	申維翰	張応斗 成夢良 姜栢	朴再昌 韓後瑗 金図南
10	1748	英祖 24 寛延元	戊辰	洪啓禧	南泰耆	曺命采	朴敬行	李鳳煥 柳逅 李命啓	朴尚淳 玄徳潤 洪聖亀
11	1764	英祖 40 明和元	甲申	趙曮	李仁培	金相翊	南玉	成大中 元重挙 金仁謙	崔鶴齢 李命尹 玄泰翼
12	1811	純祖 11 文化 8	辛未	金履喬	李勉求		李顕相	金善臣 李明五	玄義洵 玄烒尹 崔昔

（後半部分）

		写字官	画員	良医	医員	接伴僧	使命	総人員 （大坂留り）
1	1607	書写員 卞鉄寿	李弘虬		朴仁基 辛春男	玄蘇	修好・回答兼刷還	467
2	1617	宋孝男 厳大仁	柳成業		鄭宗礼 文賢男		大坂平定・回答兼刷還	428（78）
3	1624	李誠国 金信男	李彦弘		鄭嶔 黄徳業	規伯玄方	家光襲職・回答兼刷還	300
4	1636	朴之英 能書官 全栄 趙廷玹	金明国		白士立 韓彦協	玉峰光璘 棠陰玄召	泰平之賀	475
5	1643	金義信	金明国 李起龍		金浩 宋撃日	釣天永浩 周南円旦	家綱誕生	462
6	1655	金義信 柳応発	韓時覚		韓亨国 崔栶	茂源紹柏	家綱襲職	488（103）

		鄭琛 尹徳容			李継勲	九岩中達		
7	1682	李三錫 李華立	咸悌健	鄭斗俊	李秀蕃 周伯	太盧顕霊 南宗祖辰	綱吉襲職	475（113）
8	1711	李寿長 李爾芳	朴東普	奇斗文	李万奎 李渭	別宗祖縁 雲壑永集	家宣襲職	500（129）
9	1719	金景錫 鄭世栄	咸世輝	権道	白興銓 金光泗	月心性湛 石霜竜菖	吉宗襲職	479（110）
10	1748	金天秀 玄文亀	李聖麟 崔北	趙崇寿	趙徳祚 金徳崙	翠岩承堅 玉峰守瑛	家重襲職	475（83）
11	1764	洪聖源 李彦佑	金有声	李佐国	南斗旻 成灝	維天承膽 桂岩龍芳	家治襲職	462（106）
12	1811	成宗鼎	李義養	朴景郁	金鎮周	月耕玄宜 龍譚周禎	家斉襲職	336

李元植『朝鮮通信使の研究』思文閣出版1997年56～57頁より。

1次1607年使行は、国交回復が目的であった。2次1617年使行は、京都・伏見で行礼を行った。1636年4次使行は、日本国大君号を設定し、通信使に日光を遊覧させた。1643年5次使行は、日光山致祭を行った。1711年8次使行は、新井白石の改革に当たり、国諱論争や日本国王号設定などで日本の立場を貫き、帰国後の朝鮮通信使は国を辱めた罪で処罰された。1719年9次使行は、前次で通信使が日本に妥協し過ぎて処罰を招いた経験から、申翼翰は敵地に乗り込む決意で来日した。申翼翰と雨森芳洲の友情物語で彩られる。儒学にしても詩文にしても、日本に取るべきところはないとされた最後の使行である。1748年10次使行は、金ギョンスク氏が言う「日本が通信使に手のひらを返した」使行である。日本では朱子学以外の儒学が台頭し、朱子学は古いと見做されるようになっていた。1764年11次使行は、江戸まで来た最後の使行である。朝鮮通信使が日本の知識に関心を示し、多くの日本書籍を持ち帰った。元重挙は、程朱学の布教を目指していたが、等身大の日本人を目撃し、壬申倭乱以来の日本人イメージを塗り替えた。1811年12次使行は、対馬までしか来なかったため、それ以前のような日本人との交流は行われなかった。

徳川幕府では、将軍家の動静について、対馬島主が朝鮮朝廷に報告することになっていた。新しい征夷大将軍が職を受け継ぐと、大慶参判使（朝鮮での呼称は関白承襲告慶差倭）を遣わし、礼曹参判に書契を以てそのことを告げる。やがて対馬から迎聘参判使（通信使護行差倭）が朝鮮に渡って通信使の派遣を要請する。朝鮮朝廷が通信使を任命すると、対馬から迎聘参判使（通信使護行差倭）が釜山浦に赴いてこれを迎える。通信使が帰国する時には、送聘参判使（通信使護還差倭）に送られて釜山浦に帰る。

朝鮮側は、訪日の準備として、人参（野生の山参）・虎皮・豹皮・鷹などの贈物を取り揃える。一方、渡海のために、水軍統制使営が造船し、騎船・卜船各3隻の船団を組む。

通信使は、諸般の準備が終わると辞陛して国書を奉じてソウルを出発し、陸路釜山浦へ下り、日本の迎聘使に迎えられ、永嘉台から乗船して対馬へ渡った。対馬では島主・宗氏の出迎えを受け、府中（厳原）に到着し、ここから江戸までの往復には対馬島主自ら船団に加わり、警備に当たった。以酊庵の五山長老も同行し、接伴に当たった。宗氏は、この外交上の任務を果たしたら、参勤交代を免除された。

通信使の日本往復には6か月から8か月を要した。1764年使行の往復には約1年を要した。沿道の諸大名は、舟や人馬を出し、道路と宿舎を修め、警固に勤め、接待の費用を負担し、中央からも送迎の使いを出し、饗宴や贈物に巨額の費用を投じた。徳川幕府が、毎度の朝鮮通信使の迎接に投じた費用は、最高 100 万両を超えることもあった。こうした歓待の結果、朝鮮の君臣の満足を得、猜疑心を消散させることに成功し、300 年間日朝関係を調整すると同時に、日本文化の発展に貢献したことも間違いない。

第一章　東アジアの華夷秩序

第一節　朝鮮における「事大」と「交隣」

朝鮮王朝の外交原理は、「事大」と「交隣」であった。

「事大」とは、『春秋左氏伝』にしばしば見られるように、大国に仕えることを意味する。朝鮮で言えば、明や清に朝貢使節を送り、貢ぎ物と共にそこの朝廷に参内し、臣下の礼を取ることである。両国の上下関係は明白であり、無用な戦争を避けることができる。

一方で「交隣」が対等を意味するのかと言えば、そうでもない。『孟子』には、次のような一節がある（『孟子』梁恵王篇下）。

“斉の宣王が、「隣国と交わるにはどうあるべきか」と孟子に尋ねた。これに対して孟子は、「仁のある者だけが大を以て小に事えることができる。智ある者だけが小を以て大に事えることができる」と答えた。”

二国間の上下関係について述べており、対等の関係については述べていない（本書の引用文献の現代語訳や書下し文は筆者による）。

『朝鮮王朝実録』によれば、朝鮮王朝が建国されて約 10 年後、1406 年には「本朝は事大と交隣において使臣を派遣すること、毎年一度や二度のことではない」と「事大」と「交隣」をセットにして考えていた。儒教経典で磨き抜かれた朝鮮知識人が、『孟子』の文脈を離れて「交隣」の語句を用いることはないと考えられる。「交隣」とは、朝鮮が周辺の小国や小民族に対して、「大を以て小に事える」ものであった。「大が小を字（いつくし）む」とも言い換えられる。大国は、大きな度量を以て小国を慈しみ、支援しなければならないのである。「仁者だけが、大を以て小に事えることができる」のであり、大国・中国は、小国・朝鮮に対してこれを実践するべきなのであった。朝貢に対しては、返礼を充分に行うこと。苦しんでいる時は慈しみ、侵略を受けた時は救援すべきこと。そうして、朝鮮の周囲の小国に対しては、大国・朝鮮は、仁の心を以てこれを字むべきであったのであった。

朝鮮は、女真や日本の首長に対して、官職・印鑑・図書を与えていた[15]。女真の首長に対する官職授与は、既に1393年に行われていたが、世宗と世祖の時代即ち15世紀半ばにしばしば行われた。世祖は、朝鮮と女真の関係を、明と朝鮮の関係に準えていた。明は、朝鮮と女真の関係を快しとせず、これに干渉を加え、朝鮮が女真に官職を授与することをやめさせた。交隣の理念は、一歩行き過ぎると、事大の理念と衝突する危険性を孕んでいた。交隣の理念とは、明と朝鮮の上下関係を、そのまま朝鮮と周辺民族との関係に適用するものであった。日本の足利将軍が、『高麗大蔵経』の贈呈を要求したのに対し、朝鮮が気前良く与えたのも、日本を慈しむべき小国と見做したからである。一方、交隣対象の女真が反抗した[16]時は、朝鮮ではこれに「問罪の師」を起こすべきであるとの議論が起きた。「問罪の師」の意味は後述するが、中国王朝である明が、朝貢国である朝鮮やベトナムを討伐することを指す。

さて、高麗と元が長い戦争を終え、フビライの下で講和した

---

[15] 木村拓「15世紀朝鮮王朝の対日本外交における図書使用の意味－冊封関係との接点の探求」(『朝鮮学報』第19輯、2004年)。

[16] 鴨緑江上流に進出して来た女真が、これを討伐に出掛けた朝鮮の一文官を殺害した。河内良弘「朝鮮世祖の字小主義とその挫折」『明代女真史の研究』(同朋出版、1992年) 692頁。

1260年以降約100年間を元干渉期もしくは事元期と捉える[17]。この時期、元から高麗にダルガチ（監視官）が派遣され、1287年からは元の出先機関である征東行省が設置されると共に、征東行省の長官を高麗国王が兼務した。歴代の高麗国王は元の王女を妃に迎え、高麗国王の世子は北京に駐在した後即位するものとされた。これに伴い、高麗の都・開京と大都即ち北京の往来は、頻繁なものとなった。明の時代には、明に行くには朝鮮国王が派遣した燕行使に加わる他になくなったのとは、対照的であった。高麗末期の知識人は、元の科挙を受けるために北京に行ったし、科挙に合格した後は翰林学士や地方官として中国官僚になる者もいた。彼らの間に、どのような気風が芽生えたかについては、朴栄沢が李穡を中心に考察している。李穡を始めとする高麗知識人は、檀君を民族の始祖とする神話を生み出しただけではなく、朝鮮文明の創始者として箕子の存在を強調した。

『通文館志』巻六では、1606年に豊臣秀吉による朝鮮出兵の戦後処理が終わったところで、「そののち羈縻して絶えなかった」と表している。羈縻とは、暴れ馬を縄で繋ぎ止め、ある程度自由に振る舞わせながら、人間が規制する範囲に留めることである。朝鮮通信使には、燕行使にはない製述官・書記という役職を置いた。文化が遅れた日本を教化することが目的である。1711年使行時、朝鮮側の国書が徳川家光の諱を犯しているとした、日本側の国書書き換え

[17] 韓国の学会では、この時期を元干渉期と呼ぶが、一方的に従属・受動ではなかったとの立場から、事元期と呼ぶ研究者もいる。矢木毅『高麗官僚制度研究』（京都大学学術出版会、2008年）xi頁。または、森平雅彦『モンゴル覇権下の高麗』（名古屋大学出版会、2013年）4頁。

要求を朝鮮朝廷に伝えた時、行判中枢府事・金昌集は、これを国辱であるとして通信使を処罰するよう求めた。金昌集は、処罰を求める上奏文の中で、「我が国が倭人と付き合うのは、羈縻せんと計るためである」と述べている[18]。

中国で明清交代が起こると、漢民族ではなく満州民族が中原を統治することになった。朝鮮は、中国を統治するのは漢民族でなければならないとする立場から、満州民族による中国王朝を蔑視し、排撃することとした。滅び去った明をいつまでも思慕すると共に、朝鮮自身を正統な中華文明の後継者であると見做し、「小中華」を呼称した。これについては、孫衛国による研究がある[19]。では、朝鮮における「事大」と「交隣」には、種族的な華夷思想が含まれているであろうか。ないと言える。根拠として、元明交代期に、高麗が元を選ぶか明を選ぶかに当たっての選択基準に、華夷思想が持ち込まれていないこと。二番目に、朝鮮建国の功臣・朝鮮王朝の設計者と見做される鄭道伝が、『仏子雑弁』『心気理篇』において、朱子学に依拠し、仏教や老荘を異端として攻撃した[20]こと。三番目に、『朝鮮経国典』を著し、そこに込められた政治思想が『経国大典』に取り入れられているものの、こうした国家理念に華夷思想が見当たらないこと、などが挙げられる。

鄭道伝の歴史論にも、華夷思想は見当たらない。逆に、モンゴル

---

18 三宅英利『近世日朝関係史の研究』（文献出版、1986年）416頁。

19 孫衛国『大明旗号小中華意識－朝鮮王朝周恩明問題研究、1637～1800』（商務印書館、2007年）中国語。

20 韓永愚『韓国社会の歴史』（吉田光男訳、明石書店、2003年）227頁。李成茂『朝鮮王朝史（上）』（金容権訳、日本評論社、2006年）119頁。

族のチンギスやフビライを称賛している。夷狄出身でありながら、中華の文明を身に付け、進化させたことが称賛に値するのである。後年、清の雍正帝が『大義覚迷録』において、統治者が漢民族である必要はなく、夷狄出身であることも問題なく、中華の文明に従い、自らを進化させられることが重要であると述べたのと論理が同じである。鄭道伝は、この議論を高麗時代に行ったのではなく、朝鮮王朝が発足してから行っている。17 世紀の宋時烈が排満種族主義を唱えるのがこれより 200 数十年後である。また、『朝鮮経国典』は、元の「経世大典序録」を下敷きにして編纂されている。中国で朱子学が正統な学問とされたのも、夷狄王朝である元の時代である。

朝鮮は、自ら中華の価値を学ぶと同時に、他国・他民族に対しても中華の価値を広めようとした。ただ、「事大」や「交隣」は、朝鮮独自の価値ではなく、中華の価値であったことに留意しなければならない。

第二節　中国王朝における「礼」と「問罪」

かつてフェアバンクは、中国を中心とした東アジアの国際秩序のことを、「朝貢システム」という概念に基づき説明して、「中国的世界秩序」と呼んだ[21]。更に西嶋定生は、東アジアの国際秩序を「冊封体制」という概念に基づき説明した[22]。そうして、「朝貢システ

---

[21] John King Fairbank ed, *The Chinese World Order*：Traditional China's Foreign Relation, Harvard University Press, Cambride, 1968, p6.

ム」にせよ、「冊封体制」にせよ、それを成り立たせていた要因として「礼」を挙げる。黄枝連は、フェアバンクに影響を受けつつ明・清と朝鮮の関係形態について研究を行い、「天朝礼治体系」があるとした。ただ、黄枝連は、諸外国が「礼」に従う場面での研究ばかりを行い、「礼」に従わない場面での研究は行わなかった。

中国王朝は、相手国が「礼」に従わないと判断された場合、「問罪」と呼ばれる制裁を行った。「問罪」は「刑」とも言い換えられる。「刑」とは秩序を乱した者を外側から罰として加えられるものであるのに対し、「礼」とは各人を規定に慣れさせ内面化させ、秩序を逸脱しないよう内面から規制するものである。そうして、前漢の賈誼が「『礼』は秩序を犯す前に禁ずるものであり、『刑』は秩序を犯した後に禁ずるものである」と述べたように、「礼」が犯されないように全力を尽くして、それでも「礼」が犯されてしまった場合にはやむを得ず「刑」を行う、という性質のものであった。この考え方は、明・清時代まで踏襲される。逮捕されて刑を科される各人は反抗しようがないが、「問罪」の場合は相手が反抗するのが普通であった。

ただ、「事大」を近現代政治学の概念で「従属」と捉えるのは誤りである。大国が小国を「従属」させるのは西欧流の生存競争の結果であって、儒教で言う覇道に当たる。「事大」は、儒教で言う王道に当たる[23]。特に朝鮮の場合は、丸山真男が言うところの「統治

---

[22] 西嶋定生「東アジア世界の形成と展開」西嶋定生史論集第3巻『東アジア世界と冊封体制』(岩波書店、2002年) 78頁。

[23] 姜在彦『朝鮮儒教の二千年』(講談社、2012年) 217頁。

を被治者の心情のうちに内面化することによって、服従の自発性を喚起するような精神的装置[24]」によって明に「事大」したとも考えられる。しかし、続く清には、「礼」の理念を以て敵愾心を燃やしたとも言えるのである。朝鮮知識人が明から学んだ「礼」とは、朝鮮建国期とは打って変わって種族的な華夷観念を伴っていた。

第三節　朝鮮燕行使

朝鮮通信使は、朝鮮から日本に派遣された交隣使節だが、朝鮮燕行使は、朝鮮から清に派遣された事大使節である。朝鮮通信使については、数多くの研究が積み重ねられ、両国の市民レベルでの認知度も高い[25]。それに対して、朝鮮燕行使については、世界の学会においてあまり概要さえも知られていない。ソウルと北京を往復したこの使節について、一定した呼称がないのである[26]。

ソウルと北京を往復したこの使節は、目的で呼称されるのが通例であった。北京で冬至を祝うことが目的であるなら冬至使、正月元旦を祝うことが目的であるなら正旦使、皇帝の誕生祝いが目的であるなら聖節使、その他のお祝いであれば進賀使、朝鮮側が感謝の意を表す時は謝恩使、陳情・要請をする時は陳奏使あるいは奏請使、皇帝・皇后が死去した時は進香使、皇帝の親族が死去した時にお悔やみの言葉を述べに行くのは訃行使など、目的に応じて呼び変えて

[24] 丸山真男「支配と服従」『増補版　現代政治の思想と行動』(未来社、1964年) 417頁。

[25] 代表的な研究には、中村栄孝『日鮮関係史の研究(上)(中)(下)』(吉川弘文館、1965年～1969年) や、三宅英利『近世日朝関係史の研究』(文献出版、1986年) などがある。

いた。皇帝が瀋陽まで来た時は、ご機嫌伺いを目的とした問安使が派遣された。

明の時代であれば、この使節を「赴京使」と呼称するのが相応しかったかもしれない。しかし、満州族が統治する中国王朝の首都のことを、朝鮮では「京」とは呼称しないわけだから、燕京の「燕」を取って、「燕行」という用語が普及した。まずこの用語が普及したのは、旅行記においてであった。

朝鮮から明に何回使節が派遣されたかは、現在でも不明である。不完全な統計によれば、明一代に使節は 1252 回派遣され、年平均 4.6 回であったとさえ言われている[27]。『清選考』という史料によれば、1637 年から 1894 年まで、清一代で派遣された使節は 494 回、年平均は 2 回であったと言われる[28]。ここでは、朝鮮国王名代の使節のみが数えられており、齋咨行と呼ばれる事務方の使節は数えら

---

[26] これに関する研究は、全海宗『韓中関係史研究』(一潮閣、1970 年)、藤塚鄰『清朝文化東伝の研究－嘉慶・道光学壇と李朝の金阮堂』(国書刊行会、1975 年)、張存武『清韓宗藩貿易(1637 ～ 1894)』(中央研究院近代史研究所、1978 年)、同『清代中韓関係論文集』(台湾商務印書館、1987 年)、陳尚勝『中韓関係史論』(全善姫訳、中国社会科学出版社、1987 年)、陳尚勝等『朝鮮王朝(1392 ～ 1910)対華観的演変－「朝天録」和「燕行録」初探』(山東大学出版社、1999 年)、劉勇『清代中朝使者往来研究』(黒竜江教育出版社、2002 年)、林基中『燕行使研究』(一支社、2002 年)、松浦章編著『明清時代中国与朝鮮的交流－朝鮮使節与漂着船』(楽学書局、2002 年)、崔韶子等『18 世紀燕行錄과 中國社會』(혜안、2007 年)徐東日『朝鮮朝使臣眼中的中国形象－以「燕行録」「朝天録」為中心』(中華書局、2010 年)、邱瑞中『燕行録研究』(広西師範大学出版社、2010 年)、楊雨蕾『燕行与中朝文化関係』(上海辞書出版社、2011 年)、松浦章『近世中国朝鮮交渉史の研究』(思文閣出版、2013 年)など、いずれも朝鮮使行に対する呼称は一定しない。それに対し、金泰俊『虚学から実学へ－ 18 世紀朝鮮知識人洪大容の北京旅行』(東京大学出版会、1988 年)、鄭光等編『燕行使와 通信使－燕行・通信使行에 關한 韓中日三國의 國際위크숍』(박문社、2014 年)では燕行使の語を用いているが、この語を用いる理由は説明していない。

[27] 25)註(2)、徐東日著書、8 頁。

[28] 25)註(2)、全海宗著書『韓中関係史研究』71 頁、同『中韓関係史論集』194 頁。

れていない。清の時代に派遣が減ったのは、清の命令により、冬至と元旦の使節が一本化されたためである。

朝鮮燕行使の回数は、朝鮮通信使とは2桁違う。終焉の時期も、朝鮮燕行使が日清戦争開戦の年まで計画されていたのに対して、朝鮮通信使は1811年には終焉となり、しかも対馬止まりとされている。朝鮮燕行使は幹線であり、朝鮮通信使はローカル線であったのである。朝鮮通信使として日本派遣が決まったら、これを嫌がり、あるいは出発後も早期帰国を願う者が多かったのも頷ける。

朝鮮燕行使の経路は、主に陸路であった。明代の燕行使を見ると、ソウルを出て、鴨緑江沿いの国境都市・義州を越える時、所持品検査が行われた。16世紀半ば以降、法令に違反して持ち出されるものの多くは銀になった。鴨緑江を渡ってから、遼東地方の中心都市・遼東までは、一行が持つ食糧・朝貢物品・貿易物品は朝鮮側が運搬した。中国人の荷車を雇うにしても、経費は朝鮮側が負担した。遼東から北京までの運搬費用は、明側の負担となり、物資運搬のための荷車が給付された。この荷車は、沿路住民の徭役負担によったから、数は制限され、負担に耐えられず自殺する者もいたという。燕行使は、沿路住民から怨まれた。全ての経費を日本持ちとし、沿路住民から歓待された朝鮮通信使とは異なる。

朝鮮燕行使一行の動向は、国内産業の盛衰と関連していた。もし燕行使が北京に大量の銀を齎したならば、朝鮮国内で銀を産出することが発覚してしまい、清への貢ぎ物に加えられる恐れがあった。朝鮮朝廷は、せっかく開発した端川銀山を閉山した。だが、北京に銀を持ちだしたら稼げることが分かっていたから、商人のみならず、官僚も不正に銀を持ち出した。日本から朝鮮への主要輸出品目に、銀があったことは注目に値する。「朝鮮は、朝貢が目的ではなく貿易が目的で使節を送っている」と北京の官僚から批判されるようになり、「礼儀の邦」たらんとする朝鮮は大いに恥じ、貿易を自己規制しようとするようになった。

17世紀末に、日本の対朝鮮貿易の銀輸出額が、長崎貿易を上回る。朝鮮貿易の輸出が増加したと言うよりも、長崎から輸出する量が減少したのである。正徳新例の影響である。新井白石の対朝鮮銀輸出の抑制はあまり効果を見せなかったが、1737年（元文2年）の銀輸出の制限は、効果を示した。

清代に限って言えば、朝鮮燕行使の人員は、多い時は825人（1714年）、少ない時は23人（1641年）と変動が大きく、朝鮮通信使が400～500人と安定しているのとは対照的である。朝鮮通信使は、貿易をしなかったから人員数が安定したのである。この時代の朝鮮・日本貿易は、対馬が特権を与えられ、釜山の倭館を通じて独占的に行っていた。

朝鮮燕行使の三使には、明・清皇帝の即位式典があるため、宗室関係者を多く派遣した。しかし、日本の将軍の襲職式典があるにも拘らず、朝鮮通信使には宗室関係者を派遣していない。朝鮮燕行使と朝鮮通信使の編成面での異なる点である。また、朝鮮燕行使には文章の専門家である製述官はいなかったが、朝鮮通信使には付け加えられた。製述官に、書記も付けられた。これは、日本に対して「皇華」を輝かせるためであった。「皇華」とは、『詩経』小雅「皇皇者華」に因む言葉であって、古代中国の周が、華やかな使節を諸国へ送ることを意味した。朝鮮知識人にとって、夷狄が治める清は軽蔑の対象であったから、清に対しても「皇華」の言葉が用いられた。

朝鮮通信使が、日本人と私的交際をした形跡はない。日本人との交流は、宿泊施設など、公的施設に限られた。監視されていたと考えるのが自然である。1764年朝鮮通信使が、大坂において、木村兼葭堂の私邸を訪れたとする記述はある[29]が、成大中『日本録』、南玉『日観記』、元重挙『乗槎録』いずれにも日本人の私邸を訪れたとする記録はない。朝鮮通信使は、公務で日本を訪問していたのである。一方、朝鮮燕行使は、中国文人との交流を任務とする者はいなかったわけだから、中国文人との交流を目的とする公の席が設けられることはなかった。

朝鮮燕行使の任務は、貿易であり、外交懸案を解決することであった。それに対して、朝鮮通信使の任務は、国書を持ち帰って両国が敵対関係にないことを確認することであり、文化交流を進めることであった。朝鮮通信使のこのような性質から、1920年代の松田甲の研究以降、朝鮮通信使に関する研究は、文化交流か、両国知識人の相互認識をテーマにしたものが多くなった[30]。

---

[29] 中村真一郎『木村兼葭堂のサロン』（新潮社、2000年）269頁。高橋博巳『東アジアの文芸共和国－通信使・北学派・兼葭堂』（新典社、2009年、43頁）。

[30] 松田甲『日鮮史話』第1～6編（朝鮮総督府、1926年～1930年）。同『続日鮮史話』（同、1931年）。前註（7）、李進熙著書、朴春日著書、李元植著書、辛基秀著書、仲尾宏著書の他、姜在彦『玄界灘に架けた橋－歴史的接点からの日本と朝鮮』（朝日新聞社、1993年）。辛基秀等編『大系朝鮮通信使－善隣と友好の記録』第1～8巻（明石書店、1993年～1996年）。河宇鳳『朝鮮後期實學者의 日本觀의 研究』（一志社、1989年）、日本語訳『朝鮮実学者の見た日本』（井上厚史訳、ぺりかん社、2001年）。同『朝鮮時代　韓國人의 日本認識』（慧眼出版社、2006年）、日本語訳『朝鮮王朝時代の世界観と日本認識』（小幡倫裕訳、明石書店、2008年）。鄭章植『使行録に見る朝鮮通信使の世界観－江戸時代の日朝関係』（明石書店、2006年）。前註（29）高橋博巳著書など。

ソウルを出発した朝鮮知識人が北に行って中国の学問と出会い、南に行って日本の学問と出会い、驚き・困惑・怒り・羨望が表面化することにより、朝鮮・中国・日本の学問の特徴や、時代的な位置を計測できるのである。

朝鮮燕行使は、朝鮮儒学の展開、朱子学の開花と生育、「北のかた中国に学べ」をスローガンにした北学派の出現、ヨーロッパの学問・西学の導入、キリスト教の受容と迫害、はいずれを取っても朝鮮燕行使が要因になっている。朝鮮儒学史・朝鮮キリスト教史・朝鮮西学史と朝鮮燕行使との関連が様々に指摘されている。

朝鮮で朱子学が開花したのは、高麗時代であった。その末期に当たる事元期あるいは元干渉期には、多くの知識人が北京に赴き、世界と人間を貫く最新の普遍原理として、自信を持って積極的に朱子学を受け入れた。高麗の忠宣王は、退位後、北京に私的空間である万巻堂を構え、多数の中国書籍を購入すると共に、中国の著名な学者であった姚燧・閻復・元明善・趙孟頫らを個人的に招き、朝鮮から李斉賢を呼んで交流させた。

明代は、朝鮮知識人は朝鮮燕行使に加わらなければ北京に赴けない時期であった。この時期に、朱子学関連書籍としては『四書大全』『五経大全』『性理大全』が、陽明学関連書籍としては『伝習録』が朝鮮に伝わった。清代の 18 世紀になり、ようやく朝鮮燕行使に定員外の肩書きが生じ、洪大容らが北京に赴いて北学派が形成された。

第二章　朝鮮知識人の対日認識

第一節　朝鮮知識人の一般的な対日認識

古代中国人は、世界をどのように認識していたか。世界の中心に中原があり、中原とは中華のことである。中華には、漢民族が暮らしている。中原の周囲には四海があり、四海には夷狄が住んでいる。四海の周囲には大荒があり、大荒には禽獣が住んでいる。中華主義的な華夷観である。中華主義的な華夷観は、文化的な優越感に起源があり、文化的な優越感に種族的及び地理的観念が結合した[31]。漢代以降に儒教が国教とされると、華の基準は、儒教文化を受容しているか否かに求められるようになり、「礼」の観念として理論化されるようになった。「礼」の文化の下の国際関係は、中国周辺の諸国家が中国王朝に朝貢し、冊封を受け入れるものであった。北方民族の侵略を受けた宋代に華夷意識は強化され、この時期に創始された朱子学は、華夷観を体系化して、朝鮮王朝初期の世界観の確立に強い影響を与えた。朝鮮初期に中国に存在した王朝は明であり、朝鮮は明に事大した。そうして、女真・日本・琉球・東南アジア諸国に対しては交隣で臨んだ。

朝鮮は、漢民族の王朝ではなく、漢民族の周辺に位置する王朝であるわけなので、夷狄であることに間違いはなかった。しかし、中華に同一視することにより、自らを中華に次ぐ者、あるいは中華の継承者と位置付け、一方では女真・日本・琉球を蔑視した。小中華

---

[31] 河宇鳳『朝鮮王朝時代の世界観と日本認識』（明石書店、2008 年）27 頁。

意識である。

朝鮮の対日政策の基本は、南方の辺境における平和を確保することであった。朝鮮の建国当初は、まだ明との関係も安定しておらず、女真に対する経略を確保するためには、南方の平和を脅かす倭寇を抑止しなければならなかった。朝鮮は、倭寇に対して軍事的対応を基本としながらも、授職制度や経済的恩恵などの懐柔策を通じ、太宗の時代にはほぼ倭寇の活動を抑え切った。倭寇は、平和的な通交者へと姿を変えた[32]。

一方で女真には李成桂の私兵も多く、朝鮮王朝としても内部事情を把握し易かった。『世宗実録』14年2月10日己亥に「我国之患、在於北方」とあるように、倭寇の活動が収束してからは、朝鮮王朝には北方政策が最も重要な外交課題として浮上することになった。朝鮮王朝は、軍事的対応と徙民政策を併用し（恩威兼用)、女真を咸鏡道・平安道の開拓者として受け入れながら、農耕地を求めて南下する女真を、豆満江と鴨緑江を境にしてその侵入を食い止めた[33]。

日本に対する呼称は、公式の外交文書では「日本」を用いたが、「倭」「倭国」「倭人」という語が広く用いられた。『太宗実録』巻13、7年正月19日甲戌では、「今、封じて王と為し、与えるところが厚いので、満足して驕り高ぶり、横逆放恣であることがひどい」と述べ、室町幕府の将軍に対して、「倭奴」と称している。『世宗実録』巻52、13年5月27日庚寅では、室町幕府将軍のことを「倭主」

---

[32] 同上書、32～33頁。
[33] 金九鎮「朝鮮前期의 對女眞關係와 女眞社會의　實態」(『東洋學』14輯、檀国大学校東洋学研究所、1984年)。

と称している。室町幕府が倭寇を統制できない、朝鮮から見て外交姿勢が無礼、使行の時に利益を得ようとする、低姿勢で経済的な援助を求めて来る、などの理由から、朝鮮は日本に対する蔑視を深めた。日本は儒教文化で遅れており、外交儀礼を知らず、倭寇や壬申倭乱で残虐さを示すなど文化的に低劣で野蛮な国であった。

女真は散居状態であり、朝鮮国王に相対する王がおらず、明の冊封体制にも入っていなかった。『世宗実録』16年8月3日丁未では、女真を野人と呼称し、「本来野人は豺狼之徒であり、仁義で教化することはできない」と記している。また、『世宗実録』19年4月11日庚午では、「仁義が不足しているため、例え仁を以て撫恤しても、徳として理解せず、むしろ豺狼のような心を抱く。また、凶邪にして狡猾なために、例え防禦をする方法があったと言っても、常にその隙を窺っては蜂のように毒を施すのは、今も昔もそうであった」と記している。『世祖実録』19年8月7日甲子には、「例え投化したとしても、その心を伺うことは難しく、仁義で説き伏せることはできない。来れば慰撫するのみである」と記している。15世紀半ば以降に対外関係を統括した申叔舟は、1460年及び61年に女真を討伐して『北征録』を著し、朝鮮の地理的位置を「四方から敵を迎える形勢」と述べて国防の難しさを指摘すると共に外交の重要性を指摘した。

ちなみに、女真は漢民族よりもむしろモンゴル人を模範にしていた。ヌルハチが勢力を伸ばし始めた時期、女真の文書はモンゴル語で作成されていた。しかし、女真の民衆はモンゴル語を理解できないため、バクシという専門の技能集団が存在した。バクシとは「先生」という意味のモンゴル語（キリル文字：багш、漢字：博師）

であり、当時の女真社会でのバクシの地位の高さ並びにモンゴル文化の影響の強さを伺わせる。女真は農耕社会ではなく遊牧社会であったと考えられる[34]。

壬申倭乱と丙子胡乱を経て、対明義理論と対清復讐論とが登場し、朝鮮中華主義へと連なった。朝鮮が中華文明の唯一の継承者であり、守護者であるとの立場である。しかし、朝鮮中華主義は朝鮮独自の世界秩序ではなく、中国が構築した世界秩序に朝鮮を当てはめたものに過ぎなかった。そのため、近代に入って中国中心の世界秩序が崩壊した時、朝鮮は独自の進路選択に失敗することになったのである。それに対して日本は中国中心の世界秩序に組み込まれたことがなく、中国とは異なる独自の権威体系があったため、中国中心の世界秩序が崩壊した時にも、独自の対応を選択することができた[35]。

第二節　朝鮮知識人の個別の対日認識

1. 李芸の対日認識

李芸（1373 ～ 1445）は、中人出身で行政事務に従事していたと考えられる。朝鮮王朝実録に、その卒記として「李芸は蔚山郡の衙前であったが」とあるのみで、出身に関して詳しいことは分からない[36]。太祖から世宗に至る 60 年の間に、朝鮮から日本に派遣され

---

[34] 松浦茂『清の太祖ヌルハチ』（白帝社、1995 年）133 ～ 134 頁。
[35] 河宇鳳『朝鮮王朝時代の世界観と日本認識』（明石書店、2008 年）41 ～ 45 頁。
[36] 嶋村初吉『玄界灘を越えた朝鮮外交官・李芸』（明石書店、2010 年）129 頁。

た通信使は、48回に及んだ。それにも拘らず、李芸について記した『鶴坡先生実記』は、申叔舟の『海東諸国紀』のようには研究されていない。著書や使行録が発見されていないためである。『朝鮮王朝実録』や『鶴坡先生実記』など、限られた史料の中から李芸の日本との関わりを整理すると、以下の表のようになる。

① 太宗代における李芸の対日交渉活動[37]

王朝（年月）	使行職責	目的地	使行目的並びに成果
	答礼使	壱岐	答礼、倭寇の禁止並びに捕虜刷還、捕虜50人刷還。
5～6年7月（1405年～1406年）	返礼使	日本国王	日本国王に対する答礼。捕虜70人刷還。
8年3月（1408年）	通信副使	日本国王	倭寇の禁止を要請。捕虜100人刷還。ソウル～京都往復。
10年5月（1410年）	前護軍	対馬	倭寇の禁止を要請。対馬島主に米豆300石賜給。
16年1月（1416年）	通信官	琉球国王	捕虜44人刷還。
18年4月（世宗即位年）（1418年）	行司直	対馬	宗貞茂の死に対する致祭、賜賻。刷還時に鋳鉄で作った火熥・碗口を齎す。

李芸は、対日使行の経験を基に、対馬征伐にも加わっている。

対馬征伐以降、世宗はその在位期間に15回に渡り日本に使者を派遣した。李芸が使節の正使もしくは副使として参与した使行を整理してみると、以下のようになる。

---

[37] 河宇鳳「朝鮮初期　李藝의 對日交涉活動에 對해서」（『全北史學』）11～12頁。

② 世宗代における李芸の対日使行[38]

出発	帰還	使行時職責	目的地	使行目的並びに成果	参考
4年12月(1421年)	5月12日	回礼副使	日本国王	日本国王の回礼、捕虜帰還。	朴熙中（正使）。ソウル～京都往復。
6月2日		回礼副使	日本国王	日本国王の回礼、金字経賜給、捕虜帰還。	朴安臣（正使）。ソウル～京都往復。
8年2月(1425年)	8年5月	賜物管押使	対馬島	漂流民送還に対する謝意。宗貞盛の祖母並びに母の死に対する弔慰。対馬と路引制度を協約。	
10年12月(1427年)	11年12月(1428年)	通信副使	日本国王	義教の襲職祝い並びに義持の死を弔慰。捕虜6名帰還、日本国内の情報収集、日本の産業・交通・経済を紹介。	朴瑞生（正使）。ソウル～京都往復。
14年7月(1431年)	15年10月(1432年)	回礼使(上護軍)	日本国王	日本国王使の回礼、大蔵経2部賜給。	正使として。金久冏（副使）。ソウル～京都往復。
20年4月(1437年)	？	敬差官	対馬島	倭使の統制を要請。文引制度の定約、対馬の捕虜捕虜請還規定。	

[38] 同上。

25年7月（1442年）	25年11月	体察使（僉知枢院事）	対馬島	西餘鼠島に侵入した賊倭13名を捕刷。	牟恂（副使）

1428年（世宗10年）使行が、通信使という名称の初出である。名称・目的・構成・形式から見た時、1655年以降定例化する朝鮮通信使の祖型と見てもいいであろう。

1428年使行では、李芸が日本の優れたものの多くを朝鮮に導入させた。

一つには自転水車がある。朝鮮の水車は、井戸の水を引き上げる時に使えるのみで、日本の水車のように、水田に水を引き入れることができなかった。

二つに、貨幣の普及である。朝鮮では、旅行に行く時には食糧を携行しなければならなかったが、日本では銭だけ携行すればよかった[39]。

三つには商店街である。朝鮮の市場では、地べたの上に直接商品としての食糧を置いたが、日本の商店街では机を置いてその上に商品としての食糧を置いた。

1426年（世宗8年）、宗貞盛の要請により、渡航証明書として路引が制度化された。それを発展させる形で、1438年（世宗20年）、李芸が対馬島主と文引制度を定約した。これにより、日本から渡航する全ての通交者は、対馬島主の文引を受けていなければ朝鮮側の接待を受けられないこととなった。

以上のことから、李芸は日本の倭寇による誘拐被害に直面しなが

[39] 嶋村初吉『玄界灘を越えた朝鮮外交官・李芸』（明石書店、2010年）53～55頁。

らも、粘り強く外交と貿易の枠組みを構築し、日本の産業や技術については率直にその長所を認めて取り入れようとしていた姿勢が分かる。また、室町将軍が、西日本の守護大名や対馬の豪族に影響力を行使できていないとは述べているが、天皇の存在や、天皇と室町将軍との関係には言及がない。李芸の日本認識が、視覚的な理解に留まっており、日本の政治・社会・文化については印象が形成されていないと考えることができる。

なお、本節の冒頭で触れた『鶴坡先生実記』は、李芸の著作ではなく、李芸の著作を集めた文集でもない。李芸の13代後孫である李璋燦が、李芸の行状及び関係記録を集め、1872年に刊行したものである。李芸の周辺人物が記した行状や、『朝鮮王朝実録』に登場する関係記事を編集した間接的な記録であるが、なぜか李芸が最も活躍した世宗代の記録がない。第1巻「功牌」では、対馬征伐時の李芸の活躍が記されているが、李芸に授けられた記録であり、記録したのは李芸本人ではない。「従事官」が記録したとされる「海外日記」も、李芸が日本や琉球に使節として赴いたことや、対馬征伐の際に活躍したことを簡潔に記録したに過ぎない[40]。以上のような状況から、李芸については韓国内でも知られておらず、2005年2月に韓国の「今月の文化人物」に選定されたこと、地元蔚山のテレビ局が制作したドキュメンタリー番組や忠粛公李芸宣揚会によるシンポジウム、2010年6月に韓国外交通商部が李芸を「今年の外交人物」に選定することなどを通して、漸く人々に知られ始めたところである[41]。

---

[40] 河宇鳳『朝鮮王朝時代の世界観と日本認識』(明石書店、2008年) 153～155頁。

2. 宋希璟の対日認識

宋希璟（1376 ～ 1446）は、李芸とほぼ同世代人である。対馬征伐後に初めて日本に使行した。当時の室町将軍・足利義持は、父・義満とは異なる外交政策を取っていた。1419 年のこと、義持は、明中心の冊封体制からの離脱を目指し、明の年号が記された朝鮮の国書の受け取りを拒否し、宋希璟一行を京都・仁和寺の隣にあった深修庵に監禁した。これに対して仲裁が入ったこと、義持が国書の内容を知ったことから、義持が態度を変え使行は成功した。

宋希璟は、帰国直後に筆写本で『老松堂日本行録』を著した。しかし、宋希璟の死後に失われ、紆余曲折を経て約 180 年後の壬申倭乱の最中に、日本の捕虜となった鄭慶徳が日本に奪い去られた古写本を写し、鄭慶徳の子孫により更に約 200 年後の 1799 年に木活字本として刊行された。韓国に現存する木活字本には、蘇世譲の「老松宋先生日本行録序」、趙平の「日本行録序」、宋希璟の 6 代孫の宋篪の「老松堂日本行録家蔵」などの書籍が冒頭で挙げられていて、『老松堂日本行録』の遺失から発見までの経緯が書かれていると述べる[42]。『世宗実録』にも、宋希璟の復命の様子が簡単に記されているのみであり、もし『老松堂日本行録』が遺失されたままで発見されていなければ、彼の日本認識は後世に伝わっていなかったことになる。

宋希璟は、出発前は日本についての知識はあまりなかった。その

---

[41] 嶋村初吉『玄界灘を越えた朝鮮外交官・李芸』（明石書店、2010 年）8 頁。

[42]『老松堂日本行録』の書誌学的な考察については、三浦周行「老松堂日本行録」（『日本史の研究』岩波書店 1922 年）、姜周鎮「日本行綠解題」（『國譯海行摠載』続編Ⅷ、民族文化推進会、1997 年）を参照。

ため、少弐満貞を対馬島主であると誤認し、日本についてあまり分析的に記述することなく、見聞したことをそのまま書いている。しかし、京都に向かうにつれて、室町将軍と対馬島主と九州探題の関係を知ることになる。また、日本国王に会うための使者でありながら、海賊に襲撃される危険を絶えず憂慮しなければならないなど、室町将軍の権威が西日本に及んでいないことも思い知らされた[43]。

日本の三毛作に感心した[44]。しかし、宋希璟にとっては、日本の農業技術は「仁義あれば誇るに値する[45]」ものであり、儒教化の程度が文明化の尺度であるとの視点を持っていた。華夷観に基づく夷狄視である。もっともそれも「朝鮮のほうが上国」といった程度の認識であり、蔑視したものではなかった。「異国の風俗も礼儀を知っている[46]」「日本の遺俗もまた美しい[47]」と評価していることがそれを裏付けている。

3. 申叔舟の対日認識

申叔舟（1417 ～ 1475）は若い頃には世宗代の学術文化活動に参加し、1443 年 27 歳時に対日通信使の書状官として日本を訪問している。1452 年 36 歳時に謝恩使として明に赴いた首陽大君に随行し、彼と関係を持ちながら政治活動を展開した。申叔舟は、日本との間に癸亥約条が締結されるよう尽力し[48]、2 回に渡り明に赴き、女真

---

[43]『老松堂日本行録』7 月 22 日。
[44] 同上書、6 月 27 日。
[45] 同上。
[46] 同上書、4 月 16 日。
[47] 同上書、3 月 4 日。

には種族間の不和を調停したり、朝鮮の北の国境を犯した女真に対しては1460年、61年と自ら軍を率いて討伐している[49]。日本使臣や女真使臣との会話は、通訳なしでこなせたという[50]。

申叔舟も、華夷観に基づく夷狄視で日本のことを眺めていた。『海東諸国紀』の序で、申叔舟は日本を夷狄と表現し、『海東諸国紀』を著した意図は「夷狄に対する方策」であると述べている。朝鮮後期まで、通信使行員には、『海東諸国紀』は必携の書であった[51]。日本の通交者に対しては、「来朝」という表現を用いている。ただし、申叔舟は李芸や宋希璟より約40歳年下であり、活躍した時代背景が異なる。李芸や宋希璟は世宗代であるが、申叔舟は世祖・成宗代である。

この時期には、幕府の側近である管領までもが独自の使節を派遣し、寺院建立資金など、経済的支援を要求するようになった。室町将軍自らも、朝鮮朝廷に軍事援助を求めたり、日明貿易の勘合符に似せた通信符を要請することもあった。これではまるで日本の諸勢力が朝鮮に朝貢貿易をしているかのようであった。日本諸勢力の使

---

48 締結に当たったのは李芸であるが、使行の帰路に対馬に立ち寄った申叔舟が、締結を躊躇する対馬島主に対し、歳遣船の利益などの利益を説いた。

49 申叔舟自身が女真征伐の顛末を記した『北征録』が残されている。同書の内容については、李仁栄「申叔舟の北征」『韓国満州関係史の研究』（乙酉文化社 1954 年）、河内良弘「申叔舟の女真出兵」（『朝鮮学報』71 輯 1974 年）を参照。

50『燃黎室記述』世祖朝、古事本末、相臣、申叔舟条には、「公が漢・倭・蒙古・女真の詞に通じていて、時には通訳を借りずとも自ら意を通じていた。そのため、後に公が手ずから全ての国の言葉を翻訳して奉ったので、努めて師匠から学ぶこともなかった」と記されている。

51『海東諸国紀』は、外夷列伝の性格も帯びていた。『朝鮮王朝実録』によれば、1501 年に野人対策として王命により『海東諸国紀』を範として左議政の成俊と右議政の李克均が、『西北諸蕃記』と『西北地図』を著したとされる。

臣は、世祖のことを「仏心の天子」と呼称し[52]、室町幕府8代将軍足利義政は書契において朝鮮のことを上国と呼称したり[53]、朝鮮国王を殿下ではなく陛下と呼称したり[54]するようになっていた。日本使臣が書契において日本のことを「臣僧」、朝鮮のことを「皇華の国」と呼称することも現れていた[55]。ただ、以上のような朝鮮大国観は、1466年から1471年の時期に集中しており、そのほとんどが、対馬が派遣した偽使である可能性を指摘されている。例え偽使であっても、これらの低姿勢は朝鮮の日本に対する認識形成に影響した。

『海東諸国紀』の序では、

> 習性は強悍にして、剣槊に精なり。舟楫に慣る。・・・(日本は）我と海を隔て、相ひ望む。之を憮するに其の道を得れば、則ち朝聘は礼を以てし、其の道を失へば、則ち輒ち肆に剽窃せん[56]。

と述べている。礼儀知らずで、よく約束を違え、利を貪る一方、武力には強い民族であると認識している。

また、『海東諸国紀』の序の中で、

> 夫れ交隣聘問し、殊俗を撫接するは、必ず其の情を知り、然

[52] 中村栄孝「室町時代の日鮮関係」(『日鮮関係史の研究』上巻）181～182頁。
[53]『成宗実録』6年8月11日丁亥及び18年4月26日乙未。
[54] 同上、9年7月14日辛丑。
[55] 同上、元年8月25日庚午。
[56]『海東諸国紀』序。

るに後に以て其の礼を尽くすべし・・・。臣が嘗て聞く、夷狄を待つの道は、外攘に在らずして内修に在り、辺禦に在らずして朝廷に在り、兵革に在らずして紀綱に在りと。其れ是に於いてか験ならん[57]。

風俗が異なる日本の実情をよく理解し、礼儀と誠意を尽くさなければならないと強調する。これから約250年後の日本側の雨森芳洲が『交隣提醒』の中で同じ趣旨の意見を述べているところを見ると、それが日朝の相互理解の出発点になると考えられる。申叔舟の意見を具体的に述べると、日本人を礼儀によって教化しながら、撫恤して充分に俸禄を与えるという贈与貿易を提唱している。礼儀による教化は、生身の日本人に出会い日本の長所を理解した1764年使行の元重挙も提唱したことである。

1429年使行の朴瑞生の復命によって、室町幕府の弱体化と西日本の守護大名の半独立化は朝鮮に知られるようになった。もともと、日本の政治はまるで中国の周の時代のように分権していると考えられているところであった[58]。ならば、倭寇禁圧を誰に要請すればいいのかという問題になっていた[59]。「国王は、その国ではあえて王と称されず、御所とのみ呼ばれ、命令文書は御教書という」と述べている[60]。

---

[57] 同上。

[58] 同上。

[59] 同上書「朝鮮応接記」では、「巨酋使」という概念を作り出し、通交規定を確立しようとした。この点に関しては、長正統「中世日鮮関係における巨酋使の成立」(『朝鮮学報』41輯、1966年) に詳しい。

[60] 同上書。

室町将軍と天皇との関係はどうなっているのか、朝鮮朝廷は誰を外交交渉の対象にすればいいのか、という問題も認識されていた。これについて申叔舟は、天皇は国政にも外交にも権限を有していないことを認識していた。幕府将軍に、朝鮮国王と対等の交渉対象としての地位を認めていた。ただ、実権はなくとも、日本国内で占める比重は低くないことも認識しており、室町将軍が日本国内では王と称しておらず、形式的には天皇の臣下であることを上記の通り記述している。また、申叔舟は、幕府将軍が他の大名と同様に「○○殿」「○○氏」と呼ばれていることから、将軍は関白や摂政のような地位にいるものと誤解していた。そうして、『海東諸国紀』「日本国紀」「天皇代序」で、初めて天皇に関する本格的な記述を残した[61]。外交交渉における朝鮮国王との同格の主体は、幕府将軍ではなく、天皇でなければならないと暗示しており[62]、日本天皇観と外交儀礼上の問題提起は、後代に大きな影響を及ぼすことになった。

経済的関心も大きかった。世宗は、1429年に通信使の朴瑞生一行に対して、『百篇尚書』の購入、倭紙製造法の習得、日本の金の購入を直接に指示している。この流れを受け、申叔舟は、日本では博多を中心に海外貿易が盛んであることを指摘し、硫黄・金・銅・水鉄・鉄・染料・薬材・胡椒などについて、「八道六十六州」の産

[61]「天皇代序」の記録は、当時日本で作られた皇代紀類を参考に作られたものであり、申叔舟の独自の知識によるものではない。参考にした内容が事実であるかどうかを検討したこともないようであり、信憑性も高くない。ただし、朝鮮知識人が初めて天皇について記録したことに意義があると言える。

[62]「天皇代序」に比べれば、「国王代序」は分量が少なく、誤りも少なくない。第5代室町将軍・足利義量が抜けており、また、史実では第8代将軍足利義成と足利義政は同一人物であるにも拘らず、父子関係であると記されている。

地別に紹介している。日本の支配階級の需要がある上、武器製造の上で不可欠であり、更には朝鮮では産出されず、日本から輸入せざるを得なかったからである。

4. 李滉の対日認識

李滉（1536～1584）は、対日問題の専門家ではないが、16世紀朝鮮儒学界の大家であり、その対日認識は朝鮮の儒学者たちに影響力を発揮した。

1544年の蛇梁津倭変[63]以後、日本人が次々と講和を持ち込んだことについて、朝鮮朝廷はこれを拒絶したものの、李滉は講和要請を受け入れるべきであるとした。それによると、朝鮮は日本に対して舜が苗族に用いた方策で接すればいいという。日本は禽獣か夷狄であるが、禽獣として接したら禽獣の本性が現れ、夷狄として接すれば分に安んずる、と考えられる。夷狄に対しては、「来る者拒まず、去る者追わず」が一番である、と[64]。

李滉は日本国王に対しては朝鮮国王と対等であることを認めているが、対馬は朝鮮の藩国であり、朝鮮と対馬は父子関係であるという[65]。そうして、対馬人に対しては、「禽獣に比すれば」「蠢たるこの小醜」[66]という表現を用いていた。文化的には無視してよく、むしろ教化すべき対象であると考えていた。

---

[63] 倭船20余隻が慶尚道蛇梁鎮に攻め入った事件。これ以降、日本人の渡航を一切拒絶しようという絶倭論が起き、日朝間の国交が断絶した。

[64]「甲辰乞勿絶倭使疏」（『退渓全書』、成均館大学校大東文化研究院、巻六）。

[65] 同上、「礼曹答対馬島主」。

[66]「蠢く小人の類」の意。

5. 金誠一の対日認識

金誠一（1538 ～ 1593）は、退渓門下であり、柳成龍（1542 ～ 1607）と同様に、東人に属した。壬申倭乱直前の1590年に、上使・黄允吉や書状官・許筬らと共に副使として日本に通信使行し、翌年2月に帰国した。彼は宣祖に復命する席上で、日本による侵略はないと断言し、その後批判の対象となった。

金誠一は、華夷観の立場から日本を夷狄視し、通信使行の意義を、朝鮮の君主が聖徳を施し、夷狄を教化することであると考えていた[67]。また、日本は朝鮮と対等であり、隣の友好国であるとしながらも、一方では自らを大国の使臣であるとして、日本を「蛮夷」「蛮人」「蛮隣」「島夷」「小夷」などと表現している[68]。対馬に対しては、朝鮮の属国もしくは藩邦国家と見做している[69]。

日本人の気質は、野蛮であるとして否定的に見た。『海槎録』巻一「次五山二十八宿体」には次のようにある。

> 有る夷の海東の角に生ず、
> 性気は驕亢にして、区域は別なり。
> 氐羌の中爾、最も黠なりて[70]、
> 水渦蜂房、海窟に依る。

---

[67]『海槎録』巻一「途中述使旨示同行」には、「威化は東漸し、幾年を問う。輪平なる島に、客は自ら聯翩す。誰か知る、聖主の綏懐の遠きを。一度信ずれば、能く四辺を静めしむ」とある。

[68] 同上、巻三「答上使書」には、「日域の本朝に与るは、地を以てすれば則ち敵国なり、義を以てすれば則ち隣交なり」とある。

[69] 同上、巻三「答許書状書」には、「夫れ此の島の我が国に与るは如何なるや。世世国恩を受け、我が東藩を為す。義を以て君臣なり。土を以て附庸なり」とある。

[70]『海槎録』巻一「次五山二十八宿体」。

台尾に毒有りて押すべきこと難し。
箕踞蹲坐はこれ礼為り、
斗斛権衡は聖法に非ず。
馬牛は襟裾し、且つ文身す、
男女は聚麀し、寧ぞ族を問はんや。
虚を擣ち弱を凌ぎ、狙詐を逞しうし、
災いに利し危に乗じ、家突を争ふ。
舟居・室処は郎人たると雖も、
壁を穴ち墉を穿ち、真に鼠竊す。
奎文騰輝して聖神興り、
挹婁烏奴は渾て率服す。
虫肝獣胃は自ら慣擾し、
胡昴天狼は妖をば作さず。
佔畢の書生は胸に万甲あれども、
嘴距誰か万人の敵に誇らんや。
参商の日城を視ること咫尺にして、
井蛙を学ばざれ空しきこと適適たり。
蛮君鬼伯の我を争ひて迎へれば、
柳を折りて亭に離るるに胆は愈々激す[71]。

「箕踞蹲坐はこれ礼為り」と日本の風俗を批判し、「斗斛権衡は聖法に非ず」と日本の度量衡制度をも批判している。儒教の礼法と異なり野蛮であるから、学ぶ必要などないとしているのである。申叔

[71]『海槎録』。

舟とは対照的である。

また、金誠一は、日本の関白が天皇の臣下であることを聞き、朝鮮国王が対等な儀礼を以て対応すべきでないとした。

> 夫れ日本は何等の国ぞや。我が朝の与国である。関白は何等の官ぞや。偽皇の大臣なり。然らば則ち、日本を主るものは偽皇なり。関白に非ざるなり。関白なる者は相君なり。国王に非ざるなり。惟だ其の一国の威福を擅にするのみ。故に我が朝は其の実を知らずして之を国王と謂ひ、而して持つに敵体を以てす。是れ王者の尊を降し、下りて隣国の臣と等夷と為すなり。亦た辱かしからざらんや。前より日本諸殿の書に主上皇帝陛下と為す者は、亦た偽皇の主上に敵体することを知れり。故に之を尊ぶこと此の若くして、関白は敢えて之と抗はざるなり[72]。

金誠一は、以上のように天皇と関白の関係を説明している。大義名分論に立っている。当時関白は、対外的に日本を代表しており、朝鮮・中国との関係においては事実上日本国王としての待遇を受けていたが、これを金誠一は、過去の儀礼や国書の記録が事実を取り違えたために発生した誤謬であると考え、訂正されるべきだと論じた。

大義名分論が日本で通用しているかどうかについて、金誠一は検証していない。日本の侵略可能性について誤った判断を下したことと、不正確な日本認識とは関連があるかもしれない。使行中に、対

---

[72] 同上書、巻三「与許書状論礼書」。

馬島主や秀吉の礼儀に悖る言動に対する不満や、この時期朝鮮では既に朱子学一尊主義が顕著になっていたことが、金誠一の判断に影響した可能性もある。天皇と関白との関係については、その後の李瀷や安鼎福が同様の指摘をしている。

6. 姜沆の対日認識

姜沆（1567 ～ 1618）は、退渓学派に属する人物である。1597 年の丁酉倭乱時に、南原で軍糧供給の任務に就いていた際、全羅南道霊光沖合で倭将・藤堂高虎の水軍に捕えられ、日本に連行され、大洲・大坂・伏見で 2 年 8 か月余りの捕虜生活を送り、1600 年 5 月に帰国した。日本に抑留中、相国寺の禅僧であった藤原惺窩と伏見で交流し、朝鮮朱子学を伝えた。藤原惺窩は、その後儒学者に転じた[73]。

姜沆は、抑留中の危険を顧みず、「賊中封疏」を書いて日本の事情を朝鮮朝廷に知らせようとし、帰国時釜山に到着すると直ちに「詣承政院啓辞」を上呈し、日本の情勢を朝鮮に伝えた。姜沆の日本での見聞を纏めたものが『看羊録』であるが、この書籍は姜沆の存命中に編集・刊行されたものではなく、姜沆の死後である 1654 年に、姜沆の門人・尹舜挙により編集され、1656 年に刊行された。

「賊中封疏」は全 4 編から成る。「其の倭情の録する所、及び上の賊魁の死後の奸偽を擬れるを、並び録すること左の如し」という姜

[73] この点については、『儒者姜沆と藤原惺窩』第 1 号（姜沆先生文化交流碑建立委員会、1984 年）に、姜在彦「姜沆と江戸儒学」など 10 編の論文が収録されている。より新しいものとしては、辛基秀・村上恒夫『儒者姜沆と日本』（明石書店、1991 年）がある。

沆の意図通り、当時の日本の情勢や社会状況が詳しく記録されている。『吾妻鏡』を参考文献にして日本の歴史を記述し、日本の地理、天皇と関白の由来や実情、日本の文字、神道と仏教、壬申倭乱の参加国と将軍、日本の軍事制度と戦術、倭人の城邑や守城技術、武器、一般人民の生活状況や風俗、秀吉死後の日本の政治・軍事状況とその対策・建議を主な内容にしている。

「詣承政院啓辞」には、藤原惺窩など日本の僧侶と交流したことや、日本の風俗が記されている。例えば、日本の技術・技術優遇の風潮・宮室・仏教の僧官制度・僧侶の生活状況・日本神道の盛況ぶり・神社・日本の対外関係・朝鮮との交通路・日本の地震などが記されている。

姜沆は、「秀吉は山犬か狼。もしくはゲジゲジかサソリ」と嫌悪感を露わにする。目の前で日本軍に親族を殺害されているのである。ただ、金誠一のように、日本の風俗を全面否定はしていない。神道や日本の仏教を迷信であるとして否定した。その一方、日本の技術優遇は肯定的に見ており、名誉ある戦死者の子孫を大切にもてなす風習が、戦意高揚の役に立っていると述べる。

姜沆は、日本の軍事制度が諸侯ごとに独立していて、兵農一致的性格を帯びていることを称賛し、朝鮮の軍事制度や、壬申倭乱時の失態を批判した。日本の築城技術は、朝鮮の築城技術よりも優秀であると述べた。そうして姜沆は、朝鮮の防禦政策が北の女真に偏り、南の日本を軽視していたことは失策であると批判した。

7．李睟光の対日認識

李睟光（1563～1628）は、壬申倭乱と丁卯胡乱を政治の第一線で経験した人物である。30歳の時に壬申倭乱が勃発すると、戦争が終わるまで宣祖を護衛した。学問的には栗谷の学統を継承し、実学的側面を重視した[74]。1590年には聖節使の書状官として、1597年には陳慰使として、1611年には奏請副使として、合計3回明に使行した。3回に及ぶ北京行きで、李睟光は安南・琉球・暹羅国の使臣たちと交流し[75]、マテオ・リッチが作ったヨーロッパの地図も見て、『天主実義』『重友論』など西洋の書物に接することもできた。こうした経験は、李睟光の学問に当時としては珍しい博学性を帯びさせ、開放的世界観を身に付ける契機になったと考えられる。代表的な著作に『芝峯類説』がある。この書籍は、一種の百科全書であり、考証的で実事求是的な学風がよく表れている[76]。このため、李睟光は朝鮮後期実学の先駆者とも見做される。

『芝峯類説』には、日本関連記事が多い。李睟光にとって、壬申倭乱は人生最大の出来事であったと考えられる。しかし、記事は断片的である。李睟光は、壬申倭乱時に捕虜として日本に連行された趙完璧に面会して取材しているものの、参考文献と言えば朝鮮や中国の書籍ばかりであり、日本書籍は全く参考にしていない。勢い、事実誤認が多い。例えば、宗義調の子として賜姓を受け平氏を名乗った対馬島主平義智について、李睟光は秀吉が宗義調を滅ぼして

---

[74]『芝峯集』「序文」で、「道は民生日用の間に在り。飢えては食し、渇しては飲むは、即ち道なり。此れを外にして道を言ふ者は、非なり」と言うように、李睟光の学問の根本が「実学」にあったことを明らかにしている。

[75] 2回目の使行時の使行録である『朝天録』には、安南の使臣との交流の事実が記録され、第3回目の使行時の使行録である『続朝天録』には、琉球と暹羅国の使臣と筆談した内容が収録されている。

[76] 柳洪烈「實學의先驅者　芝峯　李睟光」（『韓國學』第20輯、韓國學研究所、1979年）参照。

平義智を立てたと述べている[77]。日本の賜姓制度を理解していなければ、義調から義智に権力が移行した経緯を理解できないのであった。柳成龍も同様の事実誤認をした。

李晬光が記した日本関連記事は、政治・軍事関連に偏っていて、文化（詩文・書籍・宗教・学術等）に対する関心は全くと言っていいほどない。『芝峯類説』では、儒道部・経書部・文字部・文章部を設けており、李晬光が最も心血を注いだ記述であるが、朝鮮と中国に関する記述ばかりで、日本に関する記述は絶無である。ただ、日本書籍がまだ伝わっていない時代であり、意図的に無視したわけではないであろうと推測される。

李晬光は、日本人に対しては一貫して否定的であったと言える。日本人とは「倭奴」もしくは「異類」であり、秀吉は「倭酋」でしかなかった。ただ、金誠一や姜沆が日本人全体を野蛮人と見做しているのに対し、李晬光は壬申倭乱で日本が行った具体的な行為に対して怒りを向けている。

その一方で、李晬光は日本の技術や武器の優秀さを認めている。日本の水車について、次のように述べている。

> 中国の水車の制は、魏の馬均初めて之を創る。最も灌田に益有り。以て天下に通交すべし。頃者、楊万世は日本に往き、其の制を得て来たれり。極めて是れ便和なり。而れども我が国人は、性拙にして肯へて習用せず、惜しむべし[78]。

---

[77]『芝峯類説』諸国部「外国」日本。
[78]『芝峯類説』服用部「器用」。

日本の優秀な水車を、朝鮮にも導入すべきとしている。李晬光は、日本人に対しては否定的に眺めながらも、日本人の優秀な技術はこれを受容するよう勧めている。その他にも、日本の扇子や眼鏡・自鳴鐘[79]・鳥銃[80]の優秀さを讃えている。

8. 申炅の対日認識

申炅（1613 ～ 1653）は、1636 年の丙子胡乱時に、清に屈服することに反対し、瀋陽に連行された申翊聖の息子である。申炅は、丙子胡乱を契機に官職を辞し、以後在野を貫いた。親明反日であった。『再造藩邦志』の著者でもある。『再造藩邦志』は、1577 年から 1607 年までの 40 年間を扱っており、壬申倭乱を総括しようとしている。しかし、中国史料ばかりを使用して、日本の資料を全く使用していない。文献批判が甘いとも言われる[81]。第 1 巻では主に『看羊録』『海東諸国紀』『海槎録』を参考文献とし、日本の地理・歴史・対中国及び対朝鮮関係史・官制・五民・大名及びその食邑・軍事制度・戦法・風俗・刑罰・衣服などについて記している。分量や形式において、『芝峯類説』諸国部「外国」日本よりも優れていると言われるが[82]、日本を訪問した経験はなく、日本書籍を読んだわけでもないため、事実誤認が少なくない[83]。

---

[79] 同上、服用部「器用」「金宝」。

[80] 同上、技芸部「雑技」。

[81] その大部分は、『吾学編』などの中国書籍を要約したものである。琉球、安南、暹羅の使臣たちとの交流といった自身の体験、趙完璧からの伝聞、といったものも少なくない。

[82] 申炅は、日本の賜姓制度を知っており、対馬島主の姓が賜姓によって変わったのであろうと推測できた。この点、李晬光は推測できなかった。

[83] 日本の富士山を扶山、堺を大界と誤記している。

申炅は、名分論の立場から日本を批判した。これは、金誠一・姜沆の路線を継承しており、洪汝河・許穆に引き継がれて行く。壬申倭乱・丙子胡乱後の朝鮮では、崇明・反清の小中華意識が一般化し、申炅はその先駆を為していると考えられる。

9. 洪汝河の対日認識

洪汝河（1621 ～ 1678）は、慶尚道安東出身の朱子学者である。党色は嶺南南人であり、学脈は李滉、柳成龍、鄭経世の流れを汲んでいる[84]。科挙に合格してソウルで官僚生活をしたが、上疏に関して宋時烈と対立して都落ちし、忠清道黄澗に移った。

『彙纂麗史』や『東国通鑑提綱』を著した歴史学者でもある。

『東国通鑑提綱』は、朝鮮初期の史書『東国通鑑』を綱目別に編集し直したもので、1672 年に刊行した。この著作は、兪棨（1607 ～ 1664）の『麗史提綱』と共に朝鮮後期の綱目体史書の先駆を為すものであり、箕子から馬韓、そして、新羅に至る韓国古代史を体系化して正統論による韓国史を提示した。

編集時期不明の『彙纂麗史』は、「行状」の記述から見て 1640 年代初頭に完成したと見られる。原題は『木斎家塾彙纂麗史』であり、当初は門人の間でのみ読まれていたものと考えられる。死後 100 年以上が経過した 18 世紀後半に刊行された。世家・志・列伝の紀伝体で書かれている。列伝の中に「外夷列伝」を設けており、

[84] 洪汝河の生涯と史書編纂については、韓永愚「17 世紀　中華　嶺南南人의　歴史叙述－洪汝河의　『彙纂麗史』와『東國通鑑提綱』」(『邊太燮博士　華甲記念　史學論叢』 三英社、1985 年)、李萬烈「17・8 世紀의　史書와 古代史認識」(『韓國史研究』第 10 輯、1974 年）を参照。

日本・契丹・女真など周辺国家の記述が見られる[85]。「歴代の史には、皆外夷の附録有り。今すなわち之により、契丹日本等の列を作る」と中国の正史の例に倣ったと明かしている。中国正史の史体で、朝鮮史を中心にして外国の歴史を併記したことは、壬申・丙子両乱後に朝鮮儒学者に芽生えていた小中華意識ないしは朝鮮中華主義の発露と見ることができる。

『彙纂麗史』「日本伝」を見てみよう。「日本伝」を作った動機として、

> 夷の東海中に居る者、国を為すこと無慮百数なり。・・・夫れ蛮夷の国は強大にして、我が国と隔つること遠き者、及び近くして微なる者は、皆辺域の患を為すに足らざれば、即ち烏んぞ以て考述するに足らんや。惟だ日本のみ、東国を隔つること最も近くして、大いに能く東国の利害を為す。その羈縻得失の際、係る所も亦た重ければ、則ち此れ以て知らざるべからざるなり。日本伝を作る[86]。

と記しており、政治的・軍事的観点から日本を知る必要性を述べている。

「日本伝」には、日本の歴史、国号、天皇の世系と職事、関白の起源と役割、国内の地理、物産、風俗、宗教、刑法制度、官爵の制度と官品、食邑と養兵方式、田制と税制、五民、国民性などについ

---

[85] 洪汝河は、『彙纂麗史』の凡例で、従来の『高麗史』に10分の1を足し、10分の6を省略したと述べている。中でも「世家」を削って7巻にした代わりに、「列伝」を27巻に増やして「列伝」の比重を高めている。

[86]『彙纂麗史』巻47「日本伝」。

て述べており、末尾には新羅時代から朝鮮時代にかけての韓日関係史が記されている。『芝峯類説』諸国部「日本伝」や『再造藩邦志』第1巻の日本関係の記述よりも詳細であると言われる。

洪汝河が、どの情報を参考にして「日本伝」を執筆したかについては、分からないことが多い。その中で、『北史』「日本伝」は引用文献として明示されており、1636年使行の副使として随行した金世濂（1593～1646）の『海槎録』「見聞雑録」を参考にしたのも間違いない。また、それ以外にも、1643年使行の副使として日本に赴いた趙絅（1586～1669）の日本認識も、洪汝河に影響を与えた[87]。その後、日本に関心を持ち、著述を残した許穆・李瀷・安鼎福・丁若鏞・韓大淵などの朝鮮後期知識人には南人系統が多く、洪汝河の日本認識が影響した可能性がある。

洪汝河の日本観は、日本を夷狄視したものであった。洪汝河は、「其の酋長は、天皇を僭称す」と述べており、日本の最高権威者が天皇を自称することが不遜であること、その天皇が同族結婚を許容したり、女子にも皇位を継承したりしていることが無礼であると評している。

一方、洪汝河は次のようにも述べている。

> 今、日本を観るに、闘狼を好んで干戈を習ひ、制刑は甚だ酷なり。国人は慄然として其の命を必すること莫し。郊市を治

[87]『粛宗実録』巻21、粛宗15年10月戊辰条に、「御昼講にて大司憲の李玄逸又た言へらく、故の司諫の洪汝河に経学有り。行ひは已に端方にして南方の御領袖為り。宋時烈を斥け廃し坐すること10年。上の阼につくに及んで、嘗て司諫を以て召すも、未だ拝命に及ばずして死す。著す所の『麗史彙纂』、頗る史法を得。趙絅嘗て之を称し、此れ泯没すべからず。宜しく褒贈を加ふべしと。上此れに従ひ、遂に副提学を贈る」とある。

るに什五の法を用いるは、頗る秦時の遺風あり。豈に徐市の之れを教へんか[88]。

日本は法家的な武断国家であり、まるで中国の秦のようであり、儒教的な礼儀には欠けるとした。一方では、「火器を鋳するの制は、甚だ精巧なり」「禄を分くるの制は、実に養兵の規に寓る」「日々武芸を錬るを以て事と為す」と述べた。朝鮮は文治主義の国だから、有事の際は日本と軍事力を以て対立すべきではなく、外交で解決しなければならないとした。

10. 許穆の対日認識

許穆（1595 ～ 1682）は、南人に属する政治家である。南人とは言っても、京畿道在住であったため、慶尚道の嶺南南人とは親しくなかった。56歳で初めて官僚に採用され、宋時烈と礼訟で争った。また、清南の領袖として、濁南[89]の領袖の許積（1610 ～ 1680）と対立した。

著書には、『経説』『東事』の二つがある。前者は許穆の経学思想を集大成したものであり、後者は朝鮮の歴史を叙述した歴史書である。両者とも、1667年に完成した。そのうち『東事』は世家・列伝・地乗及び外記から成っていて、日本について記した外記は特に「黒歯列伝」と呼んでいる。許穆は「黒歯列伝」を著した動機として、「黒歯は東海中の蛮夷の強国、七道六十一州百六十一県なり。

---

88 『彙纂麗史』「日本伝」。

89 朝鮮時代の南人の一派である。南人は、粛宗時代（在位 1675 ～ 1720）に西人を政権から追い出したが、南人穏健派として西人に対し軽い罪を科すよう主張した。

故に黒歯列伝を作る」と述べている。内容としては、日本の地理的な位置、種族の起源、天皇の起源と職事、姓氏の起源と有力姓氏の系譜、徳川家康の執権過程、国内の地理（特に三大都市と蝦夷・対馬）、風俗、物産、日本人の性格などを紹介している。

許穆は、日本に使行員として赴き、帰国した人と盛んに交流していた。1643年に通信副使として日本に赴いた趙絅は、許穆より9歳年上であり、許穆20代時に初対面して以来、生涯に渡って交友関係を維持した。趙絅が日本に赴く時、日本書籍である『天地八陽図』を購入して来るように勧めた。趙絅が帰国すると、日本社会の様相を質問した[90]。直接会ったことはないと考えられるが、1636年使行副使として日本に赴いた金世濂ともつながりを持った。柳馨声の依頼で、1636年に金世濂の文集に序文を寄せ、1657年には金世濂の日本使行録である『海槎録』の序文も書いている。1636年の使行に従事官として随行した黄戻の文集である『浪漫集』の序文も書いているし、東莱府に倭人接慰官として赴任する呂汝魯にはなむけの言葉を贈っている[91]。

許穆は、華夷観に基づき、日本を夷狄視した。対馬は朝鮮の附属島嶼であり[92]、日本は朝鮮の諸侯国であるとした。また、日本の風俗や文化を、「黒歯・靺鞨は、其の政俗は道を伝へ、物を致すは皆

---

[90] 二人の生涯に渡る交友関係については、「趙龍洲神道碑」「祭龍洲文」「眉叟許先生年譜」などに表されている。例を挙げれば、西人との第一次礼訟において、趙絅は尹善道と共に許穆の側に着いて罪を負ったようである。また、「与趙日章書」「与趙龍洲」などには、趙絅の日本使行の前後に、許穆が趙絅とやり取りした書信6編が収録されている。
[91]「浪漫集序」「送呂序魯接慰倭人序」参照。許穆が、黄戻や呂汝魯とどの程度の交流があったかは、記録がないため不明である。黄戻の日本使行録である『東槎録』を見た可能性はある。
[92]『東事』「地乗」。

我の治に在るなり」と捉え[93]、朝鮮は歴史的に授恵者であり、日本は朝鮮の文化的属国であるとした。許穆は、女真を「女真の雑種」と表現したように、日本を「東海中の雑種」と表現し、日本を野蛮扱いした。更に、洪汝河が「外夷列伝」で日本を韓国史の体系の中に登場させたのを発展させる形で、許穆は中国史に対する朝鮮史の独自性を強調し、朝鮮中心の華夷観とそれを基準にした日本観を、安鼎福に継承させた。いっぽう、李瀷は「日本と我が国とは、実に隣邦たり。宜しく日本世家を作るべし」と述べて「交隣抗礼国」として「日本世家」として待遇すべきだとして許穆を批判した[94]。

許穆は、日本の宗教や風俗を野蛮視した。日本人が仏教を信じる一方で鬼神を信じていることや、婦人が歯に黒い色を塗る風習、拝礼をしない挨拶などについて触れ、これらは全て蛮人の習俗であるとした[95]。

許穆はまた、日本の文化面の新しい変貌にも注目した。

> 九州の四方は風気各々異なり、声音謡俗は嗜欲同じからず。況や海外の絶国、声教の及ばざる所は、狗噛鴃舌の域か。然れども其の喜怒哀楽は、善を善とし、悪を悪とし、其の性は均しきなり。今、日本の倭は儒書を求め、俎豆礼俗を問ふ。蛮夷の盛事と謂うべし[96]。

趙絅から得た情報であると考えられる。日本人が儒学の書籍を買

---

[93]『眉叟記言』続集、巻 52「上経説東事劄」。

[94]『星湖僿説』巻 18 経史門「日本史」。

[95]『東事』「黒歯列伝」。

[96] 同上。

い求めて、儒教の儀礼や礼俗を理解しようとしている、というのであって、許穆が唯一日本を肯定的に評価している個所である。通信使の使行録以外では、壬申倭乱後の日本社会の様相の最初の記録であるとも考えられる。

許穆の日本に対する関心は、趙絅によって触発されている。ただ、趙絅の体験と、金世濂・洪汝河の著作とを総合しただけの嫌いもあり、壬申倭乱後に日本に行った使行員と交流したこと、壬申倭乱後の日本社会の新しい変化について新しい知識を持っていたことがわかる。

11. 李瀷の対日認識

李瀷（1681 ～ 1763）が生きていた時代は、壬申倭乱や丙子胡乱の傷が癒え、朝日・日朝関係が安定した時期であった。壬申倭乱の客観的認識も可能となっており、朝鮮知識人は壬申倭乱についての整理が必要であると考えるようになっていた。通信使が伝える日本の風物も、好奇心の対象となっていた。この時期、李瀷は敏感に時代の変化に反応した。李瀷は、日本に関する一貫した論文は残していないが、相当な分量の記録を残しており、『星湖僿説』に収録された日本を主題にした記録は、22 項目に達している[97]。

李瀷は、日本関連の情報や知識を、どのような経路で入手したのであろうか。1706 年（26 歳）以降、李瀷は京畿道広州府の瞻星里

[97] 李瀷は、日本のみならず、西学にも関心を示した。李瀷の西学研究については、李元淳「星湖李瀷의 西學世界」『教會史研究』第 1 輯、韓國教會史研究所、1977 年と、韓㳓劤同前第 1 章第 3 節第 2 項「西學의 受容과 意識構造의 變化」を参照。

に蟄居しており[98]、日本に行ったことはなく、日本人と出会ったこともないと思われる[99]。しかし李瀷は、「其の国に行はるる所の書、往々之を得」たといい、日本の書籍や日本人の詩を引用あるいは紹介している[100]。これらの書籍や詩は、通信使一行が朝鮮に持ち帰ったものであろうが、李瀷が日本に行った使行員と接触したことがあるかどうかは記録がないので分からない。「近頃倭に使ひする者あり。倭人の文字数篇を得て来たれり」と記しているところを見ると、使行員から入手したと考えて間違いないであろう。1595年に壬申倭乱の講和交渉で日本に赴いた黄慎の話[101]や、1607年に回答兼刷還使の一行として日本に赴いた尹安性の詩[102]を引用していることからも、李瀷が過去の通信使一行の記録を参考にしていたことが分かる。

李瀷の息子である李孟休（1713～1751）は、1744年に礼曹正郎に就任し、朝鮮時代の外交諸事例を収集した『春官志』や『接倭歴年攷』を著している。通信使一行の報告文などにも熟知しており、李孟休経由で日本見聞を聞き、日本書籍を入手したと考えられる。李瀷の韓日関連記事では、しばしば李孟休の記事が引用されている[103]。

李瀷は、友人であった東莱府使の洪重孝と書簡をやり取りし、東

---

[98] 韓㳓劤、前掲書、第1章参照。
[99]『星湖僿説』第26経史門「日本刀歌」。
[100] 同上、巻2天地門「牛女」、第4万物門「番椒」参照。
[101] 同上、巻1天地門「地震風雷」。
[102] 同上、巻9人事門「宣靖陵」。
[103] 例えば、同上巻16人事門「水軍」、巻17人事門「日本忠義」、『星湖先生全集』巻25「答安百順問目」などがある。

莱府の記録文書や、人参貿易に関する長牌往復書を入手したり[104]、「金某　府使」から新たに出版された日本地図を探し求めた[105]。日本や琉球に漂着した人々の話を直接・間接に聞き出して紹介し[106]、日本人が製作した地図[107]・日本刀[108]・復讐銃[109]などを直接見て論評を加え、その過程で疑問点があれば洪聖源や安鼎福などと書簡で意見を交換し、安鼎福の意見を『星湖僿説』で紹介したりもした[110]。

李瀷が引用した文献は以下の通りである。

日本書籍	『日本史』[111]、『倭史』[112]、『日本地勢弁』、『撃朝鮮論』[113]
朝鮮書籍	申叔舟『海東諸国紀』、柳成龍『懲毖録』、姜沆『看羊録』、南九万『薬泉集』、許穆『眉叟記言』、林相言『恬軒集』、李廷亀『月沙集』、『攷事撮要』、『国朝征討録』、『趙慶南野史』、『柵中日記』
中国書籍	歴代の中国史、『文献通考』

ここで、『撃朝鮮論』というあまり知られていない書籍が登場している。どういう書籍であろうか。

『撃朝鮮論』は、李瀷『星湖僿説』巻12人事門「日本地勢弁及撃朝鮮論」に登場する他、韓致奫『海東繹史』巻65「本朝備禦考5

104『星湖先生全集』巻27「答安百順（己卯）」。
105 同上、巻17「答洪聖源（戊寅）」。
106『星湖先生全集』巻26「与答百順（戊寅）」によれば、当時李瀷は漂海人日記を持っていた。『星湖僿説』巻9人事門「飢寒刀傷」、巻17人事門「食少」も参照。
107『星湖僿説』巻14人事門「倭寇始末」、『星湖先生全集』巻17「答洪聖源（戊寅）」。
108 同上、巻5万物門「日本刀」、巻6「倭刀」。
109 同上、巻5万物門「火銃」。
110『星湖僿説』巻6万物門「火箭」、巻14人事門「倭寇始末」。
111 同上、巻2天地門「日本楽地」。
112 同上、巻14人事門「倭寇始末」。
113 同上、巻12人事門「日本地勢弁撃朝鮮論」。

附録」に文献の本文が漢文で掲載されている。李瀷が『星湖僿説』で記したところによれば、この文献は朝鮮の使臣が日本から齎したものであり、壬申倭乱を兵学的な観点から論じている。しかし、『撃朝鮮論』の内容と完全に一致する文献は日本では見当たらず、類似の文献が要検討の状態で見出されているのみである。

『撃朝鮮論』に関する研究は、日本においても韓国においてもほとんど進展していないと言ってもいい。韓国においては、朝鮮時代の中国文献の受容に関する研究は多いが、日本文献の受容に関する研究は少ないのが現状である。李俊杰は「純粋な日本の書籍として朝鮮に入って来たものの数はあまりにも少ないため、一章を立てるにはあまりにも資料の乏しさを感じる」[114]としながらも、『撃朝鮮論』や、朝鮮時代後期における受容が注目されつつある『和漢三才図会』については触れていない[115]。河宇鳳は、李瀷の日本観を分析する中で、『撃朝鮮論』について以下のように触れている。

> 日本の侵略動機についても、星湖（李瀷）は、日本人の史書と『撃朝鮮論』を参照して、自分なりの分析を行った。（中略）『撃朝鮮論』を読んで、平壌城と碧蹄館の戦いについて分析・検討した後、日本軍の戦略上の短所も指摘した。（中略）星湖は、壬申倭乱の持つ歴史的な意味を追求すると共に、入

---

[114] 李俊杰『朝鮮時代에 있어서 日本과의 書籍交流의 研究』（弘益斎、1986 年）194 頁。

[115]『和漢三才図会』の朝鮮流入及び流布に関する研究は、安大會「『倭漢三才圖繪』와 18・9 世紀의 朝鮮學問」（『倭漢三才圖繪』、国学資料院、2002 年）及び同「18・9 世紀における에 있어서 朝鮮의 百科全書派와『和漢三才圖繪』」（『大東文化研究』69、成均館大学校東アジア学術院、2010 年 3 月）などを参照のこと。

手できた資料・情報を『星湖僿説』に入れることで、壬申倭乱に関する記録の保存にも力を注いだ。例えば、日本人が書いた『撃朝鮮論』を入手しては整理して記録した。(下略)[116]

『撃朝鮮論』を李瀷の学問が持つ志向性と関連させ、理解しようとしている。だがここでは、『撃朝鮮論』の成立事情や、朝鮮に渡来・流布した経緯については全く触れていない。日本の壬申倭乱関連文献では、『高麗記』『陰徳太平記』など、毛利氏系統の文献が、『撃朝鮮論』に似ていると言われる[117]。とは言え、朝鮮側文献に現れる『撃朝鮮論』の本文に完全に一致する文献は、まだ見付かっていない。『撃朝鮮論』の本文を分析すれば、『撃朝鮮論』の成立状況を推定できる可能性はある。

『撃朝鮮論』の作者を推定できる一文が、本文の最後に記述されている。

これは我が先生の小早川能久が誡めた所以である[118]。

小早川能久の弟子が書いた書籍であると考えられる。小早川能久は、福岡藩系の、甲州流兵法の軍学者であった。甲州流兵法とは、武田信玄の兵法を軍学的に説いた『甲陽軍艦』を基本書として、武田信玄の息子の武田勝頼に仕えた、小幡景憲が創始した兵法の流派である。甲州流兵法は、日本各地の藩主を含む 2000 余人の弟子を

[116] 河宇鳳『朝鮮後期의 實學者의 日本觀研究』(一志社、1989 年) 74 ～ 78 頁。
[117] 井上泰幸・金時徳『秀吉の対外戦争－変容する語りとイメージ－』(笠間書院、2011 年) 108 頁。
[118]『海東繹史』。

有する兵法流派であり、小早川能久は11人の主な弟子の1人であった。小早川能久の弟子としては、香西成資が有名である。朝鮮側文献では香西成資の名前は見当たらないにせよ、『撃朝鮮論』の本文は香西成資が書いた可能性がある[119]。

壬申倭乱時の朝鮮側の人名及び軍の動向を詳細に紹介したのは、柳成龍『懲毖録』である。『懲毖録』の日本渡来が確認されるのは1683年であり、1695年に京都で和刻版『朝鮮懲毖録』が刊行されて以降、多くの日本人読者を獲得することになる。『撃朝鮮論』の本文では、柳成龍を始めとする朝鮮軍の人名や動向には漠然としか触れていないところを見ると、『撃朝鮮論』の本文が執筆されたのは、『朝鮮懲毖録』が刊行された1695年よりも前であると考えられる[120]。また、朝鮮軍の人名や動向は漠然としていて触れていないにも拘らず、明軍の名前や動向は詳細に紹介されていることから、『撃朝鮮論』の本文が執筆されたのは、堀杏庵と林羅山が明側の文献を利用して『朝鮮征伐記』と『豊臣秀吉譜』を執筆し刊行した1660年代以降と考えられる。従って、『撃朝鮮論』の本文が執筆されたのは、17世紀後半のことであると推定される。

『撃朝鮮論』が朝鮮に渡来した過程については、以下のような文が存在している。

> 近頃、使として倭国に行って、向こうの文献数点を持って来た人がいる[121]。

---

[119] 同上。

[120] 井上泰幸『異国征伐戦記の世界－韓半島・琉球列島・蝦夷地』（笠間書院、2010年）159頁。

[121]『星湖僿説』巻12。

1660年代から李瀷の死まで、1682年・1711年・1719年・1748年の通信使が往来しており、この内のどれかが、恐らく福岡藩で日本人から『撃朝鮮論』の本文を入手したと考えられる。通信使がこの書籍を入手した経緯は、個人的なものに限らない。盧京姫氏[122]は、公の唱和の場面で、壬申倭乱についての朝鮮側の反応を探る目的で、日本側が『撃朝鮮論』の本文を提示した可能性もあると述べている[123]。

それでは、李瀷についての記述に戻ろう。

李瀷は、日本の地理の一般的な形態について、以下のように述べている。

> 蓋し倭の地は、原より靺鞨・黒竜江の外よりは、一支は東に辿き南に辿き、蝦夷に接す。蝦夷なる者は倭の北境なり。倭の地は東西に長く、日岐・対馬は我が土と対峙し、海門を為す[124]。

朝鮮と日本は、朝鮮海峡を挟んで釜山と対馬が向かい合っているが、日本の北端が、朝鮮東北端の更に北、黒竜江の河口の近くで再び接近することが知られていた。現在の沿海州と、蝦夷地とを往来していた交易者からの伝聞であろうか。そうして勿論、蝦夷地が島であるのか、それとも大陸から突き出した半島であるかは、この時点では確認されていない。

---

[122] 京都大学大学院文学研究科文献文化学専攻で文学博士号を取得。主な論文に、「17世紀前半における明と朝鮮との文学交流及び朝鮮漢詩の再発見」がある。

[123] 井上泰幸・金時徳『秀吉の対外戦争－変容する語りとイメージ－』(笠間書院、2011年)128頁。

[124]『星湖僿説』巻8人事門「生財」。巻3天地門「生熟女真」「潮汐」。

そうして李瀷は、日本の地形の軍事的有利さについて注目した。

> 倭の地は琵琶の形の如く、先頭は西を向く。凡そ東よりして入る者、皆此れに由る。故に禦の力の分かれざるなり。東北に外侵の国無くして、また蝦夷広漠の野有り。憂ふべくに非ざるなり。其の鎮を置くや、大将は中に居り、偏将は外に居る。設し師敗るること有るも、中権は自ら在りて、命を制すること旧に依る。我が国の北兵営の辺に臨んで無援なるに比せざるなり[125]。

朝鮮は、北と南に軍事力を割かなければならないが、日本は西に軍事力を集中させればよいとした。高麗忠烈王の時に麗元連合軍の侵攻を日本が追い払うことができたのは日本のこうした地形の有利さと気候条件によるとした[126]。そうして、この時点では東アジアにロシアはまだ登場していない。

李瀷はまた、日本の『日本地勢弁』から、以下のような一文を引用している。

> 夫れ中華は四夷の服する所なり。独り本邦の命を受けざるは何ぞや。（中略）太古以降、我が天子を立て、我が王命を尊び、我が神明を敬して能く傾敗せざる者は、士民の力に非ざるなり。地勢の宜しきを得るの故なり[127]。

[125] 同上、巻 11 人事門「倭知守城」。巻 20 経史門「倭患」、巻 26「東国内地」。
[126] 同上、巻 2 天地門「日本楽地」。
[127] 同上、巻 12 人事門「日本地勢弁及撃朝鮮論」

「中国は父、朝鮮は兄、日本は弟」という朝鮮側に根強い通念の妥当性に対して、回答を与えるものかもしれない。朝鮮国王は、中華皇帝に服したが、日本国王（天皇にせよ、将軍にせよ）は中華皇帝に服したことがない。しかしこれは、日本国王に実力があったためではなく、ただ海に隔てられていたため、中国の歴代王朝が水難の危険を冒してまで日本に攻め込みあえて日本国王を制圧しようとはしなかったためというものである。宋元の時代、日本のみが激動の東アジア情勢の枠外にいられた理由は、この指摘の通りであると考えて差し支えない。ただ、中国が文化的に優れているかどうかは、また別問題である。

李瀷は、日本の歴史にも関心を示している。『星湖僿説』巻18経史門「日本史」の冒頭で、以下のように述べている。

> 眉叟先生、黒歯列伝を作る。日本は我が国とは実に隣邦為り。宜しく日本世家を為るべきに、今然らざるは、未だ何の義たるかを知らず。記に或いは差有り。海外の事伝聞する所同じからざるは、固より其れ宜なり。申叔舟の海東記は、頗る詳らかなり。眉叟或いは未だ之を見ざるなり。今撮りて以て之を録す[128]。

許穆の「黒歯列伝」を批判し、隣国として敬意を以て「日本世家」とすべきだと述べている。

李瀷は、『海東諸国紀』を要約するだけでなく、新羅・百済・高句麗の建国と滅亡について、百済からの仏教伝来や聖徳太子、摂政

[128] 同上、巻18経史門「日本史」。

や関白について新たな知見を書き加えている。

李瀷は、関白の起源は、清和天皇の時代に藤原良房が摂政になったことにあるとし、壬申倭乱の前後に織田信長が関白になったと述べる。信長が明智光秀に殺害されたことを紹介し、関白である豊臣秀吉の死後、徳川家康が関白になったと述べている。李瀷は、関白と征夷大将軍の違いを理解していなかった。秀吉が関白であったことの印象が強く、李瀷を始め、朝鮮知識人は、天皇の代理の国家の実権者は、全て関白と捉えたのである。「日本史」の最後に、以下のような記述がある。

> 姜睡隠の『看羊録』にいわく、400年前、天皇は猶ほ威福を失はずと。壬申より退いて計れば、則ち源平の戦争・安徳の投海、正しく是400余歳なり。関白の国内におけるや、只だ御所と称して王と称せざるは、猶ほ臣の天皇におけるが如きなり。安んぞ異時滄桑の変易すれば、則ち威福の必ず復たは天皇より出でざるを知らんや。此れ国を謀るものの当に知るべきところなり[129]。

壬申倭乱の時点で、鎌倉幕府が天皇の代理を始めてから400年が経過していたことを紹介している。

李瀷は、日本の技術水準について、

> 今聞く、倭は大海の中に在りて四到して通ぜざること無し。其の器械の巧好なるも、亦た学習せざる無し。益々当たるべ

[129]『星湖僿説』、巻18経史門「日本史」。

からざるのみと[130]。

と述べており、全般的に発展したものとみていた。また、鉄を精錬する技術については、

（朝鮮は）蚕功有るも絲錦は必ず転じて上国より取る。鍼鑪有るも刀鏡は倭の智に及ばず。天下の賎工為るのみ[131]。

と述べた。李瀷は、日本の技術の優秀さを認め、相対的に立ち遅れている朝鮮の技術を批判した。そうして日本刀を実見し、朝鮮の刀と比較しながら、「其の厚薄斜剡、其の刀の用意、極めて巧みなり」と称賛し、それに比べて朝鮮の刀は、「国中の造刀鋳鉄、術無く柔らかくして鋼からず。脊は厚からずして刃は益々薄し。所以に敗れ易し」と指摘している[132]。

李瀷は、日本の武器製造技術は、朝鮮のそれよりも遥かに先行していると述べている。例えば火砲製造技術は、高麗末までは日本よりも朝鮮のほうが優秀であったとする。高麗末に崔茂宣が火㷁都監を設置し、火砲を作り出したが、当時の倭人はその技術を知らず、倭寇が侵入した際には高麗はその火砲を用いて倭船を撃退したと述べている。しかし、日本は壬申倭乱時にオランダから紅夷砲や火箭の製造方法を学習し、中国からも鳥銃の製造技術を学習して盛んに使用していたのに対し、壬申倭乱時の朝鮮はそのような武器の製造

130『星湖僿説』巻17人事門「騎兵」。
131『星湖僿説』巻8人事門「生財」。
132『星湖僿説』巻6万物門「倭刀」。

技術を知らずに狼狽したという[133]。

李瀷は、朝鮮の火具の現状について、

> 我が国の士衆は疲弱にして、以て敵を禦ぐ無し。惟だ火具のみ恃むべしと為す。而れども制造に昧く、初めて許多の在有るを知らざるなり。亦た嘆くべし[134]。

と述べる。それに対して日本は、

> 関白は武を好み、遍く海外諸邦に武技有る者を求め、学習せざる莫し。故に其の射法精妙なること、曩時に比せず[135]。

だという。

1748年通信使行の首訳である朴尚淳が、日本から火銃2丁を購入して帰国したという書簡に関心を示した。

更に李瀷は、日本人の築城法に関心を持ち、その技術の優秀さについて以下のように述べている。

> 倭、城を守ることを知る。・・・其の城を築くや、下は広く上は殺ぎ、縁るを得ざらしむるのみ。衝撃有りと雖も、毀圮すべからざるなり。我が城の（陳斛）起し崩れ易きに比せざるなり。故に之を攻むるは実に難しくて、古より兵を被るの患ひ無きなり[136]。

---

[133]『星湖僿説』巻5万物門「火砲」、巻6万物門「火箭」。

[134]『星湖僿説』巻5万物門「火具」。

[135] 同上、巻5万物門「火箭」。

[136] 同上、巻11人事門「倭知守城」。

壬申倭乱時に、日本軍が平壌城に土塁を築いて朝鮮・明軍を一時退却させたのは、日本人の築城技術の巧妙さの賜物であるとし、技術を蔑視するから朝鮮では技術が衰退したと指摘している。

李瀷は、日本の文化についてどのように認識していたであろうか。

日本の風俗については、「日本の俗、最も甚だしきは熊野にして、徐福は最も古し。新羅人の日羅の如く、愛宕権現の神と為り、福を求むる者輻輳し、神門は市の如しと云ふ[137]」、「倭人は冬月にも足を露わにすと聞く。此れ習成と雖も、海島の気煖なるが故のみ[138]」、「今倭館の男女相通ずる者は誅す。此れ固より善法なり[139]」と述べている。

日本の文化水準については、「其の俗、武備を崇めて文芸を後にす」と評価し、1757年に李瀷の弟子である安鼎福から貝原益軒『和漢名数』を紹介された際には、

> 其の民切々として華を喜び、多くの書籍を刊し、稍や詩文を伝ふるも、尚ほ村秀才の酸醋の気味を免れず[140]。

と述べ、当時の日本の文化水準が低い原因は、村の秀才の未熟さにあると考えていた。ただ、李瀷は『和漢名数』を実見することはなかった。それから2年後の1759年には、

> 倭人の文字は、該通するに非ずと雖も、猶ほ是れ的実なり。

137 同上、巻4万物門「城隍廟」。
138 同上、巻10人事門「面手不掩」。
139 同上、巻19経史門「三浦倭」。
140 同上、巻9人事門「倭僧玄方」。

> 言語は此れより進みて、其の終に進めば、必ず真知・実践に至らん[141]。

という記録も残されている[142]。

日本の書籍が豊富であり、印刷技術が発達していることについて、

> 日本は海島にいると雖も、開国も亦た久し。典籍は皆な具ふ。陳北渓の性理字義・三韻通考は、我人倭より之れを得。我が国の李相国集に至りては、国中に已に失ひて、復た倭より来たりて世に刊行す。凡そ倭板の文字は皆な字画斉整にして、我の比に非ず、其の俗見るべし[143]。

と感嘆の意を表している。

日本の儒学については、山崎闇斎系の儒学者を「忠義の士」と呼び、次のように記している。

> 山崎闇斎及び門人の浅見絅斎なる者有りて、議論は激昂す。許魯斎の元に仕ふるを以て非と為す。蓋し為にすること有りて発するなり。未だ嘗て諸侯の微辟に応じず。浅見の門人に、姓は若、名は新饒、字は仲淵、号は修斎なる者有り。学問は精明にして、喜びて大義を談る。自ら岳武穆・方遜志に比し、恒に西京を興復するの志を懐く。実に奇士なり[144]。

141『星湖先生全集』巻 27「答安百順」。

142『星湖先生全集』巻 27、「答安百順（己卯）」。

143『星湖僿説』巻 17 人事門「日本忠義」。

144 同上。

李瀷が紹介した日本の学者は、主に京都（及びその周辺）出身の在野の程朱学者もしくは神道学者であり、林羅山中心の官学儒学に対抗していた人物であった。彼らは儒教の忠孝思想に基づき、「君臣の義」を強調し、天皇の復権を主張していたことでも知られていた。李瀷が彼らに特別の関心を寄せ、彼らの学問の精明さを讃えて「忠義の士」あるいは「奇士」と評価したことは注目に値する。『星湖先生全集』巻 17「答洪聖源（戊寅）」には、「又た一言得たり、倭皇の権を失ふは、700 年に過ぎざることなり。近く一種の義に仗る人有り。学に伝授有り、思ひは旧制を復さんと欲す」という記録があり、ここにある「義に仗る人」とは、山崎闇斎を指していると考えられる。

「倭人の文字」が何を指しているのかはよく分からないが、日本の儒学者の書籍である可能性が指摘されている。人性における内外の区別を否定し、日本文化もまた中華文明を継承しており、倭人の文字が「的実」で「真知」や「実践」に到るものだと考えていたとするならば、日本人を野蛮人と見做していた 17 ～ 18 世紀の朝鮮知識人にあっては例外的とも言える日本観を有していたことになる。なお、李瀷が読んだ「倭人文字」は、伊藤仁斎『童子問』である可能性がある。一方で、

> 我若し此の会に乗じ、之を風動するに術有れば、其れ将に日ならずして家戸の詩集を革変し、以て文芸もて士を取るに至らんとすれば、則ち方且に楚々として自ら華にして、外を窺ふに暇無し。豈に両国の利にあらざるや[145]。

と述べ、日本を文化的に教化しなければならないことを強調してい

る。文化交流、もしくは文化の伝授の方法として、通信使行の役割を重視している。

> 其の機は、信使の往来するに在り。一時の才学の士を学び、多く之と唱酬講説し、栄顧を増さしむるのみ[146]。

と述べ、通信使行を更に活発化させ、現在は不定期で朝鮮から日本に一方的に発せられているものを、3年1度に定期化し、朝鮮と日本の相互訪問を提案している。

壬申倭乱に関する李瀷の見解を見てみよう。

> 自ら党習の深痼なり。苟も其の党するや、則ち痴獃にして管葛なり。・・・その党に非ざる者は、悉く皆な之に反す。一進一退の間、朋を樹つるに専心し、理を治むを度外と為す。民は安んぞ保活を得んや、国は安んぞ乂安を得んや。馬島は両国の間に居りて、情実を熟諳し、媒ちして禍機を醸す。其の闖発する所、一朝夕の故に非ざるなり[147]。

「治りにくい病気」「抜けきらない悪い習慣」「仲間同士でのひいき」「愚か」と、戦乱中にも党争にふける政治風土を批判している。そうして、「然らば則ち秀吉に非ざるなり。我れ秀吉に非ざるなり。我れ自ら之を招くなり」と述べ[148]て、党争が壬申倭乱を招いた最大の原因であるとした。

---

[145] 同上、巻 17 人事門「日本忠義」。
[146]『星湖僿説』、巻 17 人事門「日本忠義」。
[147]『星湖僿説』、巻 8 人事門「党習召乱」。
[148] 同上、巻 23 経史門「秀吉犯上国」。

また李瀷は、朝鮮が武を蔑むこと、国防がお粗末であること、を指摘している。そうしてその結果、壬申倭乱中に何が起きたかも具体例を挙げて指摘している。

> 壬辰の乱、畿より以南、義兵の興くるや尽く数ふべからず。西北の三道は蓋し人無し。当時北路に王子大臣を執らへて賊に投ずる者有り。大駕西巡し、蒼黄艱嘆たり。当時悪逆の生心無きも亦た幸いなり[149]。

明宗・宣祖のこの時代は、対外関係は小康状態を保っており、李滉が国防上の対備策を主張しても、聞き入れる人がいなかった。聞き入れる人がいないまま40年近い歳月が経過し、壬申倭乱が起きた時には無防備に近い状態であった[150]。

李瀷は、壬申倭乱の原因を高麗忠烈王の時代に行われた麗元連合軍の日本侵攻とその後の外交処理の失敗にまで求める[151]。中宗時代に、三浦倭乱鎮圧の際に倭館を撃滅させたことが日本に怨まれたのではないかとも推測する。壬申倭乱前に、侵略の兆候はあったのに朝鮮の為政者はそれを無視した、秀吉の派兵の意図も明らかだったのにそれも無視した、倭僧・玄蘇が朝鮮の来た時に朝鮮の無防備を嘲笑する詩を詠んだのにそれも気が付かなかった、「侵略はない」とする金誠一の報告をそのまま信じた、と壬申倭乱に至る不手際を一つ一つ非難した。

---

[149] 同上、巻17人事門「退渓先見」。
[150]『星湖僿説』巻7人事門「退渓先見」。
[151] 同上、巻20経史門「倭患」。

また、李瀷は以下のように述べている。

> 則ち其の大明に超入せるは、即ち讋言瞞過なり。実心にあらざるなり。其の故は何ぞや。日本は本と源氏の国なり。奕葉畳承し、自ら是れ不抜の基なり。秀吉一朝にして隙に乗じて居を冒す。衆心の許すところに非ざるなり。不幸にして継子が幼稚にして、家康漸く其の勢を張る。将に日ならずして源氏に復帰せんとす。此れ奈何ともする無きなり[152]。

李瀷は、当時の日本の国力で、日本が中国を飲み込むことなど、道理から考えてあり得ないこととした。秀吉による侵略行為の真の動機は、日本国内の政治的な要因にあるだろうという考えに達した。

李瀷は、日本の火器が優秀であったために、朝鮮は敗北を重ねたと述べている。朝鮮は、高麗末期から火砲の改良を疎かにしており、その間にオランダやイタリアの火器を導入した日本に追い越されたという。また、日本は守城や築城の技術において優れていた。

李瀷は、作戦や戦術も提案している。日本は、壬申倭乱中に本国を空にして朝鮮に進軍して来たわけだから、明・朝鮮連合軍は、対馬を直接攻撃していれば戦果を挙げられていたであろうと述べる。平壌城の戦いでは、明将・李如松が後退する日本軍を追撃しなかったものだから碧蹄館の戦いで負けることになったという。更に『撃朝鮮論』を読んで、平壌城の戦い・碧蹄館の戦いの分析検討を行い、日本軍の軍人の扱いや規律運用に弱点があったと述べる。

そうして李瀷は、壬申倭乱の功労者を一に石星（？～1597）[153]、

---

[152]『星湖僿説』巻23経史門「秀吉犯上国」。

二に李舜臣（1545～1598）[154]、三に李如松（1549～1598）[155]、四に沈惟敬（？～1597）[156]としている。

李瀷は、高麗中期以降の韓日関係に関心を寄せている。朝鮮前期の韓日関係史では、『国朝征討録』を基本にして、1419年の対馬征伐と、1510年の三浦倭乱に関して多くの紙面を割き、歴史的意義を考察している。

朝鮮前期、朝鮮は倭に対しても女真に対しても、向化政策を取っていた。朝鮮に帰化すれば、田畑・家財を与え、朝鮮国王の親衛隊に加えるというものである。しかし世宗時代に、向化倭人の平道全が対馬と内通したり、三浦居住の倭人が対馬の倭人を誘い込んで三浦倭乱に加担させるなど、帰属意識の問題に難があったことを記している。

壬申倭乱後の対日国交回復交渉では、犯陵賊処理問題を核心課題とした。戦乱中に宣靖陵を盗掘した犯陵賊を送還せよというものであるが、李瀷は、日本は事件とは無関係の死刑囚を送り込んで朝鮮を騙したと断定している[157]。

李瀷は、鬱陵島の帰属問題にも言及している[158]。1695年、東莱

---

[153] 明の文官である。壬申倭乱後、沈惟敬を日本に派遣し、秀吉を日本国王に封じることで講和を成し遂げようとしたが失敗した。そのために丁酉倭乱を招いたとして、罷免の上、獄に繋がれ、そのまま獄死した。

[154] 朝鮮の将軍。水軍を率いて日本軍と戦ったが、露梁海戦で戦死した。党争の影響で讒言が多く、浮き沈みの激しい人生を送ったとされる。

[155] 明代の武官。平壌城を日本軍から奪還した。父は、清の太祖・ヌルハチを後援した李成梁。

[156] 明の対日使者。大坂で秀吉とも面会したが講和に失敗、丁酉倭乱を招いたとして北京で公開処刑された。

[157]『星湖僿説』巻9人事門「宣靖陵」。

[158] 同上、巻3天地門「鬱陵島」。

府所属の櫓軍の安龍福は、壬申倭乱後に、鬱陵島を占拠していた日本の漁民や海賊を追い出し、対馬に赴いて談判をする、という行為に及んだ。朝鮮朝廷は、安龍福の越境行為を処罰の対象にしようともしたが、李瀷はこれを批判した。李瀷によれば、「鬱陵の我が邦に属するは則ち百分明白」だったのである。

> 愚案ずるに、安龍福は直に是れ英雄の儔匹なり。一卒の賎を以て万死の計を出だす。国家のために、強敵と抗し、奸萌を折り、累世の争ひを息め、一州の土を復す。・・・朝廷、惟だ之を賞せざるのみならず、前に刑して後に配して、之に摧陥するに暇あらず。哀しきかな。鬱陵縦ひ土薄しと云へども、馬島も亦た土数尺無くして倭の窟宅する所となり、歴世患ひと為すの一なり。或いは奪はるるは是れ一馬島を増すなり。方に来らんとするの禍、何ぞ勝げて言ふべけんや。此れを以て之を論ずれば、龍福は特だに一世の功なるのみに非ざるかな[159]。

李瀷にとって、安龍福の行為は英雄的であった。

その一方で、対馬に対し慶尚道の税米を与えて日本との友好関係を維持しようとしたのは現実的かつ不可欠であるとした。日本との貿易に関しては、公私貿易における相互交流品目中、日本から銀を輸入する政策を批判している[160]。日本から輸入した銀が、全て中国に流出しているとして、朝鮮国内で人民による銀鉱開発を抑圧す

[159] 同上、巻 8 人事門「生財」。

[160] 同上、巻 14 人事門「蔘商」。

る政策を中止し、むしろ奨励すべきであると述べている[161]。

そうして、日本との人参貿易に大きな関心を寄せている。

> 今の倭と接すること、参商より大なるはなし。我は草根を以て彼の銀錠と易ふ。利害知るべし。然れども倭俗病めば必ず参を用い、得ざる者は死す。若し其の貿易を廃すれば、則ち死を以て之を争ひ、以て釁を生じ易し。已むを得ず之を許す。・・・近時朝臣、商を廃するを建言す。而して国中の参値倍養す。其の滲洩有るを知るなり。草を以て銀に易ふるは大利なり。銀を以て死に易ふるは大欲なり。閑がんと欲すと雖も、得んや。廟算、恐らくは密ならざるを有らん[162]。

李瀷は、日本が軍事的にも経済的にも強国であることを認識していた。

> 今聞く、倭は大海海中に在りて、四到して通ぜざる無し。其の器械の巧妙も亦た学習せざる無し。益々当たるべからざるのみやと[163]。

あるいは、

> 日本は地広く、土饒かにして、兵利く、卒勁し。我が邦の比に非ず。壬申の後より彼も亦た懲艾し、150年に迄び辺徼に警

[161] 同上、巻6万物門「銀貨」。
[162]『星湖僿説』巻14、人事門「参商」。
[163] 同上、巻17人事門「騎兵」。

> 無し。然れども、亦た安くんぞ来者の卒に事無きを保たんや[164]。

と述べる。現在日本と友好関係にあったとしても、日本による侵略可能性はいつでもあるとするのである。1711年通信使行時に、新井白石が通信使接待制度を改革することによって生じた外交摩擦を懸念している。

> 壬申の燹、靖陵の変に遭ふ。其の後通信の還へるや、国書中に御諱を挙げて之を争ふ。聴かざること久し。然る後に、使行をして先発せしめ、後に方めて改む。国を辱むること大なり。此も亦た無心の偶然なる者に非ず[165]。

日本国内の朝鮮に対する態度の変化に注目しつつ、李瀷は、朝鮮国内の党争が壬申倭乱の頃よりも悪化していると指摘する。

> 目今、世道・人心は啻だに倍蓰するのみならず、将に何を以て梢を結ばんとするのかを知らざるなり。噫[166]。

と述べ、党争に明け暮れ無事安逸を求める為政者を批判している。

李瀷は、清の衰退や日本国内の政治情勢の変化により、日本が再び朝鮮の脅威になることを懸念していた[167]。李瀷は、賎武の風潮を改め、国防体制を確立しなければならないとした。

---

[164] 同上、巻9人事門「倭僧玄方」。
[165] 同上、巻14人事門「倭寇始末」。
[166] 同上、巻8人事門「党習召乱」。
[167] 同上、巻10人事門「備預外敵」。

文武は一を闕くべからず。然らずんば、鳥の一翼を堕し、車の一輪を脱するが如し。国未だ亡びざる者有らざるなり[168]。

文治と武備のあるべき関係について、以上のように規定している。また、

余毎に云へらく、今世の文芸は武技に及ばずと。弓刀の任は、猶ほ以て鳥獣を射、盗窃を防ぐべしと。余、終日之を思ふと雖も、表・賦の用ゆべき処を覚えず。・・・然り而して、武を待するの賎なること、此れに至る。設し或いは噍矢の内向すれば、将に墨をして以て之れを噴き、筆をして以て之を触かしめんとするか[169]。

李瀷は、壬申倭乱後の対日関係を、

是に於いて糧を置き、養を贍し、往くを厚くし、来るを薄くして、僅かに康平の局を弁ず。然れども事久しければ釁は萌し、詐を以て信に易ふれば、将に日ならずして堤は潰えんとす。国人猶ほ壬申の餘威を恃み、傲然として自ら大として、威は己より出でず、事は権輿を異にするを知らず、噫[170]。

と情勢を把握もしないで虚勢を張っている為政者を批判している。

---

168 同上、巻 8 人事門「武成王廟」。

169『星湖僿説』巻 7 人事門「文武兼用」、巻 8 人事門「文武無拘」、巻 11 人事門「武臣講経」「西北無士」「文治無備」、巻 23 経史門「不欲亡武」において、右文左武政策や賎武風潮を批判している。

170 同上、巻 20 天地門「倭患」。

更に李瀷は、地政学上朝鮮が外勢の侵入を受け易い位置にあることを重視し、事大政策が不可欠であると考えていた。

> 然りと雖も、国中の事は、猶ほ撐耐し得度すべし。域外に変有れば、千思万量すれども畢竟は空しく蕩す。比へば、室内の施すこと百甕完備を為すも、力有る者の一朝に椎碎すれば、柱梁は之が為に摧倒さるるが如し。其れ免るる者有らんや。是を以て、交隣・事大は国を有つものの要務なり[171]。

李瀷の見解では、朝鮮は歴史的に事大外交の成果によって外敵の侵略を防禦・掃討して来た。例えば、高麗後期には元の力が強かったため、北西の女真も南の日本も高麗を侵犯できなかった。しかし元の力が衰えると倭寇が活発になり、壬申倭乱で秀吉の侵略を退けられたのは、明との事大外交の成果であるとする[172]。中国大陸の情勢は、韓日関係に影響するのである。李瀷は、清の奢侈な風潮は、清の衰退を招き、衰退した清は中原から満州に撤退し、朝鮮は権力の空白地帯になり、南方の日本が再び侵略して来る可能性がある、と考えた。

> 今の光景は、只だ是れ上国安んずれば則ち我も亦た事無く、上国其の居を保たざれば我の病を受くること、春にして暑を待ち、秋にして寒を待つが如し。顧みるに、未だ慮りて此に及ぶ者有るを見ざるのみ[173]。

---

[171] 同上、巻 8 人事門「曺怯徹幸」。

[172] 同上、巻 10 人事門「備預外敵」。

[173] 同上。

と述べ、日本による侵略可能性は切迫しており、早急な対策が必要であるとしている。

また、日本人が「いずれオランダが朝鮮を侵略するであろう」と述べている話を引用し、

> 此れ未だ必ずしも実然たらず。然れども南蛮の日本と商船は繹続して、往来を為す。好交の邦、他日若し和を日本に失へば、日本或いは引きて以て寇を為すのは道無くんばあらず。此れ又未だ其の必ず無しと定むべからざるなり[174]。

と、オランダではなく日本による侵略を警戒しなければならないと述べた。

李瀷は、壬申倭乱以降、朝鮮人が懐いていた日本人に対する恨みや怒りについて分析している。

> 壬申の乱、両陵の変に遭へば、必ず之を報ゆる仇なり。万暦師を受くる恩も亦た万世忘れ難きの徳なり。然れども、仇は已に痕なく、恩は未だ酬ゆべきの路有らず。・・・倭の仇の若きは、則ち猶ほ言ふべき者有り。元凶戎首は既に殄き、余蘖は面を革む。歳月滋滋久し。兵を解き民を息むるも亦た図るべきなり[175]。

李瀷は、日本との誠心と平等の精神に基づく交隣外交を実現しなければならないと考えた。過去の怨恨はあっても、それを過去のこ

[174] 同上、巻 9 人事門「南蛮」。

[175]『星湖僿説』、巻 12 人事門「万暦恩」。

ととして葬り去り、むしろ将来のことを考えて日本と和解しなければならない、とした。祖父の恩讐を子孫が報復してはならないのであり、万世必報の説や、九世復讐説は退けられなければならない。

> 大抵、交隣は惟だ親睦を以て重しと為し、憾みを釈きて誠を輸す。其の宗社を保乂し、黎元を安息せしむを庶ひねがふも、亦た時のみ[176]。

と述べて、怨恨という感情から自由になること、名分論の思考から脱皮すること、時勢を見て政策を立てること、などを主張している。

その実践例として、李瀷の秀吉に対する人物評がある。通常、17世紀朝鮮知識人は、秀吉を壬申倭乱の元凶として「賊魁」「倭酋」「異類」と蔑んだのに対し、李瀷は『星湖僿説』巻25経史門「平秀吉」において、秀吉の逸話を紹介しながら、「此れを以て之れを観れば、秀吉も亦た許大の力量有り。庸人に非ざるなり」と評価している。

また、許穆が日本史を「黒歯列伝」と命名したのに対し、日本は朝鮮の隣邦であるから「日本世家」と命名しようと提案している。

李瀷は、日本との使行についても、独自の提案を行っている。

> 夫れ交際の信命は、先王の懿天なり。今彼の使ひは境上に止まり、我は又た其の請ふを待ちて、然る後に使ひを発す。宜しく誠心を欠く。宜しく更めて約条に与かり、3年に一たび使ひすべし。我は往き、彼は来たりて、各々都中に達し、其の

[176] 同上。

> 繁費を刪り、其の慢謠を禁ずれば、則ち情相通ずるなり、義相ひ比ふなり。悠遠の図、此れに過ぐるは莫し[177]。

朝鮮通信使は、日本の首都（京都のことではなく、関白がいる事実上の日本の首都）まで行って接待を受けたにも拘らず、日本の通信使は朝鮮の首都・漢陽まで来られずに釜山で接待を受けたこと、朝鮮通信使は日本の要請で派遣されたことなどを正しい誠信の姿勢ではないとした。朝鮮通信使は、平等な制度ではなく、日本を下に見る面があった。

尚、中村栄孝は、李瀷の提案について、「間もなく徳川政権から、通信使の江戸参向をやめ、大坂または対馬で接待する改革案が出て、易地講聘の論が起こり、現実的な課題になるのであるが、早くもこの時期に、この基本的な問題を取り上げているのは、まことに卓見と言うべきである」と評している。通信使の不平等性については、日本側からも指摘があり、中井竹山（1729 ～ 1804）が 1789 年に、老中・松平定信に献上した『草茅危言』巻 2「朝鮮の事」における対馬易地交聘論が著名である。紆余曲折を経て、この 20 年後の 1811 年に対馬での易地交聘が実現した。

李瀷は、韓日間の外交儀礼上の問題として、天皇や関白（幕府将軍）の存在に関心を寄せている。

> 関白は、国内に於いては只だ御所と称し、王と称さず。猶ほ臣の天皇に於けるがごときなり[178]。

---

[177] 同上、巻 9 人事門「倭僧玄方」。

と述べ、関白が日本の政治の実権を握っていて対外的に日本を代表していることは事実としながらも、日本国内には天皇という存在もあり、「日本忠義」の中で息子の李孟休に次のような見解を示している。

> 亡子の孟休嘗て言はく、信使の時は其の書幣の文字もて、我が大臣をして抗礼せしむが可なり。国と謀る者は遠慮無く、目前の弥縫の計を為す。又た関白の王に非ざるを知らずして、以て此に至るは、甚だ惜しむべきなりと[179]。

李孟休は、朝鮮国王が日本の関白と対等な抗礼を持つことは誤っており、朝鮮の大臣と日本の関白が抗礼すべきであるとする。李瀷は、李孟休の考えに共感を示した。一方、安鼎福は1755年に送った書簡の中で、「関白は尊しと雖も、亦た倭皇の臣なり。而るに我が国は乃ち関白と抗礼すれば、則ち其の辱づかしきことに甚だし」と述べており、李瀷もこれに賛同した[180]。1591年、通信副使として日本に赴いた金誠一が、秀吉に庭下で拝礼しなかったことが李瀷の念頭にあり、もし「公」であれば恐らく処理する方法があったはずだと述べている。李瀷は儒学者であり、朝鮮国王が日本の関白と抗礼することは、名分上容認できないことであって、平等の交隣精神に反すると考えたのである。李瀷は、日本国内の政治状況の変化を予想し、それが韓日関係に及ぼす影響について言及している。

---

[178]『星湖僿説』、巻18経史門「日本史」。
[179] 同上、巻17人事門「日本忠義」。
[180] 同上、巻25「答安百顧問目」。

倭皇の権を失ふも亦た六七百年に過ぎず、国人の願ふ所に非ず。稍や忠義有るの士其の間に出て、名は正しくして言は顧なり。後に必ず一逞有り。若し夷人を連結し、其の皇を挟輔し、諸侯に号令せしむれば、則ち未だ必ずしも大義を伸ばさずんばあらず。六十六州の太守、豈に声を同じくして応ずる者無からんや。苟くも此に至れば、彼は皇にして我は王なり。将に如何に之に処せんとするや[181]。

朝鮮国王が日本の関白と対等の抗礼を行っていることは事実であった。もし将来日本の天皇が復権するようなことがあれば、天皇は関白の君主であるわけだから、朝鮮国王は天皇と君臣関係ということになりかねない。

李瀷は、国家の防衛も疎かにできないと述べている。

兵は百年用いざるべきも、一日として備へを忘るべからず。兵なる者は、将に以て備ふること有らんとす。・・・苟くも千百年にして兵を用いざれば、豈に大願する所に非ざるや。但だ隣敵の我が心の如からざるを患ふるのみ[182]。

当時の朝鮮は、事大交隣政策だけで外敵の来襲に備えることが困難になっていたと李瀷は見る。軍備は使わないに越したことがないが、自国に防衛力がなければいつでも外敵の来襲を招いてしまうのである。

---

[181] 同上、巻 17 人事門「日本忠義」。
[182]『星湖僿説』、巻 17「兵備」。

李瀷は、朝鮮が三面を海に囲まれていることから、水軍の充実を主張している。海に精通しているのは、沿岸や諸島で生活している漁民である。李瀷は、雑税の徴収に苦しみ、住居も一定でない18歳以上50歳以下の健康な漁民を随時訓練し、水軍に補充すればよいと主張した。

また、騎兵を充実させるよう主張している。従来の朝鮮の戦力は防御が主体で、山頂や海に逃げ込んで守りの戦いを行うことが基本戦略であったことから、騎兵は必要ないとして整備していなかった[183]。そうして、朝鮮にも武成王廟を建立し、武経博士の制度を創設して、賎武の風潮を一掃しなければならないとした。

12. 安鼎福の対日認識

安鼎福（1712～1791）は南人であり、李瀷の学統を継承している。李瀷の下で修学したことはなかったが、35歳時に李瀷を訪ねて私淑した。その後、李瀷が死ぬまでの16年間、往復書簡を通じて星湖学派の中心人物になった。

安鼎福は、日本について関心を持った動機を説明していない。従って、残された著作から動機を推測するしかない。

動機の第一に、安鼎福が、もともと海外に関心を持っていたことが挙げられる。18世紀のこの時期は、西洋の学問が朝鮮に入り始め、中国中心の世界観に疑問が生じ始めた頃であった。安鼎福は、民族的な歴史意識を強調し、『東史綱目』の中で三韓正統論に基づく体系的韓国史の記述を試みている。一般に17世紀になると私撰

[183] 同上。

史書の編纂が活発に行われるようになり、それらの史書の大部分は正統論に立脚しながら、韓国の歴史の独自性を強調している。この時期の世界観と歴史意識の変化を示していると考えられる[184]。そうして、『彙纂麗史』を著した洪汝河（1621～1678）の玄孫である洪錫胤に対して『彙纂麗史』の内容を論評して12か条の凡例を示し、その最後の条で、朝鮮の隣国である女真や日本について、文跡や事実で考察するに足るものがあれば記録すべきだと述べている。琉球・暹羅についても、高麗末に使臣の通交があったのだからそれぞれ列伝を作成すべきだとした。それ以外の南蛮の国々でも、海路で行き来ができれば、今まで使臣の通交がなくても大体の資料は揃えるべきだとした[185]。

安鼎福は、女真と日本に、特に関心を寄せていた。安鼎福が作成した朝鮮地図に日本が描かれている[186]ことからも、日本に対する関心と知識を窺い知ることができる。

動機の第二に、李瀷から影響を受けていたことが挙げられる。『東史綱目』執筆前後に李瀷とやり取りした書簡の中では、日本の歴史・地理・韓日関係史についての質疑応答が多く含まれている。書簡では、意見交換をするだけではなく、日本の書籍・漂流人日記・日本の地図に関する情報を共有していた。この時期に、安鼎福と李瀷が交わした書簡は各自の文集に収録されており、『順菴先生文集』巻2「書」及び『星湖先生文集』巻24から巻27までにそれ

---

[184] 李萬烈「17・8世紀의 史書와 古代史認識」（『韓國史研究』第10輯、1974年）参照。

[185]『順菴先生文集』巻9「与洪生錫胤書（甲辰）別紙」。

[186]『順菴先生文集』巻10「東史問答（己卯）」。

ぞれ収録がある。また、安鼎福は、李瀷の息子であり、当時の日本研究者であった李孟休（1713 ～ 1751）とも交友関係を維持し、李孟休の死後には「遺事」を書き送っている。

動機の第三として、通信使行が残した使行録・使行員が伝えた日本に関する伝聞・日本に漂着したり捕虜になったりして日本に滞在した人々の記録などから、日本関係の情報を収集できたことが挙げられる。安鼎福が引用した使行録には、申叔舟『海東諸国紀』、金世濂『海槎録』、曺命采『奉使日本時聞見録』などがあり、それ以外にも姜沆『看羊録』、成宗朝の漂流人である崔溥の『漂海録』、粛宗朝の漂流人である李志恒の『漂舟録』などがある。使行録以外にも、安鼎福は、1748 年使行員から日本に関する伝聞を収集し、1748 年使行の内容と結果を把握することに努めた。そうして、1748 年使行書記であった柳逅と日本人儒者・三宅紹華との筆談内容を紹介している[187]。1748 年使行員の誰かから、『和漢名数』を借りて読んだ形跡がある。

第四に、通信使行員から入手した日本書籍を、新たな日本認識形成に役立てたことが挙げられる。安鼎福は、李瀷に送った書簡の中で、『和漢名数』の感想を述べており、それまでの日本認識を転換させた可能性がある。

第五に、『東史綱目』の執筆過程で、対日関係史の重要性を認識した可能性を挙げられる。安鼎福が李瀷に送った書簡の中で、日本に言及したのは 1757 年から 1759 年に集中している。『東史綱目』を執筆していた時期である。『和漢名数』を読んだのは、1758 年で

[187]『順菴先生文集』、巻 13「橡軒随筆」下「日本学者」。

ある。

第六に、安鼎福が、朝鮮朝廷の対日政策に不満や憂慮を懐いていたことが挙げられる。韓日関係史を整理し、過去の外交の失敗を教訓としながら、朝鮮知識人の日本に対する無知や無関心を批判している。

> 我が使ひは年々往来す。而れども、某夷の盛為り、某酋の強為るを知らず。全く日後の変制の術に昧し。勝げて嘆くべけんや。独り今時のみ然るにあらざるなり。宣廟朝は名臣朝に満つ。西厓の諸公の若きは、平義智の宗義調の子たるを知らず。又た平秀吉の何人為るかを知らず。而して之と変に応ぜんと欲す。此れ誠に我人の拙なる処なり[188]。

それは日本に対するもののみならず、外国に対する無知や無関心は、どの国に赴く朝鮮使臣にも見られる傾向であったという。朝鮮人の嫌なところであるとする。安鼎福は、朝鮮朝廷が日本の政局の推移に関心を持たなければならないと忠告していた。

李瀷・李徳懋・丁若鏞に比べて、安鼎福に体系的な著作はなく、その記述は断片的である。安鼎福の対日認識を知るためには、一次資料を検討しなければならない。

まず、『順菴先生文集』の中の日本関連記事を見てみよう。

記事名	内容
「上星湖先生書」(戊寅)	巻 2 所収。『和漢名数』の内容紹介と論評。
「上星湖先生書」(戊寅)	同上。1748 年使行時の対日外交姿勢批判。

---

[188]『順菴先生文集』巻 10「東史問答（己卯）」。

「上星湖先生書」（丁丑）	巻10「東史問答」所収。欧陽脩「日本刀歌」を引用しながら、徐福が行った場所は日本であると主張。
「上星湖先生書」（丁丑）	同上。『東史外伝』の内容を紹介しながら、対馬を附庸伝に入れたとする。
「答星湖先生書」（戊寅）	同上。対馬属国説に対して、李瀷と論争する。
「上星湖先生書（己卯）」	同上。日本の経済・対外関係・貿易関係などの記述。
「与李廷藻家煥書」（乙酉）	巻7所収。鬱陵島問題と蝦夷国の紹介。
「与洪生錫胤書（甲辰）」	巻9所収。洪汝河の史書について論評しながら、日本伝・琉球伝・暹羅伝などを取り揃えることを勧誘。
「答李命仲　別紙　問倭寇始末（甲午）」	同上。倭館の由来と、高麗末以来の対日関係史の記述。
「趙龍洲」	巻13『橡軒随筆』下所収。1643年通信副使の趙絅の使行時の逸話紹介。
「南草」	同上。煙草が壬申倭乱後日本から伝来したことの紹介。
「海中大島」	同上。漂流人から聞いた東海中の大島を直接探査して考証。
「日本学者」	同上。『童子問』を読み、伊藤仁斎の儒学と林羅山の文章について論評。
「東国地界説」	巻19所収。日本の西南海の地理と日本の侵略可能性についての記述。
「倭国地勢説」	同上。日本の地理・侵略可能性・政治情勢と外交的対処の記述。

『雑同散異』にも、日本関連記事が見られる。

「海防」	巻1郡県沿革所収。鬱陵島を取り巻く日本の外交的紛争に関する記述。
「海路」	同上。通信使行の日本までの海路、倭寇の侵入路、日本の予想侵入海路とそれについての対策を記述。
「倭館開市」	巻1「市糴考」所収。朝鮮時代の対日貿易の由来と実情の紹介。

「辺防」	巻2「国朝典故」所収。日本の侵略についての防禦対策の記述。
「論高敬命」など	巻3「目録」所収。壬申倭乱時の倡義文などの関係資料17編を紹介。
「諸国部抄」	巻4「諸国部抄」所収。『芝峯類説』の「諸国部」を抄略して記述したもので、日本など29か国の歴史・地理・物産などを紹介。
「関白説」	巻3「文愼公墓誌銘」所収。趙絅の『東槎録』の「関白説」をそのまま書き写したもので、関白の起源と歴史などを紹介。
「題日本姓氏録」	同上。『東槎録』の内容を書き写した短いもので、日本の三大姓氏の由来を紹介。
「倭国三都説」	同上。『東槎録』の内容を書き写した短いもので、日本の三都（京都・大坂・江戸）の地理などを紹介。
「禦倭」	巻4「管子職」所収。日本の侵入に対する壬申倭乱時の防備策7種の紹介。

53冊に及ぶ著作であり、韓国学文献研究所が4冊に整理して亜細亜文化社から刊行されている。

安鼎福は、日本の天皇のことを「日本王」「倭女王」と、関白のことを「倭酋」と呼称し、朝鮮国王と日本の関白が対等に抗礼することに反対していた。

> 関白は尊しと雖も、亦た倭皇の臣なり。而して我が国は乃ち関白と抗礼す。則ち其れ辱しきこと甚だし[189]。

安鼎福は、対馬を朝鮮の属国と見做していた。新羅時代から朝鮮時代まで、朝鮮半島の王朝がこれを属国として来たこと、『東国与地勝覧』に「昔、対馬は鶏林に属していた」と書いてあること、太

[189]『星湖先生全集』、巻25「答按百順　問目」。

宗が対馬征伐時の教書の中で「対馬は本来朝鮮の土地である」と述べていることなどがその理由である。対馬を弾圧するには、属国を諫めるようにすればいいとも述べる。李瀷は、この主張に対して根拠を挙げるよう求めている[190]が、安鼎福は、「本来対馬は朝鮮の土地であるにも拘らず、僻地であるために朝鮮が顧みないうちに倭奴が住み着いた」と述べるに留まっている[191]。これらの参考文献に従えないなら、どの書籍を信用すればいいのか、という立場を取っている。

安鼎福は、日本を夷狄視するのみならず、朝貢国と見做していた。

・日本の遣使、来聘す。・・・是の後、貢献絶えず[192]。

・日本人来たりて、方物を献ず。・・・是れより倭人の来献する者は、絡繹絶えず[193]。

・倭人来たりて、土物を献ず[194]。

戦争史に関する記述では、朝鮮から日本を侵略する場合には、全て「討伐」「征伐」という単語を用いている。例えば、「新羅、倭の西鄙を伐つ」（倭史補）など。『倭史』から補充した内容であっても、わざわざ修正して書いている。また、高麗時代の麗元連合軍のことを「征東軍」と記し、その侵略行為を「日本征伐」と記している。金方慶が日本軍を撃破すればこれを詳述し、敗北すれば省略するか「軍を撤して還る」とのみ記している。李瀷は、麗元連合軍の

---

[190] 同上、巻 26「答按百順　別紙（丁丑）」。

[191] 同上、巻 10「東史問答（戊寅）」。

[192]『東史綱目』巻 7 上、文宗 10 年 10 月条。

[193] 同上、巻 7 下、文宗 27 年 7 月条。

[194] 同上、文宗 28 年 2 月条。

日本侵略とその外交的処理の失敗が壬申倭乱の原因になったと考えているのと、対照的である[195]。

一方、

> 館を置き、倭と接す。是れ王者の懐綏の大徳と雖も、而れども終に介鱗をして我が衣装に混ぜしめ、末梢は繁殖せん[196]。

と記し、日本人は教化の対象であるとしている。

更には、

> 按ずるに、我が国は弱しと雖も、而れども昔三国の際に在りては専ら武力を尚ぶ。故に高句麗は則ち鮮卑を降伏せしめ、靺鞨を役属し、扶余を併呑し、常に中国の患ひと為る。而して隋唐は、天下の兵を以てするも終に志を得ず。・・・新羅は今の嶺南一区にして、亦た能く日本を遠撃し、麗済を併呑す。・・・姜沆云はく、日本人、我人と角抵戯を為さば、敢へて与に敵する者無しと。崔溥云く、中国人は最も怯懦なり。故に我が国の向人化を以て抄し、以て兵と為す。我が国人は以て中国人十百に当たるべしと。・・・教説を執りて之を観れば、則ち是の人は未だ嘗て弱からざるなり。地気・人稟嘗て弱きなり。而して天下の最弱国為る者は、是れ他に非ず。法制の之をして然らしむるなり[197]。

---

[195]『星湖僿説』巻 20 経史門「倭患」。

[196]『順菴先生文集』巻 9。

[197]『東史綱目』巻 11、高麗元宗 3 年 9 月条。

と述べ、資質面で朝鮮人に劣るとさえ考えていた。

安鼎福は、『東史外伝』で日本史について詳述していたようであるが、現存していないため詳しいことは分からない。『東史綱目』や『列朝通紀』、あるいはそれ以外の文集を通じて推測するしかない。『東史綱目』の附録「考異」では、卑弥呼の正体は神功皇后だとする『海東諸国紀』の記述を「年代が合わない」として批判し[198]、日本の古代の天皇の年齢についての考察を残している。

また、古代日本の対中関係を辿り、

> 是の歳、倭は使ひを遣はして宋に貢ぐ。倭は卑弥呼より以来、塁ねて中国の爵命を受く。晋末及び宋初に倭王の讃、使ひを遣はし朝貢す。讃死して弟の珍立ち、中国に貢献し、自ら使持節と称し、倭・百済・新羅・任那・加羅・秦韓・慕韓七国の諸軍事を都督す。・・・中国も亦た因りて以て之を冊し、是れに至りて王武は使ひを遣はし、宋に入り、・・・宋王詔して、安東大将軍、倭の国王に除す[199]。

と述べ、倭の五王について、讃を履中天皇に、珍を反正天皇に、武を雄略天皇に比定している。

「地理考」では、任那日本府の地名を考察し、「任那」は「伽耶」の誤りだとして、任那日本府の存在を間接的に否定している[200]。そうして、摂政・関白とは何か、源氏はどのように政権を掌握して

---

198 同上、附録上巻、考異「倭女王卑弥呼聘新羅」。
199 同上、巻 2 下、新羅慈悲王 21 年冬 10 月条。
200 同上、附録下巻、地理考「加羅任那慕韓休忍州胡考」。

行ったか、周辺国がどのようにして「倭王」の代わりに源氏を日本国王として待遇して行ったかについて述べている。

安鼎福は、貝原益軒の『和漢名数』によって天皇の世系を調べており、原初から今まで一姓で継承されていることを、「是れ中国聖王の能くせざる所の者なり」と評価し[201]、天皇が現実的には無力であっても、精神的権威は過小評価すべきではないとした。ただ、安鼎福の天皇観が、日本の政治状況を分析した上での判断なのか、名分論の立場での認識に過ぎないのかは、よく分からない。

天皇と関白の権力関係が変わる可能性があることにも気付いていた。

> 其の国にも亦た忠義の士有り。常に東武（武蔵州は関白の居るところなり）の雄剛、西京（山城州は倭皇の居るところなり）の微弱なりを憤り、為す所有らんと欲す。而れども但六十六州の太守・眷家は、皆な関白の質子為り。故に敢へて発せず。前に山闇斎及び其の門人の浅見斎なる者有りて議論し、許魯斎の元に仕ふるを以て非と為す。今浅見の門人、姓は若、名は新鏡なる者有り。字は仲淵、号は修斎。学を好み、談論を善くし、自ら岳飛・方孝孺に比す。恒に西京を興復するの志有り。然らば則ち、果たして奇士なり[202]。

あるいは、

201『順菴先生文集』、巻 2「星湖先生書（戊寅）」。

202 同上。

其の国中、東武・西京の相ひ仇敵となること久し（関白は東都の江戸に在り、武事を主る。倭皇は西都の倭京に在り、文事を主る。倭皇は位を失ひしより政を専にし、以後両都は仇視す。而れども力弱ければ敢えて動かず云々）。亦た豈に忠臣義士の憤を積み、痛歎を含み、倭皇の位を復するを欲して得ざる者無からんや。苟も我をして天を得て人を得、内治まりて余り有り、外攘ひて難からず、彼を知り己を知りて十分料量せしむれば、始めて尺書を以て関白に告げ、君臣の大義を以て之をして権を釈き位に復せしめん。彼れ必ず駭然とし、国を挙げて洶洶せん。又た檄を九州に伝へ、又た檄を其の国中に伝へん。其の国の相ひ従ふ者も、亦た且に之に半ばせんとす。其の罪を討ちて其の名を正す。是れ亦た天下の義挙にして、所謂一労にして永逸する者なり[203]。

安鼎福は、山崎闇斎（1618 ～ 1682）・浅見絅斎（1652 ～ 1711）・若林強斎（1676 ～ 1732）のことを、幕府体制に不満を抱き、西京を復興させようとした「忠義の士」「奇士」であると述べている。彼ら日本の「忠臣義士」が努力して事を起こせば、天皇の復位は不可能なことではなく、朝鮮に余力があれば、情勢をよく判断した上で、彼らを援助すべきであると述べている。関白に君臣の大義を文で説明し、日本全国に檄文を送れば、それに従う者は半数以上であろう、とも述べている。朝鮮に対し、比較的友好的な姿勢を取っていた徳川幕府は、打倒対象であったのである。安鼎福は、日本の天

[203] 同上、巻 19、「倭国地勢説」。

皇の周辺勢力が、朝鮮のことをどう思っているかを知らなかった。安鼎福の天皇観が、日本の政治状況を分析した上でのことではなく、名分論だけで構築されたものである可能性が高くなる。

安鼎福は、朝鮮国王と日本関白とが対等に抗礼しているのは不当なことであるとした。将来日本の国内情勢に変動が起きたら、外交紛争が起きる可能性があると警告した。

> 日本の法は、倭皇は便ち寄生に同じく、為すべきの勢無し。然るに天下の事変は定形無く、蛮夷の興衰は常数無し。万一倭皇に宇文邕（北周の武帝）の若き者有れば、初めは韜晦なると雖も、末は乃ち権綱を摠攬し、或いは関白自ら皇帝と為りて其の臣関白と為らん。其れ前日の謬習に因らんと欲せば、則ち必ず紛争を起こさん[204]。

李瀷は、『看羊録』や実子の李孟休の言葉を引用し、安鼎福の見解に同意している。李瀷や安鼎福の見通しなり憂慮なりは、杞憂ではなく、それから100年以内に明治政府が外交権を接収することで現実のものとなった。安鼎福の見解が、机上で組み立てられた儒教の名分論に過ぎないのか、政治状況を冷静に判断した上でのことなのかは分からない。

安鼎福は、日本経済に関心を示すと言うよりも、対日貿易に関心を示していた。日本は西洋を始めとする海外と盛んに貿易をしており、中国と直接取引をしているために、中朝貿易が減少していると指摘する。また、朝鮮朝廷が釜山に倭館を設置し、互市を開いた結

---

[204]『星湖先生全集』、巻10、「東史問答（己卯）」。

果、倭館の近辺に在住する倭人の「不厳」を招き、国事が漏れたとして朝鮮朝廷の政策を批判した。対日貿易を批判するばかりで、対案を示していない。

安鼎福は、日本は武家社会であり、技術を重視する慣習があるとした。

> 且つ聞くに、彼の人、武芸は益々精にして、奇抜は益々聚まる。海中の諸蛮に器械を好み奇才多き者有れば、則ち必ず厚く賄ひて之を招聚する云々。其の義は武を尚ぶに在りと雖も、実は鄰に居る者の楽しみ聞くところに非ざるなり[205]。

通信使行員からの伝聞を李瀷に報告し、自分の見解を付け加えたものである。新しい技術の導入のために、オランダと交渉していることにも気付いていた。貝原益軒の『和漢名数』を読み、「其の器械の精巧、制度の一定は、則ち蛮夷を以て之を忽んずべからざるなり」として、日本人に対する野蛮人としての認識を改めようとする姿勢も見られる。

> 余嘗て倭人の『童子問』を見るに、詩有りて曰く、天は空海は闊くして小さき茅堂 / 四序は悠々として春意は長し / 却って笑ふ、淵明の卓識無きを / 北窓に高く臥し羲皇に傲る / と。後に、何人の作る所かを知らざる『蝉谷雑記』を見るに、日本人洛陽の伊藤維楨・原佐、『童子問』を著す。凡そ180条、共に3冊。古学先生と号す。其の長兄は録し、子は梓し、其の

[205]『順菴先生文集』、巻2、「上星湖先生書（戊寅）」。

門人林景范・文進は跋を作る。維楨の言に曰く、儒者の学は最も暗昧を忌む。其の道を論じ経を解する。須らく是れ明白端的、白日の十字街頭に在るが若し。事を作すに、一毫も人を瞞き得ずして、方に可なるべし。切に附会すべからず。仮借・還就すべからず。尤も回譲して以て其の短を掩ふことを嫌ふ。又た粧点して以て媚悦を取ることを戒しむ。従前の諸儒、動もすれば此の諸病を犯す。惟だに道を論じ経を解するに害あるのみに非ず、反て大いに人の心術を壊る。知らざるべからざる云々。此の言、甚だ良し。此の外に格言甚だ多し。意はざりき、海島の中蛮貊の邦に、能く此の学問するの人有りとは。竊かに其の三冊の論ずる所を観るに、大抵孟子を推尊して時に伊川を疵る[206]。

冒頭では、『童子問』は名無しの倭人の著作であり、見識の低さに笑ってしまったとある。しかし、『蜱谷雑記』を読んだ後は、『童子問』は名無しの倭人の著作ではなくなり、著者は京都の伊藤維楨・原佐であり、古学先生と号するとしている。認めてしまったのである。『童子問』の著者を認めなかった頃は倭人、認めてからは日本人、と称している点にも注意が必要である。倭人とは差別語なのである。「お前」と「あなた」の開きがある。

英宗の戊辰の通信の時の書記に、柳なる姓の人有り。和泉人欄陵と号する者に逢ふ。文学有り。伊藤氏の学を問ふ。答へ

[206] 同上、巻 13、橡軒随筆下、「日本学者」。

> て曰く、伊藤は固より弊邦の豪傑の士なり。而れども吾が道に非ず。故に之を詳らかにするを欲せざるのみと。蓋し伊藤の学、程朱を排斥するが故なり。又た藤明遠なる者有り。伊藤維禎の徒なり。書を製術官書記に貽り、中庸を以て子思の書に非ずと為す。張皇して辞を為せども語は成らず、文理を説いて未だ暢かならずと云ふ。此れに拠りて言へば、則ち其の学は知るべきなり[207]。

1748年使行時の従事官・曺命采が著した使行録『奉使日本時聞見録』に収録されている。程朱学者・三宅紹華や曺命采の論評から、伊藤仁斎の学問の性格が理解できるとする。仁斎が程朱の説を否定していることから、最初は、安鼎福は仁斎を肯定的に見なかったようだが、『童子問』を読んだ後に認識の変化があった。『和漢名数』を読み終えた後に認識を変えたのと理由は同じであると考えられる。

林羅山（1583～1657）については以下のように述べている。

> 仁祖の癸未、趙龍洲の通信使為る時、林春道有り。羅山夕顔巷と号す。儒学を以て称へられ、官位も亦た尊く民部卿為り。龍洲と書を往復すること有り。其の人の文詞と識見とは道に称ふべき者無しと雖も、而れども文学を以て一国に鳴り、国中の文翰は皆な其の手に委ねられる。戊辰の信使の時、国子祭酒の林信充なる者有り。即ち春道の曽孫なり。世

[207] 同上、巻13、橡軒随筆下、「日本学者」。

世文衡を執り、国書・詞翰は、皆な其の手に出ず。道治の子の恕及び靖は皆な文任を掌る。恕の子の信篤は、官は弘文院学士。信充は信篤の子なり[208]。

安鼎福は、林羅山の著書や文章を直接読んだことはなく、1643年の通信副使・趙絅との往復書簡から林羅山の人物像を推測したものと思われる。例えばこの記事は、趙絅の『東槎録』と曺命采の『奉使日本時聞見録』を参考にしている。そうして、林羅山の後孫たちが、世襲により国書と詞翰を担当していたことを記している。林羅山の文章を認め、家門の日本での役割を認めたが、儒学については「特に印象的なものはない」と過小評価した。

安鼎福は、朝鮮は海防が手薄であると主張していた。それに対し、日本は武芸を奨励しており、オランダから新しい武器や技術を導入しているため、一旦和平が崩れたら三方の沿岸が被害を受ける危険性があるとしている。そうして、日本がもし朝鮮に侵入して来るなら、対馬経由の南海経路である可能性が高いとした[209]。

13. 元重挙の対日認識

元重挙（1719 ～ 1790）は、字を玄川と言い、武人の家系に生まれた[210]。文集は断片的にしか残っていない。元重挙と親しかった人たちの文集に現れる元重挙についての記事を拾い出し、総合する

[208] 同上。
[209]『雑同散異』巻 2、「辺防」。
[210]『研経齋集』本集 1。

しかない。

1750年、31歳時に司馬試に及第。従八位の長興庫奉事を経て、1763年、日本に行く通信使に成大中、金仁謙らと共に、通信副使・李仁陪の書記として随行した。使行中、日本人文士と唱和した詩が1000余首に達すると記録されている[211]。帰国後、木川縣監に任ぜられ、砥平の勿川に下って農事をしながら隠居生活をした[212]。1789年、奎章閣で『海東邑誌』を編集した時には、李徳懋、成大中、朴斎家、李晩秀、尹行恁らと共にこれに参加した。

元重挙は、『青荘館全書』に多く記録されているように、厳格な朱子学者としての立場を堅持していた。柳得恭が書いた『巾衍外集』序文には、「玄川翁は、天性が篤厚であり、程朱の学を体系的に惹起し、彼ら（日本人）が必ず老先生と呼んだ」とあり、『清脾録』巻4「蜻蛉国詩選」に引用されている。そうして、元重挙は、伊藤仁斎や荻生徂徠を「異端」と分類している。元重挙の学風が理解できるであろう。一方、元重挙は、いわゆる燕巖グループの一員として、朴趾源・李徳懋・李書九・朴齋家・成大中・柳得恭など北学実学者たちと親しく交流していた。いわば燕巖グループの長老として、若い学者たちから尊敬されつつ、詩友として彼らと詩や文章を論じていた。特に親しかったのは、李徳懋であった。元重挙は、李徳懋よりも22歳年上であり、李徳懋の子・李光揆が書いた『遺事』によると、「先君（李徳懋）が、先輩の中で最も心服していたのは柳逅と元重挙であったが、二人は先君を愛していた」とあ

211『青荘館全書』巻7。
212『楚亭文集』巻1。

る[213]。元重挙は、帰国後に日本で知った日本の社会像や文章界の動向について北学派実学者たちに話して聞かせた。柳得恭や朴齋家と日本の文章・社会・経済について討論し、そのことが『貞筵集』や『冷齋集』に記録されている。

元重挙は、日本使行に当たって『海東諸国紀』や『看羊録』は読んでいたようである。そうして、日本の文人と唱和し、自分の知っていることと事実が異なった場合は、その度に質問をしている。帰国後は、使行員は使行日記を著述するものだが、元重挙は使行日記である『乗槎録』とは別に『和国志』を著述した。ただし、『和国志』の著述時期は推定するしかない。李徳懋が『蜻蛉国志』を著して『和国志』の内容を引用したのが1778年だから、元重挙が帰国した1764年から1778年の間に著述されたことになる。一方で、著述動機は明白である。『和国志』天巻「人物」では、「私は、天下人たちが日本について知らずにいることを恐れる」と述べ、「壬申入寇時賊情」では、「我が国の人は、倭国の事情について詳しくない」と述べ、自身が日本で困難にもめげずに求めた日本知識を必ず参考にしなければならないと強調した。

『和国志』の内容を見てみよう。『和国志』は、天・地・人の3巻から成り、全体が500余頁から成る膨大な分量である。まず目次を見れば次のようである。

イ）天巻：総20項目、90張（地図12張を含む）

[213] 河宇鳳「李德懋의『蜻蛉國志』에 對해서」（全北史學第9輯、1985年）。

⑴ 八道六十六州分図（地図になっているもの）⑵ 日本天下之東北
⑶ 日本形局地脈 ⑷ 日本与我大小 ⑸ 日本山少水亦少
⑹ 天文 ⑺ 国号 ⑻ 節候 ⑼ 地里 ⑽ 道里 ⑾ 人物
⑿ 風俗 ⒀ 徐騙祠 ⒁ 倭皇本来 ⒂ 偽年号 ⒃ 関白之始
⒄ 素盞烏尊 ⒅ 日本武尊 ⒆ 平信長 ⒇ 源頼朝本来
(21) 秀賊本来 (22) 武州本来 (23) 馬守本来 (24) 壬申入寇時賊情
(25) 中国通信征伐 (26) 羅済麗通信戦伐

ロ）地巻：総 31 項目、105 張

⑴ 関白宗室録 ⑵ 各州城府 ⑶ 各州氏族食邑総録 ⑷ 武州内官僚
⑸ 氏姓之異 ⑹ 文字之始 ⑺ 学問之人 ⑻ 異端之説 ⑼ 詩文之人
⑽ 倭字 ⑾ 諺文 ⑿ 片仮名 ⒀ 神祠 ⒁ 仏法
⒂ 前後入中国名僧 ⒃ 四礼 ⒄ 衣服 ⒅ 飲食 ⒆ 燥浴
⒇ 言語 (21) 拜揖 (22) 与馬 (23) 宮室 (24) 種樹 (25) 器用
(26) 農作 (27) 駕織 (28) 貨幣 (29) 道路 (30) 橋梁 (31) 舟揖

ハ）人巻：総 19 項目、66 張

⑴ 医薬 ⑵ 賦税 ⑶ 兵制 ⑷ 兵器 ⑸ 治盗 ⑹ 訊囚 ⑺ 奴婢
⑻ 節目 ⑼ 倭皇官職 ⑽ 方音 ⑾ 飲食之名 ⑿ 禽獣
⒀ 我朝征倭録 ⒁ 国初倭人来朝 ⒂ 我朝通信 ⒃ 倭館事実
⒄ 李忠武遺事 ⒅ 諸万春伝 ⒆ 安龍福伝

この部分の内容は、恐らく日本の『武鑑』を参考にして叙述したようである。朝鮮時代の使行員や知識人の中で、日本の『武艦』を参考にして大名についての知識を提供したのは『和国志』が初めてである。『武艦』という江戸時代の大名や旗本の氏名・系譜・官位・職務・石高・家紋などを収録した本である。17世紀半ば以来、徳川幕府で毎年刊行されたものの一つであるこの『武艦』は、国家の政治・経済と軍事力をそのまま表している内容であり、外国人には簡単には見せてくれず、販売も禁止されたものであった。元重挙がどのような経路を通してそれを入手したのかは不明である。

上記の内容の中でも、元重挙が特に重要視して、多くの分量を割愛して記述したものを見ると、以下のようである。

一、日本の政治社会的状況について深い関心を示している。特に天皇と関白の歴史と存在様式について重点的に記述した。つまり、天巻の（12)、(14)、(16)、(19)、(20)、(21)、(22）番と人巻の(9）番項目などのそれに関する部分も含めた72頁に達する。そうして、当時の両者の権力関係を考察しながら、天皇の復権可能性とその後に来る事態の推移に憂慮を表明している。

二、当時の徳川幕府の統治方式と全国大名の食邑と出身系統についても多くの分量を割愛して記述した。つまり、地巻の（1)、(2)、(3)、(4）番項目がそれで全126頁に達する。

三、朝鮮と日本の関係史についての整理または両国の関係書籍を比較・検討しながら、詳しく記述している。つまり、天巻の(23)、(24)、(26）番と人巻の（13)、(14)、(15)、(16)、(17)、(18)、(19）番項目などがそれを含む137頁に渡って記述されている。

四、日本の文化にも深い理解を示している。大体、地巻の（6)

番から人巻の（12）番項目まで、日本の儒学・神道・仏教・詩文・風俗とその他のいくつかの面に渡って関心を示している。これらに対して、元重挙の評価を見れば、神道については批判的であり、仏教についても「大部分の寺院には仏法がない」と批判している。日本の儒学については、「林家」を擁護する一方、木下順庵（1621～1698）の門下特に新井白石（1657～1725）については批判的であり、古学派儒学者である荻生徂徠（1667～1728）や伊藤仁斎（1617～1705）については彼らが程朱学を批判しているという点で「異端」であると評価した。そうして、日本の文章界、特に詩文については、相当肯定的に評価し、各地で自分と唱和していた日本の詩人たちを紹介した。

五、日本の産業と技術に対して詳細に観察している。そうして、それらを朝鮮のものと比較しながら、長所を導入しなければならないと主張した。地巻の（26）、（27）、（29）、（30）、（31）番と人巻の（4）番項目がそれらを含んで26頁に達する。それらは、日本の物産の豊富さについて感嘆と共に恐れを表示する一方、日本の技術的な側面からの発展した部分については、実学的な観点から深く観察・記述している。特に日本の橋梁、朝鮮技術と船舶統制制度を詳しく紹介して、日本の農業技術と農法についても、朝鮮の農法と長短両面を比較しながら詳しく叙述した。

14. 李徳懋の対日認識

李徳懋（1741～1793）は北学派の実力者であり、18世紀後半の洪大容・朴趾源と同様に燕行使行随行員として北京を訪問した経験がある。広義の北学は、彼らがそれを自称していたことから、李濩・丁若鏞・韓致奫・金正貴全てを指すが、狭義の北学は、洪大容・朴趾源・李徳懋・柳得恭・朴斎家など、燕厳学派のことを指す[214]。北京での見聞や感想は、「燕行録」に残されている。彼らは北京で新しい文物を目にすることにより、当時としては開放的な世界観を有し、従来の華夷観からは抜け出していた。彼らは、小中華意識に基づく北伐論を批判していた。彼らの記述では、清に関する記述は多いが、日本に関する記述は少ない。しかし彼らも、燕厳グループ[215]の中で日本に行った元重挙・成大中から間接的に日本の話を聞き、特に李徳懋は『蜻蛉国志』などで積極的に日本について書き残している。

李徳懋の対日認識を見る前に、李徳懋同様に北学の立場を取っていた人物の対日認識を見る。ただし、日本にあまり関心を持たなかったのが北学の特徴でもあるので、最初に一括して取り上げる。

洪大容（1732～1783）は、李徳懋より10歳年上で、詩のやり取りを通じて李徳懋と親交を結ぶようになった。洪大容の文集には、日本関連の記事はほとんど出て来ない。僅かに、清の学者や、琉球の使臣との壬申倭乱に関する対話が残されているだけである。

朴趾源（1737～1805）は、李徳懋より4歳年上で、幼い頃から李徳懋と同じ村に住んでいた。李徳懋は最も尊敬する学者として、

---

214 李佑成「實學研究所說」（『實學研究入門』、1973年）。

215 呉壽京「燕嚴子音研究序說」（『韓國學報』44輯、1986年）で提唱された概念であり、燕厳朴趾源を中心に成立した、友情を架け橋にした文学同人グループであるという。厳学派とは、構成員の性格や人的系譜が明らかな集団であるが、燕厳グループは、それが明らかでない。前者の中心人物に李徳懋・柳得恭・朴斎家がおり、後者の代表人物に洪大容・元重挙・成大中・李書九がいる。

李瀷と朴趾源の名前を挙げている[216]。　朴趾源の著作には、日本に関する特別の記録は見当たらない。僅かに文集と『熱河日記』において、壬申倭乱に関する簡単な記述があり、日本書籍からの引用もない。ただ、小説『虞裳伝』で、実在の主人公・李彦瑱（1740～1766）が通信使として日本に行き、日本の文人たちと唱和し、名を轟かせたという物語に関心を示している程度である。李彦瑱が残した「海覧篇」を引用しており、「日本人が仏教を崇めながら、仏法を守らない」ことを批判しているのみである。ただ、日本の長崎での対外貿易には関心を寄せ、朝鮮も日本のように海外通商をするべきだと主張した。なお、朴趾源は李彦瑱と会えなかった。李徳懋も李彦瑱に関心を寄せていた。『虞裳伝』については、李家源「虞裳伝研究」（『燕巖小説研究』、乙酉文化社、1965年）があり、李彦瑱については、『清脾録』巻2「李虞裳」を始め、『耳目口心書』『雅亭遺稿』などで天才的な詩作と奇行を紹介している。

柳得恭（1748～1807）は、李徳懋より7歳年下で、幼い頃から李徳懋と同じ村に住んでいた。1763年日本使行員であった元重挙（1719～1790）や成大中（1732～1812）たちから、日本の学問や社会の様子を伝聞し、彼らから話を聞くうちに日本に関心を持つようになった。『和漢三才図絵』『日本逸史』『続日本紀』『倭史』などを読み、そこに紹介されているオランダやイギリスについて意見を述べた。『倭史』とは『日本書紀』のことであると考えられるが、『和漢三才図絵』に出ている『日本書紀』の記事を再引用した可能性もある。柳得恭の日本関連の記述は、「日東詩選序」（『冷斎集』

[216]『雅亭遺稿』、巻8書、「成士執大中」。

巻7）・「蜻蛉国志序」（同前）・「題雲巌破倭図」（同前、巻8）・「柳得恭冷斎筆記」などに収録されている。

> 又た倭史を考ふるに、倭の声・詩・楽・律・兵謀・釈教・博奕・諸戯は、悉く百済に学べば、則ち倭なる者は百済の属国なり。属国の敢へて上国と抗がはざること久し[217]。

上記の対日認識は注目に値する。柳得恭特有の、文化属国観である。現在の日本の宮内庁が、天皇陵非公開を貫くことに対して、韓国マスコミが皇室と百済の関係を疑う声を上げること、今上天皇が「百済とのゆかり」を表明していることを考えると、根拠があれば一大発見となると同時に、日韓関係の改善に繋がり得ることである。6世紀の日本が、朝鮮半島南部に有していたとされる領土を百済に割譲した理由と経緯も関係するかもしれない。

柳得恭によれば、中世以前の日本文化は停滞していた。特に壬申倭乱以降は、中国との関係か断絶したため、詩の水準は安南・占城以下であった。長崎貿易を通じて、日本は詩の水準を向上させられた、という。

李書九が、元重挙が1763年使行時に日本文人と唱和した詩67篇を選び出し、『日東詩選』と名付け、序文の執筆を柳得恭に依頼したところ、

> 其の詩の高き者は、三唐を模擬し、下き者は王李を翰翔す。侏濤の音を一洗するに、多きに足る者有り[218]。

---

[217]『冷斎集』巻8「題雲巌破倭図」。

と称賛した。

朴斎家（1750 ～ 1805）は、柳得恭同様、李徳懋の平生の友であった。日本関連記事には、「車」（内篇）、「甕」（内篇）、「宮室」（内篇）、「訳」（内篇）、「薬」（内篇）、「禄制」（外編）などがあり、これらは全て『北学議』に収録されている。ただし、朴斎家は、日本書籍を全く引用しておらず、元重挙からの伝聞で日本の知識を得ており[219]、李徳懋や柳得恭に比べれば、日本に対する関心や知識は、見劣りすると考えられている。そうして、日本に対する関心は専ら福利厚生面にあり、日本の技術や制度の利点ないしは実用性を盛んに述べている。例えば、日本の車や家屋の制度が全国で統一され[220]、技芸・技術を尊重する日本の制度・風俗を、朝鮮の実情と対比して述べている[221]。また、日本の海外通商に関心を示し、朝鮮が海外貿易を行おうとしない姿勢を批判している。

李徳懋の話に戻ろう。

李徳懋は、日本に行ったこともなく、日本人に知り合いもいなかった。李徳懋が日本に関心を持ったきっかけは、知的好奇心であると考えられる。李徳懋の日本に対する関心は、1763 年通信使行が帰国し、李徳懋のごく親しい友人であった元重挙や成大中から日本の話を聞けるようになってから具体化する。彼らが著した『和国志』『乗槎録』『日本録』などの日本使行録は、李徳懋の対日認識を形成する上で大きな役割を果たした[222]。ただ、李徳懋は、1763 年

---

218 同上、巻 7「日東詩選序」。

219『北学議』内篇「禄制」。

220 同上、「車」「宮室」。

221 同上、「甕」「薬」。

使行以前から、日本についての関心と知識を有していたと考えられる。1763年使行に赴いた元重挙や呉載熙に与えた送別詩では、1596年に壬申倭乱の講和のために正使として日本に赴いた黄慎の『日本往還日記』や、1636年使行の副使であった金世濂の『海槎録』を引用して日本についての知識や日本観を披露している。申叔舟『海東諸国紀』、姜沆『看羊録』、申維翰『海游録』、洪景海『随槎日記』など、1763年使行以前の日本使行録がしばしば引用されている。1748年使行は、詳しく取り上げられている。

李徳懋が使行員たちから得たものは、伝聞だけではなく、日本書籍や詩文・和紙・扇子・拓本などの物品を含んでいた。1763年使行では、元重挙が唱和集2冊を、成大中が蒹葭堂図や一百単八図・高野惟馨（1704～1757）の詩集である『蘭亭集』を持ち帰った。李徳懋は、蒹葭堂図や一百単八図を成大中から借りて閲覧し、また『蘭亭集』は李徳懋が平壌を遊覧した際に呉生の家で借りて読んだ。呉生とは、1763年使行で日本に行った呉載熙である可能性がある。『蘭亭集』を朝鮮に持ち帰ることができたのは、1763年使行だけであり、1763年使行で呉姓であるのは、呉載熙だけだからである。李徳懋が呉載熙に送別詩2首を送っていることから、李徳懋と呉載熙には親交があったことが分かる。趙曮『海槎日記』によれば、呉載熙は1727年生まれの海州人で、1762年に閲聖試に及第し、1763年使行には従事官所属の副司勇として日本に赴いた。

李徳懋は、日本書籍を多く読み、日本に行くことができないハン

---

222 河宇鳳、「새로 發見된 日本使行錄들－『海行摠載』의 補充과 關聯하여」（『歷史學報』第122輯、1986年）。

デを克服しながら、『蜻蛉国志』執筆に繋げた。以下に、李徳懋が直接引用した日本書籍を記述する。

	書名	著者名	引用されている著述
(1)	『和漢三才図絵』	寺島良安	『蜻蛉国志』など。
(2)	『和漢名数』	貝原篤信	同上。
(3)	『日本紀』	舎人親王他	同上。
(4)	『続日本紀』	菅野真道他	『盎葉記』巻1「渤海通日本」。
(5)	『日本逸史』	鴨祐之	同上、巻2「少年魚」、巻6「日本綿花之始」。
(6)	『日本紀略』	未詳	同上、巻2「虎紋鳥」。
(7)	『倭名抄』	未詳	同上、巻4「洄畠」。
(8)	『西宮記』	源高明	同上、巻5「永楽通宝」。
(9)	『武林伝』	未詳	同上、巻6「平秀吉四柱」。
(10)	『吾妻鏡』	未詳	同上、巻6「吾妻鏡」。
(11)	『和漢歴代備考』	未詳	同上、巻6「日本尊周」。
(12)	『或書』	未詳	同上、巻7「常世国」。
(13)	『蘭亭集』	高野惟馨	同上、巻1「日本蘭亭集」。
(14)	『童子問』	伊藤仁斎	同上、巻1「顧伊論性」。
(15)	？	荻生徂徠	同上、巻5「日本文献」。

(3)(4)(5)(6)(8)(9)(10) は史書であり、(1)(2)(7)(11)(12) は類書であり、(14)(15) は儒学者の著作、(13) は詩文集である。李徳懋は、日本書籍を使行員たちから個人的に借りるなり貰うなりしていたが、1779 年以降、奎章閣検書官の地位を得たため、闕内に保管されている日本書籍を読むこともできた。

(1) は、江戸時代中期を生きた大坂の医師、寺島良安（生没年未詳）の著作である。この本は明の王圻の『三才図絵』を手本とし、そこに日本のことを取り混ぜて編集したものである。三才図絵は、天文・地理・人物についての図絵という意味であり、この本は 105

巻81冊から成る日本初の図説百科事典である。この本が刊行されたのは、一般的に1713年と考えられ、朝鮮書籍では1748年使行従事官・曺命采『奉使日本時聞見録』において初出である。この本は、李徳懋だけではなく、柳得恭・韓致奫にも引用されている。

(2) は、江戸時代中期の福岡藩の儒学者・貝原益軒（1630～1714）の著作である。内容は、天文・地理・人物・典故・事跡などの名数に関するもので、一種の百科事典であると言える。この本が刊行されたのは1689年だが、朝鮮にいつ伝来したかは不明である。

(5) は、鴨祐之が編集した40巻の歴史書で、1692年に成立した。『日本後紀』の欠陥を補充するために編纂され、『類聚国史』『日本紀略』『類聚三代格』『公卿補任』などを原文通り編年順に集約したものである。『日本史辞典』高柳光寿・竹内理三編、角川書店を参照のこと。

(6) は、日本の「六国史」に続く編年体の史書であり、編者及び巻数は不明である。編纂された時期は、11世紀後半であると推定されている。坂本太郎『六国史』吉川弘文館、1970年、351～357頁を参照のこと。

(8) は、西宮左大臣と呼ばれた源高明の編集で、成立年代は未詳。古写本が多く、巻数は一定ではない。恒例・臨時の朝儀、装束・輿車の規定などを類別して編集したもので、平安時代の有職故実を理解する上での重要資料である。『日本史辞典』参照。

(10) は、『東鑑』とも言い、全部で52巻である。1180年から1266年に及ぶ鎌倉幕府の事跡を記録した史書で、編年体の日記形式を取っている。前半は13世紀半ば以降、後半は14世紀初めに編集されており、編集者は幕府の家臣のようである。鎌倉時代の政治史及び武家社会史を研究する際の最重要資料である。『日本史辞典』を参照のこと。

（14）は、日本の古学派儒学者である伊藤仁斎の著作で、1707年に刊行された。内容は聖学の本質、仁斎の儒学に対する識見、古学の本義などを問答形式で述べたもので、仁斎の儒学を理解する際に必要不可欠である。この本が朝鮮に伝来したのは、1719年使行の時であり、書記として随行した成汝弼が福山藩の儒学者・伊藤長英（伊藤仁斎の次男）から貰って来た。仁斎のその他の著作である、『論語古義』『孟子古義』『中庸発揮』『大学定本』『古学指南』などが伝来したのは、1748年使行時であり、製述官であった朴敬行や、書記の李鳳煥らが、伊藤霞台（伊藤長英の長男）から貰って来た。姜在彦「朝鮮通信使と鞆浦」『江戸時代の朝鮮通信使』映像文化協会編、毎日新聞社、1979年を参照のこと。また、仁斎の主要な著作である『語孟字義』は、1748年使行時に、子弟軍官として随行した洪景海の使行録である『随槎目録』で言及されており、李徳懋はこの『随槎目録』の紹介記事も引用している。

李徳懋自身も、通信使行員として日本に行くことを希望していた。もしその後の韓日関係が順調に推移していれば、徳川幕府11代将軍家斉が襲職した1788年頃の通信使行で李徳懋の夢が叶えられていた可能性がある。

李徳懋が、日本関連記事を載せた著作には、『蜻蛉国志』の他に『青荘館全書』がある。

	書名	内容
(1)	「顧伊論性」	『盎葉録』巻1所収。
(2)	「暹羅日本使臣」	同上、日本の対中関係史記事。
(3)	「渤海通日本」	同上、渤海と日本の通交史。
(4)	「南北敵将」	同上、巻2所収。壬申倭乱時の倭将の部隊と将帥に関しての詳述。
(5)	「赭白馬図」	同上、日本の物産関係の記事。
(6)	「日本寄占城書」	同上、1623年に日本が貿易関係で送った書簡の内容を紹介。
(7)	「虎紋鳥」	同上、日本の物産関係の記事。
(8)	「少年魚」	同上、日本式造語に関する記事。
(9)	「倭皇治乱」	同上、日本の歴史に関する記事。
(10)	「日本刀歌」	同上、巻3所収。日本の古文献所蔵の可否に関する考証。
(11)	「旧唐書新羅王諱」	同上、巻4所収。『旧唐書』『明史』「日本伝」の誤謬を指摘。
(12)	「図書集成」	同上、図書集成の日本伝来に関する記事。
(13)	「湎畠」	同上、日本式造語の紹介。
(14)	「夷狄尊孔子」	同上、巻5所収。日本の聖堂の由来と変遷史の紹介。
(15)	「永楽通宝」	同上、日本人の文字と対明関係記事。
(16)	「黒坊」	同上、日本への漂流人との海外人種に関する対話記事。
(17)	「倭社日」	同上、倭人の墓参風習の紹介。
(18)	「日本文献」	同上、日本の儒学者と文献に関しての詳述。
(19)	「平秀吉四柱」	同上、巻6所収。壬申倭乱関係記事。
(20)	「日本綿花之始」	同上、日本の綿花伝来の由来を記述。
(21)	「島嶼訓読苦」	同上、日本の字音関係記事。
(22)	「吾妻鏡」	同上、日本の史書紹介。
(23)	「日本尊周」	同上、唐・宋・元代の対日関係史記述。
(24)	「馬脚渋」	同上、日本人の風俗関係記事。
(25)	「東国書入日本」	同上、朝鮮書籍の日本伝来と書籍名の記述。

(26)	「常世国」	同上、巻7所収。日本の字音と対新羅関係史の記述。
(27)	「三韻通攷」	同上、『三韻通攷』の由来と日本での刊行の可否を考証。
(28)	「久辺国」	同上、朝鮮初期の対日関係史記事。
(29)	「苦櫧」	同上、巻8所収。日本の物産関係記事。
(30)	「論諸笠」	同上、日本の笠の紹介。
(31)	「版木」	同上、日本の出版関係の記事で、版木の材料を紹介。
(32)	「日本蘭亭集」	『清脾録』巻1所収。近世日本の詩についての論評。
(33)	「蒹葭堂」	同上、1763年使行時に唱和した日本詩人の詩を紹介。
(34)	「倭詩之始」	同上、巻2所収。日本の詩の由来と古詩を紹介。
(35)	「李虞裳」	同上、巻3所収。李彦瑱の詩文と1763年の日本使行時の活躍を紹介。
(36)	「芝峰詩播遠国」	同上、巻4所収。壬申倭乱時の捕虜・趙完璧の活動を紹介。
(37)	「蜻蛉国詩選」	同上、1763年日本使行時に唱和した日本詩人の詩の紹介。
(38)	「日本国世系」	『紀念児覧』補篇所収。日本の天皇の世系記事。
(39)	「日本州道」	同上、日本の八道六十六州の記述。
(40)	「与李洛瑞書九書」	『雅亭遺稿』第6所収。日本の嶧山碑文の文字を紹介。

李徳懋の日本研究の集大成として、『蜻蛉国志』がある。この本は1788年頃に執筆され、日本の政治・社会問題だけではなく、風俗・神道・仏教・儒学・詩文などの文化面についても広く記述されている。李徳懋の死後に柳得恭が付した序文には、「今日の士大夫の必読の書なり」と評してある[223]。

李徳懋の対日認識は、朝鮮後期知識人の伝統的観念から大きくはみ出すものではない。

[223]『冷齋集』巻7、「蜻蛉国志　序」。

1763年日本使行に赴いた元重挙に、以下のような文を与えている。

> 龍年蛇月、八路の生民に遣無し。玄僧の清酋は、九世の深讐忘れ難し。何ぞ幸ひにも、猴精の宗族転覆せり。所以に鰈城の使价は頻繁なり[224]。

また、同文中の送別詩は、以下のようなものである。

> 島俗は狙詐多きも、外面は朝鮮を待つ。揖譲の際は、忠信、当に旃を勉むべし。我が涙は汪汪せんと欲す。説く莫れ、壬辰の年を[225]。

日本の天皇のことを、「倭皇」「偽皇」「其君」、日本の年号のことを「偽年号」、日本の天皇の詔勅のことを「偽詔」と表現している。対等外交の日本が、「皇」「詔」との表現を使って、かつ独自の年号を使用することを、李徳懋としては我慢ならなかったのである。日本のことを、「蛮貊」「島夷」「鯨鯢」と呼んで蔑んでいる[226]。とは言え、日本文化を無視する朝鮮知識人も多い中、李徳懋は日本書籍・詩文を中心に日本文化の研究を進めていた[227]。李徳懋は、日本という国と日本文化を分けて考えており、日本の儒学や詩文を通じて対日認識に変化が生じていた可能性がある。

李徳懋は、日本は侵略的で強い軍事力を持った国だと認識してい

---

[224]『嬰処詩稿』巻2。

[225] 同上。

[226]『蜻蛉国志』世系篇姓氏篇。

[227]『清脾録』巻1、「日本蘭亭集」。

た。

> 日本は狡悍にして、我が強隣たり。而して蝦夷を駕馭し、紅毛を牢篭す。唯だ其の指使すること、虎の如きのみ[228]。

李徳懋は、日本人のイメージを否定的に捉えていたが、その一方で肯定的に捉えることもあった。

> 日本の人、大抵柔にして能く堅なり。堅にして而して亦た能く悠久なるを能わず。弱にして能く忍なり。忍にして而して亦た能く降起する能わず。聡明にして而も識は偏なり。鋭敏にして而も気局まり、能く謙りて能く人に譲る。能く恵みて而も能く物を容るる能わず。新を好みて奇を尚び、近きを悦び、而して遠きを遺れ、静処を楽しみて、群居を厭ひ、本業に安んじて喜びて分を守る。奇巧珍玩に営営とするも、然れども勤労して専一なり。是の故に、神武は之を用いて垂衣の治を致す。秀吉は之を用いて天下に強きこと莫きの寇為り。家康に至りて之を駕御するに及べば、則ち又た各々定分を守り、寂然として声無し[229]。

倭人と呼称せず、「日本の人」と呼称していることは、好意の証と考えていい。総合的で洞察力に富むと述べている。

李徳懋は、日本社会の性格を、

---

[228]『与猶堂全書』詩文集 1 巻 22 雑評。

[229]『蜻蛉国志』巻 1、人物篇。

江戸の国を為めるは、一に曰はく武なり。二に曰はく法なり、三に曰はく智詐なりと[230]。

と述べており、日本社会の制度を以下のように見ていた。

法を立つるは厳格と雖も、而れども科条は実に簡約、又た画一にして、変更無し。其の官に在れば、則ち侯の子は侯と為り、卿の子は卿と為り、嫡嫡として相ひ承け、希覬の心無し。下は百職吏隷に至るまで、皆な世襲なり。大罪大悪有るに非ざれば、皆な世禄を食む。野に在りては、則ち農の子と為り、工の子は工と為り、其れ商販を以て貲財を致す者は、公侯の楽を享くと雖も、門を出ずれば、則ち敢へて尊者に与らず[231]。

朝鮮の官位は科挙によって本人の努力で得られるものであるが、日本の世襲制はこれとは異なり、生まれた地位を継承して行くしかない。

其の俗は位有るを尊しと為し、其の次は商、其の次は工、其の最下は農なり。其の文士と称する者は、傍らに工商を治め、以て生を資く。故に下流に在る者は、実に文士・韻士多し[232]。

[230] 同上、巻 2、風俗篇。
[231] 同上。
[232]『蜻蛉国志』巻 2、風俗篇。

職業による貴賤の順序が朝鮮と異なるという。ただ、日本での順位は士商工農ではなく、李徳懋は事実誤認をしている。文人が下流に属しているというのも事実と異なる。士の私的な諮問に応じ、公家や僧侶と同様、士に準じた扱いをされていたのが実情ではあるまいか。

李徳懋は、日本が窃盗に対しては大変厳しいと指摘している。そのお陰で、「国中に盗みなく、公私の屋舎に扃鐍を設けず。物は皆露はに治め、収蔵せず」という治安の良さを誇るという。

李徳懋は、『蜻蛉国志』風俗篇で、

> 倭人の習性は強悍にして、剣槊に精しく、舟楫に慣る。・・・大抵其の俗の尚ぶ所は、一に曰はく神なり、二に曰はく仏なり、三に曰はく文章なりと[233]。

日本人は文章を疎かにし、儒教化されておらず、神道や仏教を信じていると見做した。『蜻蛉国志』に神道篇を設け、以下のように述べている。

> 倭皇の生は、既に神の降るに因れり。国中自ら神国と称し、倭皇を以て神主と為す。凡そ一事有れば、輒ち之を神佑・神禍と謂ふ。人は既に篤く信じ、而して鬼は以て其の妖孽を肆にするを得。伊勢神宮出でて、国俗は之に化す。其の一に曰はく、聖女の神にして即ち豊鋤入姫・倭姫、両神なり。二に曰はく、聖母の神にして即ち神功皇后なり。其の他の春日・

[233] 同上。

住吉等、種々の名色は殫く記すべからず。故に三家の村と雖も、其の一は必ず神宮、其の一は必ず僧舎なり。其の仏に仕へる者は、其の法を悦ぶに非ざるなり。以て明神と為して、神道を以て之を奉る。・・・六十六州の大小神祇の総数 3132 座、社数 2861 処、神宮 27613、仏宇 2958 なり[234]。

神宮・神社の数を、どのような資料に基づいて記したかは不明であり、誇張もある。ただ、神仏習合の風習や、天皇体制と神道の関連を指摘できたことは、この時期の著作にしては注目すべきである。神道の神の種類についても、住吉大社、和歌三神、天照大神、春日大社の四明神、伊勢神宮の国祖神、医薬の神である大己貴命、少彦名命、外国から渡来した百済系の日羅、秦人である徐市のことを記している。

日本の仏教については、仏教僧が官職を得たり、名誉を求めたり、妻子を持ったりすることがあるとしてこれを批判した。また、日本の仏教史上の名僧として、弘法大師（744 ～ 835)、親鸞（1173 ～ 1262)、俊芿（1166 ～ 1227)、蕉堅道人（1336 ～ 1405）を挙げ、中国に行き仏法を学んだ入唐僧 6 人の生涯や業績に触れている。ただ、李徳懋は日本の神道・仏教は淫祠であると述べ続けた。儒教化されていない神仏習合など、儒学者・李徳懋の目には、迷信としか映らなかったのである。

対外関係では、李徳懋はまず日本の対朝鮮・対中国・対東南アジア・対オランダ関係に関心を示している。『蜻蛉国志』異国篇「東

[234] 同上、巻 1、神仏篇。

国」では、日本の対朝鮮関係に触れ、紀元前の新羅王子・天日槍の渡日神話から、高麗末までの文化交流や使臣の往来について整理している。また「備倭論」にあるところでは、蝦夷地と朝鮮の北関が隣接しているため、蝦夷地経由で日本が朝鮮に侵入する可能性を指摘している。一方、1653年に済州島に漂着したオランダ人36人の処分について、対馬島主が「オランダは日本の属郡である」と主張したことに対して、当時の朝鮮朝廷が、オランダが日本の属郡でないことを理解できなかった無知ぶりを批判している。「備倭論」は、李徳懋の文集に収録されておらず、表題や内容は不明であるが、丁若鏞の「李雅亭備倭論評」に、「備倭論」への言及や引用があるので、そこから「備倭論」の内容を類推することができる。

また、李徳懋は、日本を理解するためには平時から周辺諸国の動向に気配りしなければならないとし、当時日本と交流のあった琉球・台湾・インド・フィリピン・タイなど、20余りの東南アジア諸国の地理・歴史・風俗・物産・日本との距離・交流ぶりなどを記している[235]。

李徳懋が生きていた18世紀後半は、日朝関係が比較的順調に推移していた時代であった。

丁若鏞が「日本論」の中で「日本に今憂ひなし」と述べているように、切迫した危機感を持っていたわけではなさそうである。だが李徳懋は、日本人のことを「狡悍」「狙詐多し」「強隣」と述べており、日本の侵略可能性を排除したわけではなかった。そのため、李徳懋は、日本の武器や軍事制度に関心を向けていた。『蜻蛉国志』

---

[235]『蜻蛉国志』巻2、「異国篇」。

兵戦篇では、日本伝来の兵法・剣術・江戸や大坂の武職・装備・戦争中の賞罰などについて記しており、『蜻蛉国志』器服篇では、鉄砲・弓矢・刀剣の種類と性能・船舶の製造方法と幕府による統制方式を記している。

李徳懋は、日本文化の水準について、以下のように評価している。

> 近者、江南の籍は長崎に輻湊し、家々に書を読み、人々は觚を操る。夷風漸く変ず[236]。

また、

> 大抵200年来、蛮俗は化して聖学を為す。固より其れ嘉尚なるを知りて、武力は競わず、委靡す。文弱は日本に在りて為さざるなり[237]。

とも述べている。長崎から流入した中国書籍の影響で、日本の儒学や詩文が発展し、日本が武断主義から文弱に転換するかもしれないと考えている。「蛮俗」が変化することは「嘉尚」なのである。文化的優越感である。李瀷や丁若鏞も、中国書籍の輸入により日本文化が発展するかもしれないと考えており、この視点は18世紀後半の実学者に共通していたと言える。

『蜻蛉国志』芸文篇では、聖徳太子（574～622)、阿倍仲麻呂(698～770)、紫式部（978～1016)、平実時（1224～1276）の4人の生涯や業績を紹介している。また、音韻学にも関心を示し、日

[236] 同上、巻1、芸文篇

[237]『盎葉記』巻5「日本文献」。

本の伊呂波47字や、片仮名・漢字の日本式発音、日本で作られた漢字31字、同音異義語42字などについて整理している。そうして、日本の歴史書にも関心を示し、『旧事記』『古事記』『日本紀』『続日本紀』『日本後紀』『続日本後紀』『三代実録』『吾妻鑑』の巻数や収録内容を纏めている。

『蜻蛉国志』人物篇では、日本の儒学者を紹介している。阿直岐、王仁、段楊爾、高安茂など百済系の五経博士の記述に続き、吉備真備（693～775）、小野篁（802～852）、垂水広信（1261～1356）、藤原惺窩（1561～1619）、那波道円（1595～1648）、林道春（1583～1657）、木下順庵（1621～1698）、新井白石（1657～1725）、雨森芳洲（1668～1755）、伊藤仁斎（1617～1705）、荻生徂徠（1666～1728）、太宰純（1680～1747）、留守友信（？～1765）、武田誠直父子などの生涯・業績・学説などについて記述している。

李徳懋は、日本儒学者の評価は、伝聞で行った。あるいは日本使行録の記事や、日本人学者による一般的な評価に依拠していた。日本儒学者の記事で直接読んだのは伊藤仁斎と荻生徂徠である。伊藤仁斎の『童子問』は確実に読んでおり[238]、直接引用した文章がある。荻生徂徠のどの書籍を読んだかは、判然としない。『論語徴』ではなく『徂徠集』と思われるが、断定はできない。趙曮は、『海槎日記』で、1763年使行において『論語徴』を寄贈されたと述べており、時間的には李徳懋がこれを読むことはできた。『徂徠集』は、1811年使行の正使・金履僑が持ち帰り[239]、1814年に原稿が完

---

[238]『盎葉記』、巻1、「顧伊論性」。

成した韓致奫『海東繹史』に引用されている。だがこの時期には李徳懋は既に死んでいて時間的な辻褄が合わない。

李徳懋の、江戸時代の日本儒学に対する認識を見てみよう。

儒者名	生没年	李徳懋による認識
藤原惺窩	1561 ～ 1619	朱子学に忠実であったことを称賛している。姜沆や徳川家康が称賛していること、弟子の赤松広通（1568 ～ 1600）が3年喪を採用し、中国の制度や朝鮮の礼儀を好んだことを紹介している。
林羅山	1583 ～ 1657	藤原惺窩の影響を受け、博学で詩文に優れていたことを称賛している。仏教の影響を受けた儒学であり、性理学にも造詣が深かったこと、徳川幕府の官学とされたことを肯定的に紹介している。
山崎闇斎	1618 ～ 1682	李退渓を尊重していたことを紹介している。ただし、李徳懋の直接の評価ではなく、留守友信の文を引用している。
木下順庵	1621 ～ 1698	博学で詩文に優れていたと紹介している。
新井白石	1657 ～ 1725	林家と新井白石の対立で、林家の立場を擁護。1711年通信使行制度の改変で、朝鮮側の立場を悪くしたことを批判していると思われる。
伊藤仁斎（維楨）	1617 ～ 1705	「日東の道学高士」と見做し、文章を読み終えた後は「其の人を敬す」と述べているが、朱子学批判の学説を批判している。
荻生徂徠	1666 ～ 1728	明の古文辞学派の大家である李攀龍・王世貞の影響を受けており、程朱学を排斥しているとして批判した。ただ、文章については「海外の傑士」として称賛している。
太宰純	1680 ～ 1747	文章が荻生徂徠に次ぐとして称賛した。
留守友信	？～ 1765	伊藤仁斎と荻生徂徠の学説を排斥したと紹介。
竹田誠直父子	不明	程朱学を尊重し、『四書疏林』を著したと紹介。

李徳懋は、日本の詩文には大変肯定的である。李徳懋が接するこ

[239] 李俊杢『朝鮮時代日本과 書籍交流研究』（弘益齋、1986 年）201 頁。

とができた日本の詩文として、

・元重挙や成大中による日本の文章界の伝聞。

・成大中が持ち帰った『蒹葭雅集図』や、元重挙が帰国後に編集した唱和詩集2冊。

・『蘭亭集』など日本の詩人の詩集。

・『和漢三才図絵』に引用されている日本の古詩。

李徳懋の日本の詩文に関する記述は、李徳懋の詩評論集である『清脾録』に掲載されており、『蜻蛉国志』巻1芸文篇でも言及されている。

李徳懋は、平壌遊覧中に呉生の家で、日本の詩集である『蘭亭集』を読む機会があった。『蘭亭集』の著者は、荻生徂徠門下の高野惟馨（？～1757）である。この詩集は、高野惟馨の詩と、高野惟馨の門人の山維熊子祥が書いた高野惟馨の墓誌から構成されたもののようである。李徳懋は、高野惟馨が同じ徂徠門下の滝長愷（通称、矢八：？～1773）に送った餞別送詩についても触れ、以下のように評価している。

> 癸未の歳、元玄川（重挙）の日本に入るや、矢八と筆談す。嘗て博学、謹厚・風儀見るべしと称すと云ふ。蘭亭の詩及び墓誌を読む。知るべし、文風の大いに振ふを。夫れ明にして詩を能くす。海外の唐仲言なり[240]。

李徳懋は、1763年使行で成大中が持ち帰った『蒹葭雅集図』に論評を加えている。成大中が大坂で日本の詩人と唱和し、帰国時に

[240]『清脾録』巻1「日本蘭亭集」。

その時唱和した詩を求めると、日本の詩人たちが巻紙に詩と文を書いて与えたという。しかし李徳懋が見た時には『蒹葭雅集図』は散逸しており、僅かに筑常の序文と葛張が残るのみであったという。そうして、筑常の序文を引用し、以下のような見解を示している。

> 嗟呼、朝鮮の俗は狭陋にして忌諱すること多し。文明の化すること久しと謂ふべし。而るに風流文雅は、反て日本の狭無きに遜り、自ら驕りて異国を陵侮す。余甚だ之を悲しむ。善きかな、元玄川の言に曰はく、日本の人は故より多むね聡明英秀にして、心肝を傾倒し、襟懐を炯らかに照らし、詩文筆語は皆な貴ふべくして、棄つべからざるなりと。我が国の人は夷として之を忽んじ、毎に驟かに看て詆りて毀るを好む。余嘗て斯の言に感ずる有り。而して異国の文字を得たり。未だ嘗て拳拳として之を愛でずんばあらず。啻だに朋友の心に会する者を言ふのみならず[241]。

李徳懋は、日本の儒教を否定したが、日本の詩文を絶賛した。『蜻蛉国志』執筆に当たって元重挙『和国志』を参考にしているが、日本の詩文を称賛する傾向は『和国志』以上である。

15. 丁若鏞の対日認識

丁若鏞（1762～1836）は、星湖学派の末弟である。李瀷・安鼎福が三韓正統論に立ち民族主義の傾向が強いのに対し、丁若鏞は北学派実学者の開放的な世界観の影響も受けている。

---

[241] 同上、「蒹葭堂」。

丁若鏞の日本関連記事には、以下のようなものがある[242]。

記事名	収録書籍名	内容・解説
「日本論」1・2	『与猶堂全書』詩文集「論」	日本の社会や文化を紹介し、今すぐに日本が朝鮮を侵略する可能性はないとした。
『日本考』	『与猶堂全書　補遺』（茶山学会、1974）全4巻の3巻	康津に幽閉された後に執筆。息子に資料収集を依頼している[243]が、序頭に「洌水　丁若鏞輯」とあることから、自ら編集していることが分かる。未完成本と推定され、「自撰墓誌銘」に記された未完成本の『我邦備禦考』30巻の一部である可能性[244]。1～3巻では、中国の歴史書から日本関連記事を収録し、4巻では『三国史記』『高麗史』『輿地勝覧』など朝鮮の歴史書の日本関連記事を抜粋して収録。
『備禦考』		序頭に「嵋山　鄭士郁輯」とあり、丁若鏞の著作であるかどうか研究者によって意見が分かれる[245]が、少なく

[242] 河宇鳳『朝鮮実学者の見た近世日本』（ぺりかん社、2001年）236～240頁より、筆者作成。

[243]『与猶堂全書』詩文集第1集21「寄両児」、446～447頁に、「日本・女真等の考は、宜しく二類に分かつべし。戦伐・朝聘の若きは一類を為す。『戦略考』の例に依る。其の風謡・物俗・土産・宮室・城郭・舟車の制の若きは、当に一類と為すべきこと、占度載の『外夷考』の例の如し」とある。

[244] 同上、「『備禦考』は、姑くは未だ問目開列するに及ばず。然れども、輯むる所も亦た其れ鮮からず。須く此れに依りて左録すべし。益々之を蒐めて可なり。『武備考』の凡例の如きを必せず。日本考・女真考・契丹考・蒙古考・鞨靺考・渤海考・耽羅考・琉球考・蝦夷考（鬱陵・于山の類は、宜しく附けて見るべし）・海賊考・土賊考・・・書を著すの法は、必ず其の時代の先述を詳らかにし、然る後に考験有るべし。戦伐・朝聘の類の如きは、一条を得る毎に、必ず詳らかに年月を著す」と言い、丁若鏞は『日本考』を『女真考』などと共に、『備禦考』の一編目に入れるつもりであったようである。

[245] 金泳鎬氏は、「与猶堂全書　補遺3巻　解題」で、この本が丁若鏞の自作であると主張している。一方で、許善道氏は、「制勝方略研究　下」（『震檀学報37輯』）28～37頁で、『備禦考』は丁若鏞の編集計画に基づいているが、その執筆・編集は、丁若鏞が流配を解かれた後の門人である鄭周応（1805～？）と李重協の分担執筆で成し遂げられたと主張する。

		ともその影響下に執筆された。康津幽閉時に構想を練り、「解配」後に故郷に帰って編集作業を続けたが、未完成のようである。2・3・5・6巻は対清関係の記述だが、1・4・7巻は対日関係の記述である。
『民堡議』	『与猶堂全書　補遺』	康津定配時に執筆。日本の侵略に対する防備として民堡を提案している。
「懲毖録使事評」 「申青泉聞見録評」 「李雅亭備倭論評」 「柳冷齋筆記評」	詩文集「雑評」	日本との儀礼問題、日本の地理、対外貿易について丁若鏞の見解を示す。
「軍器論1・2」 「技芸論1・2・3」 「五学論4」	詩文集「論」	日本の技術・武器・軍事力・文化に関する丁若鏞の見解を示す。
「示二児」「寄両児」		流配地の康津から子供に送る。日本の文化や科挙制度に関する丁若鏞の見解を示す。
「古詩十四首」① 「跋太宰純論語古訓外伝」② 『論語古今注』③		1795年に書かれた詩で、22首に古学派についての論評が記される。① 古学派儒学者である太宰純『論語古訓外伝』の論評。② 1813年完成の『論語』注釈書。③
「跋海槎録聞見録」 「題申青泉聞見録」 「題西厓懲毖録」 「題盤谷丁公乱中日記」	詩文集第14巻「跋」「題」	申維翰『海游録』、柳成龍『懲毖録』、丁景達『乱中日記』の題文や跋文。
「倭情考叙」	詩文集第15巻「叙」	日本の対朝鮮・対中国史、日本情勢の情報経路。
「地理策」		1789年、丁若鏞28歳時に殿試で正祖の質問に答えたもの。国土地理に関するものや、倭患とその対策、鬱陵島や竹島の処理問題など日本関係の記録を含む。
「海潮対」	詩文集第22巻「雑文」	潮水の説明をする際に、日本の地形や地理に言及した。
「李忠武公鬼刀銘」	詩文集第12巻「銘」	丁若鏞の日本民族観を伺わせる記述がある。

丁若鏞の日本人イメージは、「嘘」「詭計」「軽生好殺」「残毒」「好戦的」と大変否定的なものであった。しかし、丁若鏞は日本人と接触したことはない。史書・通信使行員の使行録・捕虜や漂流民による見聞により形成されていた。朝鮮知識人の伝統的な日本人観を修正せず、そのまま引き継いでいると言える。

丁若鏞の、日本人に対する言及を見てみよう。

・日本の人は、専ら変詐を以て智と為す[246]。

・倭人は本と誑すを以て、我信ずるに足らざるなり[247]。

・大抵倭人は未だ必ずしも皆な残毒ならず。唯だ薩摩州のみは本と別種なり。性力は特殊にして、生を軽んじて殺を好み、猺（獣＋乞）の如き有り[248]。

・日本の俗は浮屠を喜び、武力を尚ぶ。唯だ沿海諸国を剽掠し、其の宝貨糧帛を奪ひ、以て其の目前の欲心の慾を充たすのみ。故に我が邦は患ひと為す[249]。

繰り返しになるが、これらは日本人との接触によって生じたものではなく、史書や通信使行員・捕虜・漂流民の見聞録などによって獲得されたものである。

その一方で、丁若鏞は、日本の技術文明や文化水準は評価している。

日本の技術文明を、丁若鏞は「日本論」で次のように記している。

---

[246]『与猶堂全書』詩文集第1集巻22雑評。

[247] 同上。

[248]『与猶堂全書』詩文集第1集巻11論「日本論一」。

[249] 同上、巻22雑評。

日本は未だ中国と通ぜず。凡そ中国の錦綉宝物は、皆な我れより此れを得たり。又た其の孤陋とする所は、我人の詩文書画、之を得て奇妙・絶宝と為す。今其の舟航は江浙に直通す。唯だに中国の物を得るのみならず、並びに其の諸物を製造する所以の法を得て帰りて、自ら作りて其の用を裕かにす。又た安んぞ肯へて隣境を劫掠し、窃盗の名を取りて、僅かに其の粗劣苦悪の物を得んや[250]。

また、「技術論」でも、

日本は江浙を往来し、唯だ百工の織巧を移すに務む。故に琉球・日本は海中の絶域に在るも、其の技能は中国と抗す。民は裕かにして兵は強く、隣国は敢へて侵擾すること莫し。其の已然の効は、是の如きなり[251]。

と述べ、朝鮮と日本の差は、中国との交流如何によって生まれたものだと考えた。

丁若鏞は、武器の面で朝鮮と日本の差が著しいと指摘した。

世級は日に級り、巧恩は日に鑿つ。近世の人国を伐つを謀る者は、唯だ奇器巧物を製為するのみ。一夫機を決すれば、万人命を隕し、安坐して人の城を湛む。虎蹲（碼＋交）・百子銃の若く、猶ほ其の疎かなる者有るなり。所謂夷（碼＋交）の

[250] 同上、巻 12 論「日本論二」。
[251] 同上、巻 12 論「技芸論三」。

> 如き者は、其の迅烈酷虐なること前古無比にして、中国・日本は使用すること已に久し[252]。

技術や武器における顕著な劣勢は、丁若鏞にとって衝撃であった。日本がこのような武器で侵略して来れば、従来の武器で武装している朝鮮は、無策のまま敗北するしかないと見ていた。

文化面では、丁若鏞は日本の儒学や文章の発展を指摘している。

> 大抵、日本は本と百済に因りて書籍を見るを得たり。始めは甚だ蒙昧なり。一たび自ら江浙に直通するの後、中国の佳書は購じ去かざる無し。且つ科挙の累ひ無し。今其の文学は遠く我が邦を超ゆ。愧づかしきこと甚だしきのみ[253]。

と述べ、中国と直接交流していないことや、科挙制度がないことを日本の儒学や文章の発展の要因であるとしている[254]。丁若鏞は朝鮮の科挙制度を批判していた。

丁若鏞とは反対に、1719年使行で日本に行った申維翰は、『海游録』で、科挙によらないで専ら世襲によって官吏を採用する日本の制度の短所ないしは弊害を批判している。これでは、奇才俊物が草野に埋没してしまうと述べている。申維翰は、日本の社会秩序は儒教の礼教や名分論に基づいておらず、武人たちの忠誠心、勇気、もしくは軍法のような訓練により成し遂げられているとする見解を示

[252] 同上、「軍器論二」。
[253] 同上、巻21書「示二児」。
[254]『海游録』下巻「聞見雑録」。

した[255]。また、日本の儒者が、進仕の道がなく、ただ詩文を論じるばかりであるために、日本の儒学が進歩しないと指摘した。申維翰は、日本の儒教について、以下のように述べている。

> 日本性理の学は一つとして聞くべき無し。蓋し其の政教と民風は、兵に非ざれば則ち仏なり。郡国に痒序・俎豆無く、又た君親無くして礼を喪ふ[256]。

丁若鏞と申維翰には100年の時間差があるにせよ、両者の認識の隔たりは大きい。丁若鏞は、古学派に共感する余り、日本の儒教水準や日本社会の儒教化についてかなり楽観視していたと思われる。

日本により侵略可能性については、「日本論」と『民堡議』とに対照的な見解を示している。

「日本論」では、以下のように述べる。

> 余、其の所謂古学先生伊藤氏の文を為る所、及び萩先生・太宰純等の論ずる所を読む。経義は皆な燦然として、文を以て是れに由る。日本は今憂ひ無きを知るなり。其の議論は間々紆曲有ると雖も、其の文の勝ることは、則ち已に甚だし[257]。

日本が朝鮮を侵略する可能性はなく、今、心配する必要もない、と結論付けた。

「日本論二」では、そのように結論付けた理由を述べている[258]。

---

[255] 同上上巻。

[256] 同上。

[257]『与猶堂全書』詩文集第1集巻11論「日本論一」。

[258] 同上、巻16「自撰墓誌銘　壙中本」。

・豊臣秀吉が壬申倭乱で朝鮮を侵略しようとして失敗し、結局自分の国まで滅ぼすことになった。従って、日本はそのような轍を踏むことはないであろう。
・日本は、嶺南地方の歳輸米を毎年数万石ずつ得ている。もし侵略すれば、このような利得も失ってしまう。
・日本が朝鮮を侵略しても、朝鮮を左臂に感じる清が朝鮮を支援する。日本もそのことを知っている。
・日本は、かつては諸州が統合されておらず、無頼漢が跋扈したが、現在は国君の統括下にあるので、むやみに戎禍は起こさない。
・日本は中国との通商により、中国の物産を手に入れ、製造技術を学び、自作している。隣国を強奪し、泥棒呼ばわりされてまで、粗悪なものを手に入れようとするとは思えない。

1789年、丁若鏞28歳時に内閣親試で、正祖の質問に答申した「地理策」にも、日本に対する切迫した危機感は見られない。丁若鏞は、倭患は既に過去のことであり、むしろ西北二路が心配、つまり清による侵略を警戒すべきであるとしている。

しかし、『民堡議』では、日本による侵略に警戒すべきであるとしている。李施愛の乱や李麟佐の乱のような国内の反乱は、鎮圧可能だから心配することはないが、外国による侵略に対応するすべはなく、大いに心配しなければならないとする。

日本の侵入予想路として、東莱・統営・古今島を挙げる。この時期、薩摩と対馬の関係が悪いという風説が広まっており、薩摩・長崎州から五島を経由して古今島に侵入する経路が最も憂慮されていた。今でこそ日本は国君の統制下にあるから、個別の勢力が朝鮮に侵入して来ることは当面はないと考えられていたが、もし日本国内の政情が混乱したら、薩摩・長崎州が、国君の意思とは無関係に、個別に侵入して来る可能性があると考えられた。

「日本論」と『民堡議』とでは執筆時期が異なる。

「日本論」の執筆時期は不明であるが、凡その推定はできる。丁若鏞が60歳時に執筆した「自撰墓誌銘」には、「詩文の編む所は、共に70巻なり。多く朝に在りし時の作なり」とある[259]。丁若鏞40歳以前であるから、1801年以前のことである。詩文中に収録されている「地理策」「軍器論」「日本論」の対日認識は、大体同じようなものである。また、「日本論」は対日認識が正確に形成されておらず、若い頃に書いたとの印象を与える。そうして、1800年前後の日本国内の情勢変化を忘れてはならない。日本は、1790年前後から日朝関係を変えようとしており、中井竹山（1729～1804）は、1788年に『草茅危言』を老中・松平定信に奏上し、朝鮮通信使を江戸まで来させず、対馬で用を足すという易地交聘を詮議した。1810年にこの奏上は承認され、実際に1811年の朝鮮通信使は対馬止まりとなった。この奏上の背景には、経費削減もあるにはあったが、朝鮮を文明上国視するのをやめ、対等国もしくは下位国視しようとする姿勢の変化があった[260]。朝鮮に対する日本の外交的な地位の向上を狙ったのである。その結果、朝鮮通信使は途絶え、日朝両国は疎遠になって行った。丁若鏞は、そうした情勢変化を察知していた可能性がある。なぜそれができたかと言えば、丁若鏞は1790年から1800年まで朝鮮朝廷の要職におり、流配後も通信使行

---

[259] 同上、巻16「自撰墓誌銘　壙中本」。

[260] 同上、巻21「示二児」。

員の使行録や彼らが持ち帰った日本の儒学者の文章を読んでいたからである。そうして康津に流配されている間、丁若鏞は日本と女真の「考」を内容・篇目によって分類・整理することを依頼している。その結果、『日本考』が成立したのである。壬申倭乱など、対日戦争を記録した「備倭論」を整理・収集した『備禦考』も『日本考』と同時期に執筆しており、康津に流配される以前に執筆したと考えられる「日本論」「軍器論」「地理策」の対日認識とは好対照を為している。

康津流配中に、丁若鏞は何を感じたのであろうか。韓国南西部の全羅南道康津郡は日本に近く、日本の脅威を肌で感じる場所なのであろうか。現代のソウルの日本大使館前に建てられた従軍慰安婦像に、「竹島は日本領」との杭を吊るした維新政党・新風代表の鈴木信行（1965～）が慰安婦に対する名誉棄損罪で起訴されたが、鈴木信行を起訴した韓国検察官・尹祥源（1974～）が全羅南道康津郡出身であることは、偶然に過ぎないのであろうか。日本の脅威を肌で感じて育った尹祥源が、日本の侵略性を暴く目的で鈴木信行の担当を買って出たということはあるまいか。

さて、丁若鏞の日本儒学研究に目を転じてみよう。日本儒学研究は、李瀷や安鼎福が先駆的に手掛けて来た。特に安鼎福は、山崎闇斎学派を紹介しながら、古学派にも関心を示し、伊藤仁斎『童子問』を読んでいる。丁若鏞は一歩進んで古学派儒学者たちの論語注釈書に取り組んだ。朝鮮後期の韓日文化交流史あるいは東アジア儒教思想史に占める位置は大きいと考えられる。

丁若鏞が関心を示した日本儒学とは、古学派儒学のことである。古学派以外には関心を示していない。丁若鏞の日本儒学認識を理解するに当たり、古学派儒学とその代表的な人物像を振り返っておく。

古学派とは、江戸時代前期から中期にかけて盛んであった日本儒学の一つの流派で、幕府の官学としての地位を誇った朱子学を批判し、原始孔孟儒学への回帰を主張した。

古学派の始まりは、1655年に山鹿素行が『聖教要録』で朱子学を批判し、古学の立場を明らかにしたことにあるとされている。その後、伊藤仁斎・伊藤東涯父子を中心とする古義学派や、荻生徂徠・太宰春台に代表される古文辞学に分かれるが、これらを纏めて古学と呼ぶ。彼らは、主観的内省を主とする朱子学や陽明学を儒学本来の精神から遊離していると批判し、孔子・孟子の古義を継承しようと努めた。孔子・孟子の経典の原文に客観的な道を求め、実用的な学問を重視し、社会の変遷に対する歴史的理解を強調し、実践の学問としての性格を帯びていた。ただ、山鹿素行を古学派に分類しない研究者もいる。山鹿素行が先駆的に朱子学を批判したことは間違いないが、学問としての視角・方法・学派形成という点で他の古学派とは異なっている[261]。

古義学派は、伊藤仁斎（1627～1705）を中心とし、彼の子孫と弟子に受け継がれた学派を指す。彼は、孔子本来の儒学に回帰することを主張し、『論語』『孟子』の注釈書である『論語古義』『孟子古義』を執筆し、自身が開設した私塾を古義堂と名付けた。伊藤仁斎が死後に古学先生という諡号を受けたので、古学派と呼ぶこともあるが、荻生徂徠の古文辞学に対して、特に原典の意味を理解しようとしたので、古義学派と区別して呼ばれることがある。伊藤仁斎

---

[261]『国史大辞典』第5巻（吉川弘文館、1985年）577頁。

は、19 歳の時朱子の『性理大全』を読んで朱子学に傾倒したが、30 歳の時仏教と老子の書籍を読み、宋学は仏教と道教の混合したものであることを知り、宋学を批判して儒教本来の思想を追求しようとした。そうして、『論語』には万人共通の倫理が記してあるとし、『孟子』は『論語』の解説書であるとした。朱子学で言う宇宙全体としての理を否定し、気の生成変化を重視することにより、生成変化するものが世界の本質であるとの学説に繋げた。

一方の古文辞学派は、荻生徂徠とその弟子である太宰春台・服部南郭（1683 ～ 1759）を中心に形成された流派である。もともと古文辞学は 15 ～ 6 世紀の明で起きた文学上の主張であり、従来の宋学の立場を批判し、「文は則ち秦漢、詩は則ち漢魏盛唐」「宋以後の書を読まず」をスローガンとした。荻生徂徠は、明の代表的な古文辞学者であった李攀龍と王世貞の著作から影響を受け、単に文学に留まらず、経学・経世学の方法論に高めたことに特徴がある。荻生徂徠は、この方法論で『論語』等の儒教経典を解釈した。荻生徂徠は、20 代の頃に朱子学を学習したが、50 代の頃に朱子学を批判すると共に、伊藤仁斎も批判した。荻生徂徠によれば、道は朱子学が言うような、人々の心の中に求められるものではない。人々の心の外に存在し、先王が制定し、外部から人々を教化して行くものなのである。荻生徂徠の学説は、道徳よりも政治が上位にあるとする学説に繋がり、幕府に歓迎された。幕府の統治の欠点を指摘し、幕藩体制を維持することに貢献した。荻生徂徠は『政談』で復古的な重農主義の主張を行ったが、弟子の太宰春台（1680 ～ 1747）は、朱子学批判を更に徹底させ、『経済録』を著した。『経済録』の中で、当時の社会変化を具体的かつ現実的に把握し、重商主義の立場から政策を提示している。

古学派儒学者の書籍が朝鮮に伝わるのは、1719 年と 1748 年の使行によってであった。ただ、日本の古学派儒学者が朱子学を批判しているため、大体の朝鮮知識人はこれに対し冷淡であった。日本の古学派儒学者に関心を示したのは、安鼎福と丁若鏞くらいのものではなかったかと考えられる。それとは言え、日本の古学派儒学者と朝鮮後期実学者とは、思想や学説が類似しており、両者の思想的相互関係や比較研究は今後の研究課題になるであろう。

1795 年、丁若鏞 35 歳時に書いたと思われる詩が残っている。古詩 24 首の中の 1 首である。

> 日本、名儒多きも、正学、嗟、未だ見ず。伊藤は古を好むと称し、荻氏は益々鼓煽す。流波は信陽に及び、詖淫は経巻を乱す。五穀は未だ始めより嘗めずして、稗稊の種は已に遍し。危なきかな、洛閩の脈、鶏林も亦た一線なり。世運、噫、此の如し。中夜、独り転輾す[262]。

この時点で丁若鏞は日本の古学派儒学者を知ってはいたようである。古学という名称、朱子学に対する批判、伊藤仁斎・荻生徂徠・太宰春台といった名前などである。伊藤仁斎や荻生徂徠については伝聞しただけだったようだが、太宰春台の『論語古訓外伝』は入手して読んでいたようである。しかしこの時点では、丁若鏞は古学派が反朱子学であることだけを批判していた。

内容から見て、先述の古詩よりも後と考えられる「跋太宰純論語

---

[262]『与猶堂全書』第 1 集第 14 巻、296 頁

古訓外伝」では、以下のように述べている。

> 太宰純は日本の名儒なり。其の著す所の『論語古訓外伝』は、皇侃を祖述し、朱子の『章句』を詆謗するは、異なるかな。一時の風気、煙霧霧漲の如く、海島の中に及ぶに至るなり。論語に「子曰はく」「憲問ふ」の二文有るを以て、遂に七篇を以て琴・原二子の手より出ずと為す。言の乖巧なること、類ね此の如し。其の淵源は、蓋し伊藤維楨より出でて、転々として磯激放肆して、此に至る[263]。

古学派儒学者の反朱子学には批判的であるが、『論語古訓外伝』を引用しており、古詩の時期よりは古学派の認識を深めていると言えるであろう。

「日本論一」は、内容から見て『跋太宰純論語』よりも後に書かれたものと考えられる。詳しくは分からないが、恐らく丁若鏞が1801年の辛酉邪獄に連座し配流される以前に書かれたものであろう。日本儒学の評価は、先述の二つの文章とは異なっている。

> 日本は今憂ひ無きなり。余、其の所謂古学先生・伊藤氏の為る所の文、及び荻先生・太宰純等の論ずる所の経義を読むに、皆な燦然として文を以てす。・・・其の論議は間々迂曲有りと雖も、其の文の勝れること已に甚だし。・・・文の勝れる者は、武事は競はず、妄動せず。規を以て彼の数子を利する者は、其の経を断じ礼を説くこと、此の如し。其の国は必ず

[263]『与猶堂全書』第1集第14巻、296頁

礼義を崇びて、久遠を慮る者有るなり。故に曰はく、日本は今は憂ひ無きなりと[264]。

『論語古訓外伝』の他に、伊藤仁斎「文」、あるいは荻生徂徠の経典解釈を読んでいたことが分かる。そうして、太宰春台・伊藤仁斎・荻生徂徠の文章や経典解釈を、「燦然として」と高く評価しており、それまでの否定的評価を転換させている。古学派儒学者を再認識することにより、日本文化全体を再認識し、日本の儒教水準が向上しているから隣国を再侵略することはないであろうとの主張に到達した。

丁若鏞は、康津配流中、故郷にいる息子二人に手紙を書き送っている。その中の一つが、「示二児」に残されている。

日本は近くは、名儒輩出す。物部雙松、号徂徠の如きは、称して海東の夫子と為す。其の徒は甚だ多し。往に信使の行く在り。篠本廉の文を得ること三度にして来れり。文は皆精鋭なり。大抵日本は本と百済に因りて書籍を見るを得たり。始めは甚だ蒙昧なり。一たび自ら江浙に直通するの後は、中国の佳書は購ひ去かざること無し。且つ科挙の累無し。今其の文字は遠く吾が邦を超ゆ。愧づかしきこと甚だしきのみ[265]。

当時の朝鮮にも古学的な経典解釈はないわけではなかったが、朱子学以外の経典解釈は禁止されていたため顕在化しなかった。その

[264] 同上、詩文集第1集巻12論「日本論一」。
[265] 同上、第1集第21巻、443頁。

ため、古学派の脱朱子学の姿勢は、朝鮮の学問水準を乗り越えているように映ったものであると考えられる。

この辺りについて少し説明を加えよう。朝鮮でも16世紀後半から17世紀になると、朱子学の権威に挑戦し、これを批判した学者たちがいた。例えば、尹鑴（1617～1680）や朴世堂（1629～1703）たちである。彼らは経典解釈において、漢代の古注に基づいて朱子の学説の誤謬を批判し、正統朱子学者たちから「斯文乱賊」と非難されて殺されかけたこともある。朝鮮で古学を提唱した学者に、前出の許穆（1595～1682）がいる。山鹿素行より27歳、伊藤仁斎より32歳年上である。許穆は、朱子学を正面からは批判しなかったが、自らの学問を古学と称し、六経の古文を中心に研究し、程朱学の注釈に因らず直接古経の世界に飛び込んで原始儒学本来の姿を見付けようとした[266]。朝鮮における古学の先駆である。ここに現れる人物と丁若鏞は、同じ南人に属する。『大学』解釈において、尹鑴や朴世堂の主張が丁若鏞の主張に影響を与えたとする指摘があり[267]、丁若鏞が礼論において『周礼』『礼記』などの古礼の研究を通じて『朱子家礼』を批判したことは、許穆の学風に起源があるとする主張もある[268]。しかし、このような学問論争としての反朱子学は、政治上の党争に結び付き、「斯文乱賊」と非難されたため、活発に継承されることはなかった。丁若鏞は、星湖学派の領袖であった権哲身（1736～1801）の影響を受けている。丁若鏞は、

---

[266] 韓永愚「許穆의 古學과 歴史認識」（『韓國學報』40輯、1985年）46頁。
[267] 李乙浩「大學經義」（『茶山學의 理解』）64頁。
[268] 鄭玉子「眉叟　許穆研究－ユ 文學觀을 中心으로」（『韓國史論』5輯）212頁。

若い頃に権哲身の古訓中心の論語解釈を聞いたことがあると述べ、晩年になっても彼の見解を受け継いでいる[269]。ただ、権哲身と丁若鏞の思想的授受関係の研究はまだ行われていない。ただ、丁若鏞は『論語古今注』の中で、許穆や権哲身の見解は引用せず、日本古学派儒学者の注釈を引用しており、古学に関しては日本古学を重視していたことが分かる。

丁若鏞は、朱子学を克服しようとしていた。「五学論」では、自らの学問の志向は、「堯・舜・周公・孔子の門下への回帰」にあるとしている。原始儒教への回帰であり、それ故に古学派に共感するようになり、『論語古今注』で古学派儒学者の経説を引用・紹介・論評するようになった。朱子学は、『論語』を心性論の立場から哲学的に理解しようとしたが、丁若鏞は現実政治を実践する立場から理解しようとしており、この立場が古学派と共通していた。

> 仁なる者は、人に嚮かふの愛なり。人倫に処し、其の分を尽くす。之を仁と謂ひ、仁を為すは己に由る。故に曰はく、遠からず、と[270]。

丁若鏞は、仁というものを実践的な倫理規範であり、仁は天の理教ではなく人間の徳であると考えていた[271]。

その一方で、丁若鏞は、朱子学の評価を巡って古学派と異なる見解を示すことがあった。人性論や民の観念を巡る論争がそれに当た

---

[269]「示二児」(『与猶堂全書』第1集第21巻) 448頁。及び「鹿菴　権哲身墓誌銘」(同上、第1集第15巻) 324頁。

[270]『論語古今注』述而篇222頁、上。

[271]『孟子要義』第2巻。

る。

丁若鏞は、古学派の朱子攻撃を、無知や無理解が原因であるとして擁護することもあり、また朱子を攻撃する時にも鄭重に行った。この鄭重さが、朝鮮の体制側からの攻撃を回避することが目的であったかどうかは分からない。古学派は、上智と下愚は入れ替えることができないとしたが、丁若鏞は、人間は誰でも仁を実践することができ、自律と意思と努力によって仁を実践すれば、誰でも聖人になれるとした。

16．韓致奫の対日認識

韓致奫（1765～1814）は、1814年に完成した『海東繹史』の著者であり、後期実学派の代表的な人物の一人である。『海東繹史』の他に現存する資料がなく、日本に関して体系的な著作や特別な記録を残した形跡はない。『海東繹史』の中で、朝鮮後期知識人としては最も多くの日本書籍を参照したことで注目される。しかしそれにしても、日本書籍をそのまま書き写した記事がほとんどであり、独自の日本観を抽出することは不可能に近い。韓致奫は、日本に使行したことはなく、日本と何らかの関係があったわけでもなさそうであるので、韓致奫が日本に関心を持つに至った契機は、学脈や交友関係から類推することになる。

韓致奫は畿湖南人であり、官界からは疎外されていた。韓致奫の一族は、朝鮮初期には立身出世した人も多かったようであるが、大部分の南人がそうであったように、仁祖反正後に没落し、両班としては卑しく低い身分になった。また庶孼出身であったことも重なり、社会的な制約が多く、1789年25歳で進士試に合格したが、出

身上の制約や家庭的な問題があり、科挙を放棄した。韓致奫は官界への進出を諦め、死ぬまで学問に専念した。韓致奫の生涯については、黄元九「韓致奫의　史學思想」(『人文科學』第72輯、1962年)や、韓永愚「海東繹史의 研究」(『韓國學報』38輯、1985年)に詳しい。

だが、1799年35歳時に燕京に行く機会を得た。族兄の韓致応が進賀謝恩使の書状官として燕京に行くことになり、それに随行したのである。帰国後に『海東繹史』の執筆に着手し、南人でありながら柳得恭など老論北学派の学者と交友関係を結んでいる。韓致奫の学脈も不明だが、前述したように、洪汝河・許穆・李瀷・安鼎福・丁若鏞など南人系実学者が日本研究を主導して来たこと、韓致奫も畿湖系南人であったことを考えると、韓致奫が南人系実学者の影響を受けたと考えるのが妥当であろう。韓致奫自身は明かにしていないが、『海東繹史』巻41「通倭海路」などの記述は、安鼎福『雑同異散』の中の「海路」「海防」の内容と類似している。『海東繹史』巻61「馭倭始末」に引用されている『撃朝鮮論』は、既に李瀷が引用している。韓致奫の族兄として、韓致奫を燕京に連れて行った韓致応は、竹蘭詩社で丁若銓と同人であり、丁若銓は丁若鏞の兄であることから、韓致奫と3歳年長の丁若鏞に交流があった可能性もある。

韓致奫の文集は伝わっていない。ただ、『海東繹史』の序文を柳得恭が書いていること、李徳懋『盎葉記』や元重挙の使行録を引用していることを見ると、彼らと交流があったことが分かる。柳得恭は韓致奫よりも17歳年上であり、韓致奫のことを本序文で「吾友」と書いており、自らと韓致奫が歴史のどこに関心があるかを共

有していると述べる。韓致奫は、柳得恭『渤海考』の影響を受けて『海東繹史』「世家」において渤海を一つの独立した項目として編入している。李泰鎮「『海東繹史』의 學術史的検討」（『震檀學報』53・54合輯、1982年、239～240頁）では、李徳懋『紀年児覧』と『海東繹史』の形式や内容が似ていることから、李徳懋の影響を指摘している。「行状」の挽章は、金正喜が書いている。『海東繹史』に関わった人々を見ると、清であれ、日本であれ、使行体験があり、北学を主張していたことが共通している。

『海東繹史』は、全85巻から成る。1799年燕行使から帰国した直後に執筆を開始し、1814年に50歳で生涯を終えるまで、10数年間執筆作業に没頭した。韓致奫が死去した時点で完成していたのは、原篇70巻であった。韓致奫の死から9年が経過した1823年に、甥の韓鎮書が原篇を補充し、地理考15巻を追加して、『海東繹史』85巻を完成させた。『海東繹史』は、世紀・志・考から成っており、紀伝体史書の形式を取っている。しかし内容は百科事典的な類書に近い。名分を重んじる史書ではなく、「述べて作らず」を編纂の精神とし、解釈よりも資料を提示していると言えるであろう。朝鮮の史書だけではなく、中国や日本の文献も参照し、相互補完することにより、朝鮮史書の誤謬や情報不足を克服しようとした[272]。

『海東繹史』は、巻頭でも本文でも引用した書目を明記している。実証や考証で歴史認識をしようとしている。引用された外国文献は、中国書籍523冊、日本書籍22冊である。本文中で引用されていながら、引用書目から抜け落ちている中国書籍も5～6冊あ

[272] 柳得恭『海東繹史序』

り、総数は550冊余りになる。本文中に引用された日本書籍も、あと2冊はあると思われる。朝鮮後期知識人が引用した日本書籍としては、最多である。ただ、書籍の入手経路は解明されていない。

	書名	著者	種類	引用箇所
1	孝経凡例	藤益根	経書類	巻67「人物考一」
2	日本書紀		史書類	巻40「交聘志」他多数
3	日本紀	安麻呂	同上	同上
4	続日本紀	菅野朝臣真道	同上	巻52「芸文志」他
5	日本逸史		同上	同上
6	日本三代実録	大倉義行	同上	巻41「交聘志九」
7	日本文徳実録[273]	都良香	同上	巻45「芸文志五」
8	帝王編年集成		同上	巻41「交聘志九」
9	類聚日本国史[274]		同上	同上
10	和漢三才図絵	良安尚順	類書類	同上、他多数
11	異称日本伝	松下見林	史書類	同上
12	武林伝		伝記類	巻61「本朝備禦考一」
13	征伐記		史書類	同上

---

[273] 坂本太郎『六国史』(吉川弘文館、1970年) 参照。韓致奫は、『日本後紀』『続日本後紀』を見ることができなかったと考えられる。『日本文徳実録』と『日本三代実録』は、順序を逆さにしている。

書籍名	巻数	扱っている時期
『日本書紀』	30	神代～697年
『続日本紀』	30	697年～806年
『日本後紀』	40	781年～823年
『続日本後紀』	20	833年～850年
『日本文徳実録』	50	858年～887年

[274] 本来の名称は、『類聚国史』である。892年に菅原道真が「六国史」の編年の記事を項目別に分類し、検索するのに便利なように編纂したもので、類書の形式を取っている。本来は200巻あったと言われるが、現在は62巻しか伝わっていない。

14	毛利氏家記	毛利大蔵	文集類	同上
15	維摩会縁起		伝記類	巻32「釈志」
16	時学鍼焫	高志（泉溟）	経書類	巻4「芸文志三」
17	白石餘稿	室直清	文集類	巻59「芸文志十八」
18	徂徠集	物茂卿	同上	同上
19	南浦文集		同上	巻61「本朝備禦考一」
20	蓬島遺珠	晁文淵	唱和集	巻51「芸文志十」
21	日本名家詩選	藤元昞	詩集	同上
22	客館筆談	木実聞	唱和集	巻59「芸文志十八」
23	日本風土記		地理志	巻41「交聘志九」
24	日本道喜居士記		伝記類	巻61「本朝備禦考一」

「朝鮮後期日本書籍の朝鮮伝来史」とも呼べる課題である。

1から22までは、巻頭の「引用書目」に記されている。23と24は本文中で引用されていながら、「引用書目」からは抜け落ちている。篇目構成では、「世紀」16巻、「志」43巻、「考」26巻から成っている。分量から見て、「志」中心の構成である。日本関連の記録は、「渤海」「高麗条」「諸小国条」に収録されており、渤海・高麗の対日関係史が記されている。麗元連合軍の日本侵攻の記録は、『元史』の「本記」「百官志」などから引用されている。

項目	巻	記事内容	引用書目	備考
楽志「楽器」	22	百済の日本への音楽伝来紹介。	『日本紀』	
兵志「兵器」	23	弓の日本伝来紹介、日本の鳥銃論評。	『和漢三才図絵』	按説
食貨志「互市」	25	朝鮮後期の対日貿易沿革と実情紹介、論評。	『明史』他	按説
物産志「草類」他	26～27	煙草、高麗人参、栗、鉄、南瓜などの物産の日本との交流。	『和漢三才図絵』他	按説

風俗志「雑俗」「方言」	28	日本の文身風俗紹介。朝鮮の音訓紹介。	『後漢書』『梁書』『和漢三才図絵』	
宮室志「器用」	29	日本の扇子、亀甲船、高麗磁器などに関する記事の紹介。	『和漢三才図絵』『高麗図経』他	按説
官氏志「官制」	30	百済の日本への文化伝来の紹介、渤海の官制復元。	『日本紀』『和漢三才図絵』『日本逸史』『続日本紀』他	
釈志「名僧」	32	外国側の書籍からの百済の名僧の発掘、紹介。	『和漢三才図絵』『日本書紀』『異称日本伝』『維摩会縁起』	按説
交聘志「附師行海路」「附通倭海路」「漂流」	40	日本の地理と対中国・対朝鮮関係史、日本との海路、漂流などに関する記事の詳述。	『北史』『元史』他	按説
同上「通日本始末」	41	古代から高麗末までの韓日交流史の詳述。	『日本書紀』『和漢三才図絵』『異称日本伝』『日本逸史』他	按説
同上「経緯」	42 ～ 44	百済の日本への書籍伝来。	『異称日本伝』『日本書紀』『和漢三才図絵』	按説
同上「画」	45	百済の日本への画法伝来	『日本紀』『日本文徳実録』	
同上「本国詩」	46	鄭夢周の日本使行詩の紹介。	『列朝詩集』『異称日本伝』	
同上「日本詩」	51	日本人の唱和詩6首紹介。	『客館筆談』『蓬島遺珠』『日本名家詩選』	
同上「本国文」	52	日本人の外交文書、紹介。	『続日本紀』『異称日本伝』『日本逸史』『日本人征伐記』	
同上「雑綴附録」	59	通信使行時の文化交流関係記事などの紹介。	『日本逸史』『白石餘稿』『客館筆談』『徂徠集』	

「志」を、編纂順に並べてみよう。

『海東繹史』は、外国書籍を引用して国内書籍の不備を補おうとする姿勢で執筆されている。しかし、『日本書紀』の任那に関する記述や、神功皇后の新羅侵攻に関する記事を、批判を加えることなくそのまま引用している。新羅の三国統一戦争や、日本による百済救援派兵についても、松下見林や寺島良安の見解に、論評を加えることなく引用している。朝鮮と日本で利害が対立する記事であるはずなのに。

韓致奫は、『海東繹史』で、従来の中国中心の華夷観や、丙子胡乱以降深化して来た小中華意識を否定し、「世紀」で韓国史の独自の体系化を試みている。

では、韓致奫はどのように日本を認識していたのだろうか。「交聘志」の中の「通日本始末」の冒頭に掲げられている按説を見てみ

> 按ずるに、我が邦の日本に通ずるは、任那より始まる。其の後は羅・済・句麗、次第に通ず。渤海・高麗に至りて、代々使ひを絶たず。・・・漢より以来、倭・韓は帯方に属し、倭と韓とは等しきのみ。倭王の武及び珍は、嘗て自ら持節都督と称す。倭・百済・新羅・秦韓・慕韓の諸軍事、羅・済の諸国の兵は、何ぞ嘗て其の節制を受けんや。蓋し、亦た自ら夸るの辞なり。然れども、隣邦は替はらず、通聘は闕くこと無し。書籍の伝はることは辰孫より始まる。儒教の興るは王仁に剏まり、以て器用・工伎に至りては皆な百済より得たり。聖武天皇は掩す能わず、高氏と兄弟と為りて、独り渤海の大氏と称するを誚る。然れども渤海の国書も亦た隣敵の礼を執

れり[275]。

よう。

古代以来、韓国と日本は対等な国家として友好関係を維持し、使臣の交流を行って来たが、政治的には対等であっても、文化的には韓国が一方的に日本に対し伝授して来たと見做している。日本人を「倭奴」「狡奴」「狡倭」と表し、「狼性」を有していると述べながら[276]も、日本の君主のことを「其君」「偽皇」「倭皇」と表すことはなく、日本の称号通りに、天皇と記している。

韓致奫は、日本人を人種として劣っているとは見做さなかったが、日本の文化は朝鮮よりも劣っていると見做した。柳恭得の文化属国観と通じている。

日本による再侵略の可能性の有無について、韓致奫は以下のように考えていた。

聖朝の彼と和を請ひしより後のこと、犬馬の皮弊は以て谿壑を充たす。数百年来辺塵は驚かず。然れども顎音は未だ悛まず、狼性は常に顧みれば、陰雨の備へは宜しく講ずべき所の者なり。故に略略水路の由る所を叙し、庶はくは海防の策を補わんとしか云ふ[277]。

壬申の乱以降、韓日間には平和的関係が維持されて来たが、日本

---

[275]『海東繹史』巻 41 交聘志九「通日本始末」。

[276]『海東繹史』巻 40 交聘志八「附通倭海路」。

[277] 同上。

人は狼性を改めていないので、警戒と準備を怠ってはならないとする。「交聘志」の中の「附師行海路」では、釜山から淀浦までの通信使行の道のりや、高麗末から壬申倭乱までの倭寇の侵入経路など、韓日間の海路が詳しく記されている。また、「通倭海路」は、安鼎福の『雑同散見』「海路」「海防」の記述形式や内容と似ている。通信使行の海路や、日本の侵入予想図などである。丁若鏞の『民堡議』における議論でも、そのような議論が見られる。韓永愚は、前掲の論文で、丁若鏞『備禦考』は『海東繹史』「本朝備禦考」の影響を受けた可能性があると推測しているが、『民堡議』は1812年に著述されているので、むしろ逆であり、『海東繹史』が丁若鏞の影響を受けた可能性を指摘できる。

第三節　まとめ

以上、朝鮮知識人の対日認識を個別に見て来た。

大方の朝鮮知識人が、日本を夷狄視している。

ある意味で、これはやむを得ないことだったのかもしれない。まだ交通も通信も不便だった時代、東アジアの諸民族にとって世界とは東アジアのことであり、その東アジアでは漢民族が最も早熟であった。漢民族は紀元前3000～2000年頃には農業を始め、都市国家を築き、漢字を生み出し、黄河の氾濫を治めて行った。漢王朝が朝鮮半島に勢力を拡大して始めて、朝鮮でも漸く有史時代に踏み込んだ。黄河発祥の文明が日本列島に到達するのは、それより更に遅れる。黄河発祥の文明の伝達経路である限り、中国から朝鮮半島を経由して日本に到達するのであって、その逆はない。

朝鮮半島には、もともとシャーマニズムや祖先崇拝などの固有の精神文化が存在していたが、朝鮮半島の諸王朝がそうした固有の精神文化を統治の哲学にすることはなかった。統治の哲学にされたのは、儒教という中国生まれの外来精神文化であった。その時点で、朝鮮半島の住民は、既に精神的に漢民族に統合されていたと言えるであろう。目に見える相違点と言えば、言語の違いであった。後に見る雨森芳洲も、「朝鮮と中国の流儀は8～9割一致しており、中国の流儀を知り、朝鮮に接したらまず誤ることはない」と述べている。

それに対して日本は、神道という独自の精神文化があり、神道により天皇という独自の君主を権威付けていた。また、神道は教義に厳しくなく、神仏習合という独自の信仰形態を生み出した。朝鮮通信使は、このような日本の独自性を理解できず、日本のことを野蛮であると非難した。大方の朝鮮知識人が日本を夷狄視する中で、申叔舟と李瀷に限って現在で言う文化相対主義の立場で日本に臨んだ。雨森芳洲も文化相対主義の立場で朝鮮に臨むよう説いており、文化相対主義に立たない限り日本と朝鮮は相互蔑視の無限ループから脱出できないものと考えられる。「彼は皇にして我は王なり。将に如何に之に処せんとするや」と李瀷は嘆いたが、朝鮮は日本に儒教秩序を押し付けない、日本は朝鮮に天皇の権威を押し付けないことにより、「之に処す」方法は見つかるのである。

また、朝鮮知識人は日本を夷狄視しながら、日本の技術が優秀であることを認めている。日本の技術は室町時代の水車以来の伝統であり、これは現代にも引き継がれて日本は技術で立国している。朝鮮知識人は、日本の統治機構が簡潔であることにも気付いていた。

幕府の源流が戦陣にあるから統治機構が簡潔になるのだが、戦陣起源の統治機構は有事に即応でき、19 世紀後半のいわゆる西洋の衝撃にも、中国・朝鮮が対応に苦慮するのを横目に、日本は即応することができた。技術力と統治機構の簡潔さが、帝国主義の時代を迎えて「植民地にする側」と「植民地にされる側」の明暗を分けたように思われる。

中国・朝鮮が東アジアの伝統的価値観から転換できない中、漢民族の文明の影響が比較的薄かった日本では、容易に西洋の新しい価値観に移行できたと考えられる。

第三章　朝鮮通信使の往来

第一節　経由地

次の表は朝鮮通信使が経由した日本の地域とその場所の館所を整理したものである。各地域の館所名と、江戸を往復する道に泊まったのか、昼食だけ摂ったのか、暫く休んだのか、そのまま通過したのかなどの利用程度が分かる。なお、一覧は金ギョンスク『日本に行った朝鮮の知識人たち』（熊津シンクビク、2012年）82～85頁より引用した。

地名	館所名	往路	復路	参考
佐須奈		宿泊	通過	
大浦		宿泊	通過	
西泊浦	西福寺	宿泊	宿泊	
今浦／琴浦		宿泊	通過	
府中	西山寺	宿泊	宿泊	
風本勝木／風本浦		宿泊	宿泊	港に新築された板葺きの家数百間。使行がいるときだけ新築。
藍の島		宿泊	宿泊	館所は草葺で新築。
南泊		宿泊	宿泊	
赤間が関	阿弥陀寺、引接寺	宿泊	宿泊	大体は阿弥陀寺と引接寺に分かれて宿泊。
室隅		宿泊	通過	
上関／塩関		宿泊	通過	
津和		宿泊	暫く滞在	
加老婆／海老浦		宿泊	経由せず	

蒲刈／鎌刈		宿泊	宿泊	
忠海	誓念寺	宿泊	通過	三使の処所は僧舎。
鞆の浦	福禅寺	宿泊	宿泊	福禅寺は使館。
日比		宿泊	通過	民家に宿泊。
牛窓	本蓮寺	宿泊	宿泊	
室津		宿泊	宿泊	使官は古い建物を修理し、屋根を葺き替える。上官は別途の処所に、学士と良医と相判は同じ館所に宿泊。
兵庫		宿泊	宿泊	往路で船中泊。
大坂港の川口	なし	使行船を停泊させ、下船。	使行船に乗船して出発。	使行船を停泊させて、金縷船に乗る場所。中津川と尻無川。
大坂	本願寺	宿泊	宿泊	
淀川	金縷船	宿泊	宿泊	淀川で乗る日本の板船。
枚方		休憩	通過	館所なし。関白茶屋を使用。
淀		宿泊	休憩	館所なし。民家に宿泊。
京都	本国寺、大徳寺、大福寺、本能寺	宿泊	宿泊	
大津	本長寺	昼食	通過	館所の茶屋に到着。
守山	東林院、竹林簫寺	宿泊	宿泊	
近江八幡	本願寺八幡別院、正栄寺、蓮照寺、専修寺	昼食	通過	本願寺八幡別院は上官、正栄寺は中官、蓮照寺は下官が宿泊。八幡から20里の場所に茶屋あり。
彦根	宗安寺、江国寺	宿泊	宿泊	
今須		昼食	通過	摺張峠、望湖楼峠を降りた後、醒ヶ井茶屋で休憩。
大垣	宗華寺、花林院、全昌寺、花林寺	宿泊	宿泊	

洲股／墨俣／于起	全昌寺	昼食	昼食	第二次世界大戦時の空襲で焼失。
名古屋	性高院	宿泊	宿泊	
鳴海		昼食	通過	
岡崎		宿泊	宿泊	館所は狭くて、処所は全て民家。
赤坂		昼食	通過	
吉田	悟真寺	宿泊	宿泊	
新居／荒井		昼食	通過	
浜松		宿泊	宿泊	
見付		昼食	昼食	
懸川／掛川		宿泊	宿泊	士官と書記の処所が相当に離れていた。
金谷		昼食	通過	
藤枝		宿泊	宿泊	大井川を渡った。
駿河の駿河府	宝泰寺	昼食	通過	舞阪峠茶屋。関白の故郷。
江尻		宿泊	宿泊	
吉原		宿泊	宿泊	清見寺は往路も復路も訪問。薩陲峠越え。
三島		宿泊	宿泊	
箱根	早雲寺	昼食	通過	
小田原		宿泊	宿泊	
大磯		昼食	通過	
藤沢		宿泊	宿泊	
神奈川	神奈川	昼食	通過	
品川	東海寺	宿泊	宿泊	館所で士官は玄性院、学士の処所は妙解院。
江戸	本誓寺、東本願寺	宿泊	宿泊	東本願寺で士官は実上寺。

第二節　筆談

朝鮮通信使の行く先では、朝鮮通信使と地元の文人との間で、筆談が交わされた。朝鮮通信使は日本語を知らず、日本の地元の文人は朝鮮語を知らない中で、漢字が東アジアの国際文字として、効力を発揮していた。

筆談の内容には、(1) 科挙 (2) 朝鮮諺文 (3) 冠婚葬祭 (4) 医事問答（人参・本草学）(5) 花鳥 (6) 筆墨紙の製法 (7) 富士山と金剛山 (8) 衣冠 (9) 観相 (10) 釈奠 (11) 退渓朱子 (12) 中国事情 (13) 女人染歯 (14) 生活習慣 (15) 徐福の東渡 (16) 煙草と煙管などがある。

(1) 科挙

朝鮮の科挙には、文科・武科・雑科の4種類があった。子・卯・午・酉の3年毎に行う定期的な式年試の他に、国王即位や国家慶事の際に臨時に行う増広試とがあった。科挙制度は、高麗光宗が958年に設置し、1894年まで続いた。

1719年使行の製述官・申維翰は、『海游録』の中で、日本には科挙制度がないから、世襲で人材を登用することになり、奇材俊物が世に出て自鳴することがない、民間の人は恨みを抱きながら世を去ると述べている。

『江関筆談』によれば、1711年使行の製述官・李礥は、新井白石との会談の席上で、雨森芳洲をそばに置き、「この人が、もし我が朝鮮に生まれていたらこれほど冷遇されるはずがない。貴国は人材を尊重していない。これは政治上の一大欠点だ」と述べたという。

(2) 朝鮮諺文

諺文、現在で言うハングルは、朝鮮王朝第4代世宗大王が、当時の優れた学者を集賢殿に集め、学問を奨励し、彼らと共同研究の結果、生み出した文字である。この文字は、発音器官を象って作られた、独創的かつ科学的な文字であるとされている。1443年に完成し、3年間の実験期間を経て、1446年に訓民正音という名称で頒布されたとされる。

申維翰『海游録』によれば、「群倭また我が国の諺文字形を見んことを請う、略書して以て示す。また、何代より創まりしを問う。余、答へて曰はく、是はこれ我が世宗大王。聖文精化、博く百芸に通じ、作るに十五行の新模をなし、以て万物の音に該う。今を距る三百年前なり」というやり取りがあった。群倭は、「諺文の字形は星辰草木の如し」と述べたという。

1711年使行では、10月1日に京都本国寺での筆談の席上で、松崎祐之は製述官・李礥に「貴国用ゆるところの諺文、知らず何時より起こるを」と尋ねた。李礥は、「我が国の諺文、世宗大王が申叔舟・鄭麟趾ら諸名臣と共に、清濁高低の音を分けて初めて一家の言をなす。真に聖人世に因りて宜を制するの一旦なり、今馬州の人を見るにまた能く通ずる者あり、奇なるかな奇なるかな」と感嘆している。松崎祐之は、更に「貴邦の文字、かの字体篆字体の如し、華の古文を離合して造るところなるか」と尋ねた。李東郭は答えた。「諺文の字体、特に我が聖祖一時の制作に出ず、篆籀の旧を模倣せしに非ず」と。日本側の質問に答える準備をしていたと考えられる。1719年使行時の記録である『和韓唱和』には、池田南溟に依頼され、正使書記・張応斗が筆写した諺文が収録されている。

1655年、従事官南翼龍は、『扶桑録』所収「聞見雑録」で、「無男女貴賤、皆習其国字、所謂国字只五十字而離合転環無言不記、猶我国之諺文也、稍解文者雑以漢字以通書辞」と述べ、日本の仮名で記録できない文字はない、としている。諺文と仮名を同じようなものと捉えている。

(3) 冠婚葬祭

松崎祐之は、「朝鮮の三年喪の風習は、奴僕でも守らなければならないのか」「儒教を信

じる者、仏教を信じる者、各自の信ずるところで服喪期間を自由に決められないのか」「朝鮮では、儒教を尚ぶのか、仏教を信じるのか、混じっているのか、どれなのか」と尋ねているが、「事情があって返答がなかった」と伝えられている。朝鮮通信使は、国事に関わる質問への回答を避けたのである。

1764年使行において、仙楼は製述官・南玉に対し「朝鮮に水葬や鳥葬があるか」と尋ねている。これに対し南玉は、「水葬や鳥葬が中華にあるはずがなく、朝鮮は小中華だからあるはずがなく、土葬と火葬があるのみだ」と答えている。

仙楼は更に南玉に対し、「日本では死者の冥福を祈るために禅宗の僧侶に頼んで読経をしてもらっているが、朝鮮ではどうするのか」と尋ねている。すると南玉は、「死者のことを仏教僧に任せるのは、幽冥を恐れ聖人の意思に逆らっている。儒者に仏教のことは分からないし、二度と聞くな」と答えている。「二度と聞くな」とは喧嘩腰だが、「儒者としては、死者のことを仏教僧に任せるのは、儒教の教えに逆らうものと認識している」と断言しているのである。1764年使行の南玉は、元重挙と同様、「日本人に程朱学を教

えてやる」という姿勢があったと考えられる。

(4) 医事問答

朝鮮通信使には、良医1人、医員2名が随行し、日本の医師や本草学者と問答を交わした。初期における医員の活躍については、記録が残っていない。記録が残るのは、1636年使行以降である。

1636年使行時、将軍家光は、朝鮮通信使の従事官・黄戻が病気であると聞き、幕府の医官・岡本玄冶（1587～1645）に命じてこれを診察させたところ、治療できた。

通信使は喜び、「昔越人今見玄冶」と言って岡本玄冶を称賛した。

1655年使行では、貝原益軒が朝鮮医官に日本産の「竹節人参」について質問すると、これを「百済人参」と見做すとの回答があった。

1682年使行では、水戸光圀の家臣である今井小四郎・中村新八郎・森指月を客館に遣わし、学士・成琬と医官・鄭斗俊に、日本にはない禽獣・草木・国字について質問させた。

1711年使行時、製述官・李礥が本草学者・稲生若水の『庶物類纂』序を書いた。良医・奇斗文は、博多の儒医・竹田貞直と薬剤の使用法に関して問答を行った。『両東唱和後録』によれば、大坂の鍼医・村上渓南は、対馬の医師・梯靖庵に伴われて客館に良医を訪ね、鍼灸に関する問答をした。医事問答には、人参に関する問答が多く、『桑韓医談』によれば、大垣の儒医・北尾春圃は人参について沙参と曼参の真偽鑑定を質している。

1719年使行時、11月1日、通信使の客館に充てられた京都・本能寺に、儒医・加藤謙斎が、医員・白興銓と書記・張応斗を訪ねて問答した。これを後年、謙斎の子・篤斎が補正し、『和漢人薓考』

を刊行した。この中では、稲生若水の人参論を紹介し、更に謙斎の朝鮮医官との筆談を掲載している。『桑韓塤篨集』では、朝鮮通信使と日本各地の文士たちとの贈答詩文及び筆録を収集している。同書巻三では、春圃の第二子である北尾春倫が良医・権道及び医員・金光泗と医事問答をした記録を、巻四に春倫と金光泗との問答、巻八に周防岩邑の医士である飯田玄機との問答、巻九に京都の医士である飯田隆慶及び長門・萩藩の医士である林義方と朝鮮医官との問答を記録している。

1748 年使行時、良医・趙崇寿が前田道伯と問答している。前田道伯が、「人参は長白産が最上と言うが、本当なのか」と尋ねると、趙崇寿は「長白産に限らず、北路の産が最上である」と答えている。直海龍との問答では、本草に関する問答が中心であるが、陶弘景『名医別録』で紹介されている人参について質問し、その他各種の本草の異同について尋ねている。『桑韓鏘鏗録医談』では、大坂の医士・吉田安宅と良医・趙崇寿との医事問答を記録している。大坂の医士・樋口淳叟は、幕府から命じられ、無尻川の船中で朝鮮通信使を治療し、これを完治させて通信使から感謝されたと『韓客治験』の中で述べている。「最初、朝鮮通信使は、日本の医薬を疑ったが、この治療は『東医宝鑑』を基準に行っているから疑う必要はない」と安心させたことを紹介している。橘元勲と良医・趙崇寿との対談筆録『橘先生仙槎筆談』で人参について質問し、「朝鮮の常用の医書は何か」と尋ねている。

1764 年使行時、良医・李佐国は、尾張藩の医士・山口忠居と名古屋の性高院の客館で会合し、人参の真偽判定法や参葉の主治について質問し、『和韓医話』に記録を残している。江戸の客館では、李佐国は坂上善之との筆談について『倭韓医談』で論評した。更に李佐国は、幕府の医官・山田正珍との問答の席上で、人参製法について尋ね、参製一法の別記を授けた。正使の伴人・李民寿は医理に通じており、山田正珍から万年青葉を示され朝鮮名を問われると、「軍官である私がどうして知ることができようか」と反問したという。『雞壇ー嚶鳴』では、大坂の客館・本願寺で、儒医・北山彰が医官・南斗旻を訪ねて解剖について質問したことを記している。李佐国は、奥田元維との筆談で、温湯療法についてもやり取りした。

1764年使行では、朝鮮通信使・小童金漢重が、陰去火動の症により、朝鮮医員・尚庵と、対馬生まれの医員・平山文徴が医術を尽くした甲斐もなく、故国に二人の子供を残したまま死亡した。埋葬された大坂・竹林寺の住職が、「日の本に消えにし露の玉ぞとは、知らで新羅の人や待つらむ」という和歌を詠み、現在でも無縁仏の中に墓碑が立っている。1982年1月24日、在日朝鮮人青年が呼び掛け、盛大な慰霊祭が開催された。

(5) 花鳥

『両好余話』によれば、李礥は「朝鮮でも日本と同様に桜を愛玩するのか」と尋ねらて、「朝鮮では、桜桃が多く、花はあまり貴しとせず、ただその実を食べるだけ」と答えている。松田甲「大和桜を移植せる洪耳渓」(『日鮮史話』第3編)によれば、洪良浩(1724～1802)が、1764年使行に頼んで日本の桜苗木数百本を持って来させ、ソウル近郊の牛耳洞で栽培したという。しかし、1764年使行の使行録には、これと関連する記事は見当たらないようである。

(6) 筆墨紙の製法

省略。正倉院の御物として伝わる墨の中に、「新羅楊家上墨」の陽刻名が入っている墨があるところから見て、朝鮮では古代から製墨が盛んであったと考えられる。

(7) 富士山と金剛山

朝鮮通信使は、江戸に向かう途中、あるいは帰国する途中に、富士山を目の当たりにし、いつも話題になるのが富士山と金剛山の比較であった。1711年使行で、岡島明敬は、「かつて聞く、貴国にもまた一座の大山あり、その名未だ知らず、教えられよ」と尋ねると、正使の書記である洪鏡湖は、「我が国名山甚だ多し、しかしその最も奇にして大なる者は金剛山なり、富岳もまた神特にして奇秀清淑なるも金剛山には及ばざるなり」「神異のこと多き故に、中国の人、願わくば東国に生まれて金剛を一見せんの語あり、宇宙の名山、恐らくこの山と画を争うもの無きのみ」と啖呵を切った。

第三節　日本に行った朝鮮の知識人たち

この節の表題は、韓国の研究者、金ギョンスク氏が2012年に著した書籍である。経由地一覧は、この書籍に掲載されたものである。筆者がたまたまインターネットで見付け、全文を翻訳し、金ギョンスク氏から出版許可を得た。

金ギョンスク氏は、朝鮮通信使の朝鮮側の目的は、一つには日本人が再び朝鮮に侵入しないようにするために観察・懐柔したものであるとする。もう一つには、壬申倭乱時に日本に囚われの身となり、日本で奴隷同然の生活を送っていた朝鮮人を国の責任で奪還しようとしたものであるとする。一方、朝鮮通信使の日本側の目的は、日本民衆にあたかも朝鮮が朝貢して来たかのように思わせ、徳川幕府の地位を固めることにあったとする。日本は、1764年になっても、朝鮮が壬申倭乱の復讐をたくらんでいるのではないかと不安に思っていたとも述べる。そうして、朝鮮通信使の目的は達成されず、日本人が文化的に教化されないままに1910年の日韓併合を招いたと考える。

この書籍は、前半に当たる1, 2, 3章で「朝鮮通信使の日常生活」について記述し、後半に当たる4,5章で「朝鮮通信使の文化交流」について記述している。1章では、日本における朝鮮通信使の居場所について記述し、2章では日本滞在時の朝鮮通信使の誕生日と名節の祝い方について記述した。3章では日本滞在時の朝鮮通信使の作詩について言及。4章では、「朝鮮通信使が眺めた日本女性」について言及し、5章では朝鮮後期に当たるこの時期の韓日両国の書籍交流について記述した。

朝鮮通信使の使行船は、使臣が乗る騎船が4隻、荷物を積む卜船が4隻という構成になっていた。正使・副使・従事官には各々騎船1隻と卜船1隻とが配当された。正使が乗る一騎船の1房には、最も重要な国書を乗せた。1房当たり1人で寝ることとされていたが、実際には数多くの使奴子たちが主人と共に寝た。元重挙は、『乗槎録』469面で、一行が大坂を去り、河口で朝鮮の船に乗り換える時の様を描写している。1764年5月6日のことである。

この時代は、天気予報のない時代であった。1764年使行は、釜山を出発した1763年10月6日に漂流を始め、暴風雨に巻き込まれた。対馬の佐須奈に到着するまでの12時間、一行は酷い船酔いに苦しんだという。川や湖で風流を楽しむ船か、渡し船にしか乗り慣れていなかった。元重挙は、『乗槎録』69面で、本房に座って吐き気に堪えた様を記述している。

1748 年の使行船では、対馬到着時に火災が発生した。2 月 21 日のこと、佐須奈に停泊できず、対馬北端の鰐浦に停泊し、順風が吹いたらいつでも出航するつもりの矢先であった。「海を一つ渡っただけでこのような残酷な目に遭わせてしまい、どのような気持ちでいればいいのか」と従事官・曺命采は『奉使日本時聞見録』30 〜 31 面で心情を吐露している。日本人たちが、火災の発生を知らせていたのだが、一行には日本人の口から飛び出す音が鳥の囀りのように聞こえていたという。

1763 年 11 月 13 日、壱岐の勝本を出航した矢先に、また風浪に見舞われ、波にもみくちゃにされる船の中では、尿瓶や痰壺が飛び交ったという。元重挙は、『乗槎録』125 面でその時の様を描写している。12 月 3 日には、元重挙は、藍の島に向かう船の甲板から波を 4 種類に分類して見せている。

1763 年 10 月 6 日、南玉は『日観記』227 面において、「自分と成大中は、対馬に上陸して休まず、使行船の中で寝た。倭人に提供される料理は、朝鮮料理のように充分に料理されておらず、口に合わない」と述べている。初めて出会った日本の文化に、すぐには馴染むことができなかった。

1764 年 4 月 7 日、大坂で崔天宗殺害事件が起き、犯人の鈴木伝蔵の死刑が執行されるのを見届けるまで、一行は足止めされることになった。5 月 6 日、尻無川に停泊した朝鮮の船に乗ることができ、各々を「李よ」「金よ」と呼び合った。共に困難を乗り切った仲なのである。寝床が安らかに感じられたと元重挙『乗槎録』469 面には書いてある。

朝鮮通信使は、定期便ではなかった。400名以上の使行員のための宿泊施設である館所を常設するわけには行かず、多くは寺、寺で間に合わない場合には民家を館所とした。移動の途中には、茶屋もよく利用した。日本では中国から茶が輸入され、貴族と武士を中心に茶を飲む習慣が広まり、山・峠・川辺・海辺などの交通の要衝に休憩所を設置して茶や和菓子を提供した。

日本では、懸輿は天皇や関白しか使用が許されなかったが、通信使の三使には使用が許された。朝鮮通信使は、破格の待遇であったのである。

元重挙は、『乗槎録』258面で次のように書いている。

「私と退石は年を取り、病気がちだった。肩輿各々に肩橋に乗るようにした。竹で椅子を編んで、腰を曲げるように座らなければならなかった。馬に乗って行くような便利さはなかった。懸橋に座っていたけれども、我が国の人が一人もおらず、言葉が通じず、彼らが処理することに従うしかなかった。憂鬱で夜も眠れなかった。」

元重挙は、日本語を知らなかった。高度な意見交換は、漢文による筆談で行うことができたが、身体感覚などは口語で伝えなければならず、意思疎通に不自由したのである。

1764年使行では、日本女性についての記述が多い。ただ、直接接するのではなく、遠くから眺めていただけであった。元重挙は、日本女性が赤子に乳を飲ませている姿に注目した。大坂・京都・名古屋・江戸各都市の日本女性を観察し、比較した。そうして、名古屋の女性が最も女色が豊富であると述べた。元重挙によれば、「朝鮮女性は姿を治めるが、日本女性は容貌を作り変える。」朝鮮では、化粧を使って容貌を作り変えるのは妓生がすることであったから、日本女性がすることに警戒感があったと見られる。日本では男女の区別に無頓着で、女性が太ももを顕わにし、暑ければ抵抗なしに服を脱ぎ捨てた。頻繁に入浴する習慣も朝鮮にはなく、日本の高温多湿な風土で過ごしてみて初めて入浴に違和感がなくなった。元重挙は、日本は朝鮮と風俗が違うと強調し、理解はしても認めることはできなかった。

朝鮮後期は、韓日両国の書籍交流が進んだ時期であった。しかし、申維翰が「敵を偵察していることを敵に告げるようなもの」と述べたように、書籍交流は朝鮮側の機密を日本側に知らせる危険性があった。朝鮮側は、日本への書籍の輸出を禁止したが、密貿易が盛んであったため禁止措置に実効性はなく、多くの朝鮮書籍が日本に流入した。壬申倭乱の記録である『懲毖録』や、人参の栽培方法を含んだ『東医宝鑑』、朝鮮の法律を記した『経国大全』などがこれに当たる。日本から朝鮮に輸出された書籍も多く、歴史・文芸・軍事など、多方面に渡る。

朝鮮が日本の文化に関心を持ち始めたのは、1748 年使行以後だという。それ以前は、日本は野蛮国であり、日本の文化に取り立てるものなどないと考えられていた。しかし、朝鮮が日本の文化に関心を持ち始めたまさにその時期に、日本が朝鮮通信使に対して態度が傲慢になったという。この書籍は、問題提起で終えており、どこがどのように傲慢になったのかは読者に考察を投げ掛けている。

第四節　朝鮮通信使を迎えた日本人

(1) 無涯亮倪（生没年未詳）

1419年、朝鮮で言う己亥東征、日本で言う応永の外冦が発生する。何が起きたのか、九州探題は把握せず、ましてや京都では事態を巡って様々な憶測が飛び交うだけであった。この時室町幕府第4代将軍である足利義持は、父・義満を引き継いで朝鮮側の意図を探ろうとした。大蔵経を求請しようという意図もあった。朝鮮側は、足利将軍に日本の王権を認めて「日本国王」と見做し、その使節を「国王使」と呼称した。

この時国王使に選ばれたのが、博多・妙楽寺12世の無涯亮倪であった。臨済宗大徳寺派であった。当時の博多の寺院は、対外貿易に乗り出すことが多かった。

無涯亮倪らは、1419年11月初旬に釜山に到着した。11月20日に慶尚道観察使の報告がソウルに届き、迎えの使者の大護軍・李縄直が慶尚道に派遣された。太宗が世宗に位を譲り、太宗は上王として一定の権力を行使していた。上王は、「今回の日本国王使は、新王の即位を祝って送られて来たものに違いない」と述べた。12月14日、漢江で金時遇に迎えられ、17日には「日本国源義持」と記された国書を差し出した。公家たちが、明からの冊封を意味する「日本国王」を嫌っていることに配慮したものである。世宗は、無涯亮倪を西班従三品に列し、稀有の大蔵経の一部を賜り、朝鮮による対馬征伐の意図を説明した。そうして任寧府少尹・宋希璟を回礼使として日本に派遣した。宋希璟は京都に向かう途中、博多に16日間滞在し、妙楽寺・念仏寺・聖福寺を巡って主僧たちと詩文を交わした。

(2) 宗金（生没年未詳）

博多を拠点とした半僧・半商。瀬戸内海沿岸の海賊に顔が利き、自らも武装していた。宋希璟と無涯亮倪の一行を護送した。1429年には朴瑞生一行に随行して京都とソウルを往復する。日本の史料では山科教言『教言卿記』に円福寺僧宗金と記されるのみだが、『朝鮮王朝実録』にはしばしば登場する。宋希璟『老松堂日本行録』にも、宗金の活躍ぶりが記されており、宗金のお蔭で海賊に包囲された時に難を逃れたこと、東の海賊を雇えたから西の海賊を威圧できたことなどに言及されている。

(3) 宗義智（1561 ～ 1625）

12歳で対馬島主を襲封したものの、豊臣秀吉が薩摩から凱旋する帰途に、筑前・筥崎に出迎えよとの命令を受けた。秀吉から、服属を要求されたのである。更に1589年には、朝鮮国王に京都に来させ、天皇に拝謁させる手引きをするよう求められた。1590年に黄允吉を正使とし、金誠一を副使とする朝鮮通信使が来たが、秀吉は国内大名の服属と同じ扱いをし、外国使節に対する礼を弁えようとせず、すぐには会おうとしなかった。贈収賄で会見を早めようという声もあったが、朝鮮通信使は「贈り物は礼を行うためのものであって賄を行うためのものではない」と拒否した。義智が後陽成天皇の行粧を参観するよう奨めたが、「まだ本来の使命を果たしていない」と拒否した。金誠一副使が中心となり、原則論を貫こうとしたのである。秀吉は朝鮮を朝貢国と見做しており、秀吉による侵略可能性の有無についての通信使の意見も二つに割れた。1591年9月、義智は釜山の辺将に書を送り、戦火を避ける最後の手段として仮途入明つまり明に出兵するのに道を貸せと要求した。義智は小西行長の軍勢と共に渡海した後、行長の娘を娶った。だが関ケ原の戦いで西軍に属した義智は、戦後徳川家に対し謀反を起こす意思がないことを示すために行長の娘と離縁した。義智が48歳で死去すると、朝鮮国王は図書を贈り、菩提寺から毎年1隻の貿易船の派遣を許可するなど、弔意を表した。

(4) 加藤清正（1562～1611）

松雲大師と出会った。

加藤清正は、壬申倭乱で一時は豆満江対岸のオランカイ（現在は中国領）にまで進出したが、その後は敗退を重ね、1594年4月には釜山近くの西生浦に本城を構えた。同時期、小西行長は明の遊撃将軍・沈惟敬との間で講和条件の探り合いを行っていた。明の皇女を天皇の妃とすること、朝鮮の北四道の返還並びに京畿道南半分・忠清道・慶尚道・全羅道の割譲すること、朝鮮王子と大臣を人質に出すこと、を条件にした。しかし、この交渉は明との間で行われ、朝鮮の頭越しであったため、朝鮮としては豊臣秀吉の真意を探る必要があった。加藤清正は小西行長と対立することが多かったため、民間の僧侶であり朝鮮側の正式な講和使節とは見做されにくい松雲大師を選んで加藤清正の陣に送り込んだ。朝鮮は被害国であり、講和使節を先に送る理由はないと考えたためである。加藤清正は、秀吉の講和構想の全貌を明かし、自分が秀吉に反旗を翻すことはないこと、松雲大師だけは信用できること、四道ではなく二道の割譲で手を打ってもいいことなどを伝えた。朝鮮は、加藤清正が領土割譲要求を支持していることを初めて知った。小西行長は、加藤清正が松雲大師と接触していることを快しとせず、加藤清正を讒訴し、これを帰国させることに成功した。

(5) 徳川家康（1542 ～ 1616）

朝鮮は、徳川家康から先に国書を送ることを講和の条件にした。しかし徳川家康としては、自分が起こしたわけでもない壬申倭乱について謝罪することには消極的であった。とは言え、徳川政権が豊臣政権の後継政権であることも間違いなかったため、徳川家康が朝鮮に対し誠意を示すことは必要であると考えられたのである。対馬がその間を取り持って国書偽造事件を起こした。いかにも徳川家康が先に国書を送ったかのように見せかけると同時に、徳川家康の称号を日本国王とし、また明の年号を使用して朝鮮が国書を受け取り易くした。

(6) 規伯玄方（1587 ～ 1661）

松雲大師と共に京都に行った景轍玄蘇の後継者である。京都の寺院で研鑽を重ね、対馬に戻った時には、五山持職相当の僧侶として認められ、対朝鮮外交を担うこととなった。規伯玄方の最初の仕事は、朝鮮の北方情勢について探索することであった。当時、中国東北部で、女真が後金を建国し台頭していたのである。幕府が規伯玄方をソウルに行かせるよう対馬に命じ、壬申倭乱後初の日本人の上京となった。ただ、これは壬申倭乱後には最初で最後である。室町時代に存在した日本人の上京経路が、壬申倭乱で悪用されたため、近代に至るまで朝鮮は日本人の上京を許可しなかった。

1635 年、柳川一件のため、規伯玄方は南部藩に流刑になる。しかし、宗義成による赦免運動が功を奏し、1658 年に許されて江戸に帰り、京都南禅寺語心院の住職となった。

(7) 柳川調興（1602～1684）

対馬家老を11歳で継いだ。徳川家光からは気に入られたようでその小姓役を仰せつかった。長じてからは江戸詰めが多く、幕府との交渉や願い事の窓口になった。朝鮮側とは、宗氏の特送船とは別に、柳川送使という特別の貿易枠を持った。朝鮮国王から官職も受けていた。幕府も事情は知っていたらしく、松雲大師が徳川家康と京都・伏見で会った後の宗氏加増の恩賞も、柳川氏に1000石を分けるよう特に指示した。

柳川調興は、次第に幕府の権威をかさに着るようになる。以前宗氏が幕府の許可なく渡海船を出したことや、規伯玄方の帰国報告に疑義があることを幕府に告げ、1631年に領地返還を申し出て宗義成追放に踏み切った。そうして、柳川氏の功績を誇り、宗氏の無能を讒言する中で、国書を偽造していることを暴露してしまった。朝鮮との連絡を禁止された後、関係者は江戸に縛送され、江戸城本丸御殿で徳川家光臨席の下取り調べが行われた。

その結果、宗氏に過失はないものとされ、領地は今まで通りとし、年内の朝鮮通信使の実行を求めることとした。国書改竄実行者は死罪、柳川調興は家財を没収とし、津軽に流罪。そうして先述したように、規伯玄方は南部藩に流罪とされた。上に甘く下に厳しい判決であった。上から命令されて改竄を実行しただけの者に死が降りかかった。柳川調興は津軽藩で厚遇されたが、対馬では祖先の墓が暴かれて棺は海中に遺棄。親族全体が改姓を余儀なくされた。

(8) 徳川家光（1604～1651）

1624年、将軍徳川家光の襲職を祝って朝鮮通信使が来日した。朝鮮では、クーデター（仁祖反正）により仁祖が即位したばかりであった。朝鮮としては、北方の防備のために対馬から鳥銃や刀などの武器を購入することを望んでおり、前例のない襲職祝賀の通信使派遣が実現した。江戸城での国書伝達式の後の献杯の儀式で、徳川家光が親しく箸を取り茶菓を奨めたという。徳川家光は、一行に日光に行くよう求めた。その時は降雪のために東照宮中門に進んだだけで引き返したが、1643 年と 1655 年には、家康廟所前で儒教式致祭が実現した。

(9) 林羅山（1583 ～ 1657）

23 歳の時、京都で松雲大師と対面し、「頗る書を看る目あり」と博学ぶりを称賛された。1607 年使行の時は、藤原惺窩の推挙で徳川家康に出仕しており、使行の帰路駿府で徳川家康に会見した時も一行を訪ねて筆語した。江戸では、館所である本願寺に副使・姜弘重を訪ねて中国史書の疑問点を尋ねた。この時期対朝鮮外交では金地院崇伝の影響力が強かったが、林羅山も歴代将軍の傍らにおり、中国海商や東南アジア各地のヨーロッパ人総督などへの外交文書の起草に当たっていた。権力者の立場に立ち、伝統的な日本的中華意識を身に付けており、朝鮮通信使を朝貢使節と見做していた。以後、林羅山の子孫が大学頭を世襲して行く。

柳川一件により、日本国老中と朝鮮国礼曹が交わす書契は江戸で起草されることとなり、書契の原文を書く権限は林家が掌握することとなった。1636 年使行以降、林羅山が対朝鮮外交で最も強い影響力を行使するようになったのである。林羅山は、「日本国王」という呼称を「日本国大君」という呼称に改め、日本が明の冊封を受けていないことを理由に、明の年号や干支ではなく日本の年号を使用することとした。1643 年使行では、読祝官の朴安期と親交を結び、子の林春斎を伴って詩文を応酬した。

(10) 徳川綱吉（1646 ～ 1709）

徳川幕府初の兄弟相続。上野・舘林藩主から江戸城に迎えられた。徳川綱吉がまだ参拝していないとして、既に決まっていた朝鮮通信使の日光参詣を中止させたことから、朝鮮通信使からは武力で将軍職を奪い取ったのではないかと疑われた。生類憐みの令を発したことから、一般には暗愚の人と受け止められているが、実は学問が好きで、朱子学を幕府の正学として湯島の聖堂を開設した。朱子学を推奨したわけだから、朝鮮通信使とは価値観が通じるはずであった。しかし、1682 年使行の国書伝達（伝命）では、徳川綱吉の簾が半分ほどしか開けられず、お互いの顔が見えない状態で行われたため、朝鮮通信使が抗議したが、容れられなかった。このことは、朝鮮側では記録しておらず、日本側の記録のみに残っている。帰国後の処罰を恐れ、朝鮮側が意図的に記録しなかった可能性がある。

(11) 徳川光圀（1628 ～ 1700）

1682 年使行の伝命式後の信使饗宴で、水戸藩主として臨席している。朝鮮通信使から朝鮮の学問を学びたかったが、藩主が外国使節と接触するのは不適切であるとして、藩士の今井小四郎、中村新八郎を一行の館所に派遣して、朝鮮の風物・儒学・禽獣草木について質問させた。もし日本が朝鮮に通信使を派遣したなら、自分が正使に適任であろうと語ったとも言われている。贈り物の別幅に、正使の姓名がないとして藩士を派遣してその不備を質したりした。副使・李彦綱に自筆の絶句を贈った。

(12) 木下順庵 (1621 ～ 1698)

藤原惺窩の門弟である松永尺五の弟子である。門下に新井白石、雨森芳洲、室鳩巣らがいる。1682 年使行で朝鮮通信使に会見したが、一行は江戸に着く前から木下順庵の名前を知っていた。一行が京都で柳川震沢と会見した時、副使の随員・洪世泰は、柳川震沢の文才に驚き、誰が師であるのかを尋ねたところ、木下順庵の名前が出たのである。それ以来、洪世泰は、江戸で木下順庵と交流できることを心待ちにしていた。また、木下順庵が正使・尹趾完に七言律詩を贈ったところ、後日会見し、「あなたとは初対面であるのに、まるで旧知であるかのように歓談できる」と喜んだという。

(13) 貝原益軒 (1630 ～ 1714)

福岡藩の下級武士の 5 男として生まれた。父・貝原寛斎は藩の書記の仕事をしていたが、6 歳の時母を亡くした。8 歳年上の兄・貝原存斎から読み書きを教わり、14 歳の時に儒教の経典である四書(大学・中庸・論語・孟子)や数学書である『塵劫記』を読みこなしたと伝えられる。貝原存斎は京都に出て医学を志したが、儒教に転身して福岡に戻った。

貝原益軒は病弱で、風邪を引き易く、下痢をし易く、目をしょぼつかせ、痔があり、痰が出て、歯も弱かったという。自身の病弱を克服するため、医学を志した。1648 年、18 歳で藩主・黒田忠之の近侍となるが、些細なことから黒田忠之の怒りに触れ、蟄居を命じられ免職になった。浪人になった貝原益軒は、医学の修業を名目に自費で長崎に行き、外来の学問に触れた。朱子が編纂した『近思録』を入手している。1655 年、25 歳の時に、江戸の黒田藩邸にいた父親の世話をするために長崎を発ち、江戸に到着する直前の川崎の宿で頭を剃り、名を柔斎と改めて医者になる決心をした。

1656年、貝原益軒は福岡に帰った。黒田忠之の後を継ぎ、黒田光之が藩主になっていた。黒田光之は文治主義を推進していて、貝原益軒の再度の仕官を認めた。1657年には藩から京都遊学を命じられ、儒者である山崎闇斎・木下順庵の門を叩くと同時に、『農業全書』の著者である宮崎安貞や『庶物類纂』の著者である稲生若水とも交友している。貝原益軒は、宮崎安貞や稲生若水の影響で本草学に関心を持ったと考えられる。1663年には、日本で初めて『近思録』の講義をした。

黒田光之は貝原益軒を優遇して加禄し、藩士やその子弟のための講義・藩の文書の作成・藩の諮問に応じて意見を具申する以外は、その任務を自由にさせた。学問を深めるべきというのが、藩の意向であった。35歳の時には、『易学提要』『読書循序』を著し、朱子学への傾斜を鮮明にした。貝原益軒が、朱子学に疑問を抱くのは、50歳を過ぎてからである。

私生活は、旺盛であった。1667年の日記には、淋病を病んでいることが記されている。島原の遊女・小紫と情を重ねていた。1668年、38歳時に17歳の初と結婚した。21歳年下であった。ただ、子宝には恵まれなかった。

隠居はなかなか許可されず、許可されたのは70歳を超えてからであった。しかしその後執筆活動に専念し、73歳で『五倫訓』『君子訓』を、74歳で『菜譜』を著した。貝原益軒は、65歳で『花譜』を著し、草木の形態から薬用までを述べており、『菜譜』はその食用編であると言える。79歳で『大和本草』を著し、日本最初の本草学事典であると称賛された。80歳では『楽訓』を著して人生を楽しむ術を説き、また子弟教育論の『和俗童子訓』を著した。83歳で家庭医学書の『養生訓』を著した。

1714年8月27日、没。84歳。前年に死去した妻を追うような姿であり、自らの死を受容して棺を注文した上で死去したという。

(14) 新井白石（1657～1725）

本来は朱子学者だが、歴史学・言語学・海外・有職故実などに知識が豊富であると同時に、漢詩人としても才能を発揮し、朝鮮通信使だけではなく中国にも名前が知られていた。

歴史学では、従来の歴史家が『古事記』『日本書紀』の記述を鵜呑みにしていたことを批判した。日本古代史を「神は人なり」という視点から解釈しようとし、中国の史書や朝鮮半島の『三国史記』『三国遺事』と比較して古代日本の史実に迫ろうとした。歴史学の史料批判という方法を使っている。

雨森芳洲と共に、木下順庵の門下生である。漢詩は、唐の時代の詩を学んだ。朝鮮の詩にも明るかった。1682年の朝鮮通信使は、漸く日本にもこのように優れた詩人が現れたと喜んだという。

1711年朝鮮通信使では、ソウルを出発する直前の朝鮮通信使に、東莱府を通して聘礼改変を要求した。「若君（徳川家宣の子）には礼単を贈らないこと。若君には拝礼しないこと。礼単は執政・執事・近侍・京尹に書契と礼単を贈らないこと」がその内容である。朝鮮朝廷では、急な要請に激しい議論を行ったが、日本到着後の通信使を気遣い、受け入れることにした。

また、国諱論争を引き起こした。朝鮮通信使が、日本の国書の中に中宗に対する犯諱があって受け取れないとしたものを、朝鮮側の国書には徳川家光に対する犯諱があるからお相子だとしたものである。その後、「日本では犯諱は咎められないが、朝鮮では厳しく咎められる」ことを日本側が受け入れ、相互修正に応じた。

任守幹は、『東槎録』で「家宣は白石の言いなりになっている」（所言皆従）と批判している。『江漢筆談』に見られるように、通信使は文人としての白石を高く評価したが、政治家としての白石には困惑するばかりであった[278]。

（15）北尾春圃（1658 ～ 1741）

1711年朝鮮通信使と会った。美濃国養老郡室原の生まれで生涯をこの土地で過ごし、医業に励んでいた。往路の一行に、成人した3人の息子である春竹・春倫・道仙と共に良医の奇斗文に面会することを希望したが、この時は叶わず、復路の12月1日に大垣城下の全昌寺で面会を果たした。北尾春圃は、人参の種類や難病に対する人参の効能を質問し、自分の医療例について意見を求めた。奇斗文は丁寧に返答し、適切な治療法を推奨した。北尾春圃は、翌日一行の次の昼食休憩地である今須まで追い掛けて、一人の患者の診断を請うた。奇斗文はその求めに応じただけでなく、北尾春圃に牛黄清心丹、紫金錠、薄荷煎を贈った。

牛黄清心丹は、ジャコウの代わりに同じ薬能を持つシベットを配合しているのが特徴で、滋養強壮薬として、元来身体の弱い人、病中病後で体力が消耗した時、過労などで肉体疲労を感じた時などに功を奏する。紫金錠は、清熱解毒・消腫散結の常用薬であり、用途が広い。急性伝染病、瘴気、気候風土との違和、食物中毒及び喉の

[278] 鄭英実「朝鮮後期知識人と新井白石像の形成－使行録を中心に－」（『東アジア文化交渉研究』第4号、関西大学）81頁。

腫れ、脳卒中の言語障害、四肢が冷たいなどの症状に適用するばかりでなく、化膿性炎症、蠍蚊に刺された傷、蛇・犬に噛まれた時などに外用しても効き目がある。薄荷煎は、解熱作用や去痰作用がある。

北尾春圃は美濃紙1000葉を贈って好意に感謝した。北尾春圃がこの時の医学問答を纏めていたところ、京都の出版社から申し出があり、北尾春倫の序文を添えて『桑韓医談』として刊行した。

北尾春圃は、1719年使行にも会っている。大垣で良医・権道に自著『精気神論』の書評を求めたところ、「今は読む時間がないので、帰路大坂に着いた時に、書いて送る」と回答した。一行の帰路、北尾春圃は一行を大坂まで追い掛けている。権道は「病気のため読む時間がなかった」と詫びた。代わりに、申維翰が序文を書いて与えた。「北尾春圃は、号を当壮庵と言い、その『精気神論』数巻の書が、内容の出来が良さそうなので、余はこれを序した」「日本では医学は最も崇高なものとされているものであり、文を学ぶ者の大半が医官となる。その服色は僧侶と同じく、ただ一剣を佩す。しかし髪はことごとく削る」「製薬は精妙で、京外の閭港や道筋の間には金牌が林の如く、それには何丸、何湯、何散などの書薬名を書いている。そのうち和中散、通聖散というものが最も多い」などと述べている。

和中散は、江戸時代の家庭用漢方薬であり、枇杷葉・桂枝・辰砂・木香・甘草などを調合した粉薬である。暑気あたり・めまい・風邪などに服用するといい。通聖散は、肥満症で便秘がちな人によく用いられ、発汗・利尿・便通作用があるため、「高血圧や肥満に伴う動悸・肩こり・のぼせ・むくみ・便秘」、「肥満体質」などを改善できる。

北尾春圃は、朝鮮通信使との医学交流で著名になり、仙台藩からも仕官の誘いが来た。しかし北尾春圃は、「私は代々この国に住んでおり、ずっと国恩を受けている。どうして父母の国を去ることができようか」と断っている。大垣藩主はこれを聞いて大変感激し、北尾春圃に褒美を与えた。北尾家は、明治維新の頃まで代々医業を営んだ[279]。

(16) 徳川吉宗（1684 ～ 1751）

1610 年、朝鮮の許浚は、東洋医学の集大成『東医宝鑑』を著した。科挙の雑科の一つである医科に合格し、宮廷の医員になっていた。朝鮮朝廷は、内医院にその出版を命じ、全 25 巻の大著が世に出回ることになった。朝鮮医書は、壬申倭乱時に多く掠奪されて来ており、江戸時代に入ると、幕府や諸藩の重要人物が病気にかかると釜山に設置されていた倭館を通じて医師の派遣を仰いでいた。高価な朝鮮人参や諸薬種が公私の貿易を通じて輸入され、対馬の財政を潤した。

田代和生『江戸時代　朝鮮薬材調査の研究』によれば、徳川吉宗は対馬に対し『東医宝鑑』の献上を命じた。1717 年、江戸・小石川にあった幕府直営の薬園を拡張した。1682 年使行以降、医員の他に良医を派遣するよう幕府が要請し、1719 年使行では、日本の医師たちが浅草本願寺に赴いて朝鮮の医官たちと医事問答を繰り広げた。徳川吉宗は、朝鮮人参の国産化を狙い、紀州から江戸に連れて来た奥医師・林良以の息子である林良喜を事業の責任者に据え

[279] 中村謙介『和漢薬回方意辞典』（緑書房、2004 年）。

た。家督を継いだ林良喜に命じ、『東医宝鑑』を校訂させた。一方、対馬藩に対しては朝鮮薬材の調査を命じた。対馬藩は、徳川吉宗の意向を察知して1721年以降、朝鮮人参の生草や種子を幕府に献上した。釜山の倭館に朝鮮薬材質正官という役職を設置し、薬種の現物の収集、朝鮮名と日本名の対照、効能などを羅列した報告書を作成した。林良喜は早死にし、対馬藩の越常右衛門が報告書を完成させた。幕府は、京都で稲生若水門下の本草学者・丹羽正伯を採薬使に起用した。丹羽正伯は、『東医宝鑑湯液類和名』を完成させると同時に、1732年に徳川吉宗から『庶物類纂』の完成を命じられると、3年後にその期待に応えた。1748年朝鮮通信使では、江戸で朝鮮の医官と医事問答をする機会に恵まれた。理論研究ではなく、朝鮮人参の国産化が目標である。

江戸時代初期に対馬と朝鮮が結んだ己酉約条による貿易では、朝鮮が日本に朝鮮人参・白糸・錦紬・虎豹皮を齎し、対馬が朝鮮に特鋳銀を齎して元禄時代にその全盛期を迎えた。しかし、長崎口を含めて、次第に銀や銅などの海外流出が深刻になる。そのため、幕府は貿易政策を転換し、朝鮮人参・生糸・砂糖の国産化を目指したのであった。それが盛行し、朝鮮人参はお種人参として江戸の市場に流通することになる。

(17) 雨森芳洲（1668 ～ 1755）

対馬藩における雨森芳洲の役職は朝鮮方佐役である。朝鮮政策について藩主の諮問に応える立場であり、外交官ではない。雨森芳洲が初めて朝鮮通信使を見たのは、1682年、柳川震沢に付いて儒学の勉強をしていた頃であると思われる。

対馬は、土地が痩せていて作物がよく育たず、朝鮮との貿易に頼っていた。この時期、対馬は空前の朝鮮貿易ブームに沸いていたが、朝鮮が品位の落ちた日本銀での取引に応じないなど、しばしば混乱が生じた。新井白石が、対等外交を標榜して前例をいくつも覆すなど、対朝鮮関係が多難な時期でもあった。新井白石は、異文化を理解しようとしない立場であったと言われるが、雨森芳洲は理解することの重要性を訴えた。日本人と対決するつもりで乗り込んで来た申維翰が、最後には3人の息子を連れた雨森芳洲に対し「君の家に福あり、ここに万金の産がある」と述べ、男泣きで別れを惜しんだのは、雨森芳洲が並々ならぬ誠意で申維翰と向かい合ったからだと言われている。

(18) 伊藤梅宇 (1683 ～ 1745)

江戸時代前半の日本人は、一行から朱子学の要諦を正してもらったり、解釈の良否を尋ねたり、学問上の新知識を得ようとして館所に問答を持ち込んだのである。当時の日本の儒学のレベルは高いとは言えず、朝鮮の儒学のレベルから見れば通常は「絶海の蛮児」、木下順庵やその門下である新井白石・雨森芳洲であっても、「なかなかの者」の域を超えなかった。一方、伊藤仁斎は、朝鮮朱子学に対する日本古学の最初の挑戦とも言え、18世紀前半の日朝儒教界の分水嶺を形成して行った。

伊藤仁斎の息子である伊藤梅宇は、1711年使行に周防徳山藩のお抱え儒者として出会った。1719年使行では、福山藩主に請われて福山藩に移籍し、鞆の浦にある福禅寺対潮閣で書記の成夢良と交流した。使行は、伊藤仁斎に関心を持っており、その著作を持ち帰ろうとしていた。それまで日本の儒教など鼻にも掛けなかったのに、大きな変化であった。

(19) 大岡春朴 (1680 ～ 1763)

1748 年使行と出会った。黒田修一氏の研究によれば、「延享年間朝鮮来聘使図」(大阪府立中之島図書館蔵) に一行の名前や官職だけでなく、国書の文言まで記されている。文言の内容を、どのように知ったのかは解明されていない。一行が帰路大坂に滞在している間、画員の李聖麟と面談する機会を得た。その成果は、大岡春朴の門人・小森信友編『桑韓画会・家彪集』に収められている。

(20)　木村兼葭堂孔恭 (1736 ～ 1802)

5 ～ 6 歳の頃大岡春朴に出会っており、筆の持ち方や写生の仕方を懇切に教わった。長じてからは本草学や詩文に関心を持ったが、あくまでも家業の酒造の傍らに行っていた。1764 年使行時、大坂を通過した一行と面会し、書記・成大中に印章を贈った。成大中の使行録『日本録』に、木村兼葭堂孔恭の名前が出て来る。

第五節　1748 年使行

1748 年使行では、通信使が日本で古学に遭遇したことが注目に値する。日本古学は、朝鮮の学術とは異質なものであった。一方の清では、漢学が流行していた。江戸に向かった通信使は古学に遭遇し、北京に向かった燕行使は漢学に遭遇したのである。

江戸時代の日本で誕生した古学と、清代の中国で誕生した漢学は、動機や方法がよく似ていると言われる。吉川幸次郎は、元禄・享保期日本の伊藤仁斎 (1627 ～ 1705)、荻生徂徠 (1666 ～ 1728)、伊藤東涯 (1670 ～ 1736) と、清朝乾隆・嘉慶期の載震 (1723 ～ 1777)、段玉裁 (1735 ～ 1815)、王念孫 (1744 ～ 1832) を比較している。いずれも、宋・明の儒者による経書解釈が恣意に流れたことを反省し、特に朱子学を批判した。

朝鮮では、宋学を国是としていた。1822年朝鮮燕行使では金善臣が、1826年燕行使では申在植が、北京で宋学を擁護した。彼らは、漢学が盛行し、宋学が省みられない清の学界を、「世道の憂」と表し、嘆いた。朱子の教えが尊ばれない清の現状を、文化的秩序の混乱と捉え、世間と世界にとってあるまじき事態であると考えた。1811年には朝鮮通信使が対馬に赴いており、日本では古学が盛行していて、朝鮮のみが朱子学の孤塁を守っていることを知っていた可能性がある。東アジアの文化秩序の危機である。日本の古学に対して、朝鮮通信使がどのように立ち向かって行ったのか研究は少ないが、日本人が書き残した筆談記録から伺うことができる。朝鮮通信使が日本古学と接触し、これを認識したのは、1748年使行が転機になると考えられる。

1719年使行から1748年使行までの29年間に、日本の儒教界では地殻変動があった。徂徠学派が仁斎学派に取って代わっていたのである。

1719年使行では、伊藤仁斎『童子問』がその子・伊藤梅宇から贈与されていた。江戸での筆談で、書記・李命啓は、『童子問』を見たことがあると述べた。同じく書記・李鳳煥は、福山藩鞆の浦で『童子問』を読んだことがあると述べた。正使随員の洪景海も、朝鮮で既に読んでいた。製述官の朴敬行も、出発前に1719年使行の申維翰に会いに行っていた。

1748年2月24日、使行が対馬府中に到着すると、これから江戸まで随行する対馬藩の儒者・紀国瑞が一行と筆談した。書記の李鳳煥が、伊藤仁斎の後継者の有無、伊藤仁斎の『童子問』以外の著書の有無について問い質した。日本人の著作について、使行から言及されたのはこの一冊だけだった。紀国瑞は、「自分は朱子を学ぶ」として、李鳳煥の質問には回答しなかった。

通信使行が、日本の新しい学界情報に触れたのは、現在の山口県の赤間関においてであった。日本側の記録である『長門戊辰問槎』によれば、朴敬行は、朝鮮を出る前に申維翰に会って日本の消息について尋ねたと知らせた。そうして、「この30年間に誰が学界を牛耳っているのか。白石門下に後継者はいるのか。詩文の他に性理学を研究している者はいるのか」と述べた。それに対し、萩藩記室である小田村望之は、「白石などもはや問題ではない。荻生徂徠とその後継者こそ、日本の儒学界の指導者である」と答え、30年の月日の長さを誇示した。その後、ある日本人が「日本では、『周易』の解説書として、伊藤氏の『古義』『私説』も使用している」と述べたのに対して、朴敬行は、帰路に実物を見せてくれるよう約束させた。福山藩に到着した時に、伊藤仁斎の孫・伊藤輝祖に対し、帰路鞆の浦に立ち寄った際に贈与させると約束させている。

一行が伊藤仁斎について新しい情報を得られたのは、大坂に着いてからであった。洪景海は、大坂に着くと通訳を通じて伊藤仁斎の著作を求めさせ、『論語古義』『語孟字義』を得た。そうして、「絶海の蛮児が、愚昧に坐して前賢を侮毀することがここに極まった。まことに憐れである」と述べた。洪景海の前に現れて、儒学について筆談を交わしたのは朱子学者ばかりであったようである。書記の柳逅が日本の朱子学者・三宅紹華と筆談して「伊藤の学はどうか。維楨（仁斎）という名の者は、『論語』を改注し、学問でもないのに学問を自称している」と批判した。これに対し三宅紹華は、「我が国の豪傑の士ではあるものの、我々とは学問の流派が違うから詳しくは知りたいと思わない」と答えた。柳逅が「彼こそは程朱にとっての罪人である。あなたが彼を排斥できたら祝福する」と応じたものの、三宅紹華は伊藤仁斎について何も語らなかった。

次から次へと日本文士が現れたという。そうした中、李鳳煥は、朱子学者・上月信敬との筆談で、宋の陸象山・王陽明について言及した。そこで李鳳煥は、「伊藤仁斎の儒教解釈は、陸象山や王陽明よりも酷い。日本の学者は、楊貴墨のように伊藤仁斎を拒否しようとする者はいないのか」といささか苛立ち紛れに質問した。李鳳煥は、この時点で徂徠学派を知らなかった。

上月信敬は、「山崎闇斎の門人の浅見絅斎が伊藤仁斎の誤りを指摘した。ただ、明の馮柯や陳建が陽明学を論破したのに比べれば、不徹底だ。1～2冊の伊藤仁斎の著書を論破したに過ぎない」と答えた。

この時期、伊藤仁斎に対する批判は、朱子学系譜のものと徂徠学系譜のものとの二つがあった。だが、荻生徂徠とその門下については言及していない。この筆談は1748年に行われ、1711年の浅見絅斎の死から37年も経過している。上月信敬は、李鳳煥の無知につけ込み、誤解するに任せ筆談を続けている。最近の日本の学界動向については、あえて情報を伝えていない。留守友信も、朴敬行との筆談で、日本の反朱子学者が誰であるか名指しはしなかった。伊藤仁斎の名前さえ朴敬行から出されて初めて話題に乗せており、日本の儒教界の動向について正直に語ろうとはしなかった。朝鮮通信使にとっては、隔靴掻痒の想いであったと思われる。

朝鮮通信使は、意外なところで徂徠学と接触することになる。1748年4月29日、39歳の李鳳煥は、大坂の宿舎である西本願寺に到着すると、配膳係の野口某に、先祖伝来伝えられて来た通信使の筆墨を見せられ、一筆書いて欲しいと希望された。李鳳煥は、日本の山川が美しくまた人物が殷盛であるにも拘らず、「講ぜられるところが朝鮮と日本と異なるのは残念である」とし、次から次へと宿舎に現れる日本の儒者たちが、「ほとんど綺麗彫篆の習に倣って」、この詩文の美しさと多さを以て我々通信使と対抗しようとしていると批判した。それに対して朝鮮では、「堯舜文武孔孟程朱が尊ばれ、詩書四子小学近思が講義され、冠婚葬祭に謹み、忠信篤敬に励んでいる。君子は道義を楽しみ、廉恥を重んじ、小人は礼による秩序を犯すことを恥じ、仮にも怪しげな教えに従い末枝に従う者がいれば、皆退けて近付かない」と書いた。李鳳煥は更に言う。日本には真の儒学は根付いていない、ただ幸いに先王の道はどこへでも普遍的に伝わるし、現に隣国・我が朝鮮では先王の道が行われている、「礼学儀文のうち、燦然明白に輝くもの全ては、我が朝鮮だけで独り占めするべきものではない、天下隣国に伝えるに足る」と。日本人が朱子学の尊さを理解しないこと、朱子学以外の儒教解釈に心を奪われること、が歯がゆくてならなかったのである。李鳳煥は、宣教師気取りで日本に来ていた。

李鳳煥は、この文章を通じて、日本人に振り向いてもらいたかった。できれば、仁斎学派の日本人に振り向いてもらいたかった。確かに、振り向いた日本人がいた。しかしその日本人は、仁斎学派ではなく、菅沼東郭という徂徠学を奉じている日本人であった。菅沼東郭は、野口から文章を見せられ、日本の文士が詩文をこなせるだけで実学がないという意味で言っていると受け取った。菅沼東郭は、自分に直接宛てられたものでもないため、反応は「同志に送る」とするメッセージに留めた。「日本の学者は程子や朱子に誤りが多いことを知っているが、朝鮮の学者は孔子以上に程子や朱子を信じている。論争するのが面倒」と述べている。

さて、一行が対馬府中で紀国瑞と筆談して以来、2か月が経過していたが、徂徠学説は勿論、仁斎学説にも出会っていなかった。

一行は、5月21日に江戸に到着し、24日には大学頭の林信充が林一門を率いて宿舎である本願寺を訪れた。この時の訪問者に、中村蘭林が加わっており、今次使行で大きな問題になる。中村蘭林は朱子学を中心に学んでいたが、伊藤仁斎と荻生徂徠の影響も受けていた。折衷学派に区分される。

初対面の通信使一行は、中村蘭林に対し、深い学識を備えた人物であるとの印象を与えた。一見すれば、博学で、朝鮮文化を慕う朱子学者であり、通信使一行にとって好ましい人物に思えた。しかし、曺命采と別れ、朴敬行や書記たちと面会すると、通信使一行の中村蘭林に対する評価は一変する。中村蘭林が、使行員の誰かに向かって、「朱子の経典注釈は、最も精密を極めて余すところがないとは言え、その言葉は特に古訓に違っており、その解釈は時に古意を失するところがある」と述べたからである。古学に基づく朱子学批判である。使行員が、「あなたの議論は、伊藤仁斎に誤られたものではないか。伊藤仁斎は貴国日本にては、豪傑の士、つまり誰もしないようなことを始めた独創的知識人と言って良かろうが、聖学を実践する点では大いに誤っている。あなたはこれをご存知か」と問い詰めたという。また中村蘭林は、その後朴敬行らに書簡を送り、「『中庸』の一書は孔子の孫の子思の書ではない」と主張した。䆓命采は、「やっとこの中村が伊藤仁斎の怪徒であることを知った」と記した。

間もなく、一行は江戸で徂徠学派が一世を風靡していることを知る。

李鳳煥と朴敬行は、太宰春台の門下である松崎観海と筆談した。松崎観海が、「日本の儒者で、朝鮮にまで名を知られた者がいるか」と尋ねたところ、李鳳煥は、「山崎・浅見の文集は朝鮮に伝わっている。仁斎の書も伝わっているが、五尺の童子でも排斥すべきことを知っている」と答えた。松崎観海は、「仁斎の没後、徂徠がいる。自分の師である春台は、徂徠の高弟である。徂徠の著書を読んでいなければ、紀国瑞を通じてご覧いただきたい」と述べたが、李鳳煥は、「全て見て知っている」と答えた。この時点で、通信使一行は、知っているのは伊藤仁斎のみで、荻生徂徠については知らないはずである。

二度目の筆談で、松崎観海は、李鳳煥に荻生徂徠の『弁道』『弁名』を読んだかと尋ねた。李鳳煥は、「読んでいない」と答えた。それに対して、松崎観海は、「この手で持って来たので差し上げたいが、日本人の著述を妄りに隣国に伝えることは国禁に触れる」として、対馬の以酊庵長老である京都天龍寺の僧・承堅に託すから、後日受け取りご覧いただきたいと述べた。

6月4日には、李鳳煥は朱子学者の山宮維深と筆談した。山宮維深は留守友信の弟子であったため、李鳳煥は安心していたと考えられる。李鳳煥は、面会すると直ちに「貴国の文献は素晴らしいのに、ひとり経典解釈の方法において朱子に背いている」と不満をぶちまけた。しかし李鳳煥は山宮維深から、「朝鮮のように人材豊かなところで、宋儒の固陋を捨てて復古の門を開く者はいないのか」と逆襲されてしまった。1748年使行は、伊藤仁斎を仮想敵として日本に乗り込んで来たのだが、日本の儒教界の転変は想像を上回っており、もはや朱子学から見た異端は仁斎学説ではなく徂徠学説になっていた。ここで通信使一行は、日本古学の概要を不充分ながら認識できたのである。

一行は6月13日に江戸を発ち、復路を進んだ。朴敬行は、名古屋で須賀玉潤と筆談を交わし、「江戸で文士に会ったが、程朱を誹謗する者が多かった」と述べことが、『善隣風雅後編』巻下、13頁に記されている。。6月28日には大坂に戻り、金沢出身の本草学者・龍元周と筆談した。龍元周は、日本の学者は荻生徂徠を尊重していると述べ、「やっと宋儒が固陋であることを知った。今、貴国では専ら宋学を主張するので、何も問うものがない」とまで述べた。朴敬行は、「徂徠の名は聞いている。人となりは豪傑と言うが、その学は義と理に大いに違っている。貴邦で程子、朱子を排斥するのは、全てこの人物の罪である」と応じた。荻生徂徠さえ現れなければ、日本で朱子学が卑しめられることはなかったという口ぶりである。

一行は、7月4日に大坂の西本願寺の宿舎を引き払い、帰国船に乗り込む予定であった。その前日の3日に、朱子学者の留守友信が宿舎を訪れ、朴敬行・李鳳煥と筆談を交わした。帰国の前日であるにも拘らず、筆談は正午から夕方4時にまで及んだ。この席で、朴敬行は、「私は、日本の学者が専ら程子・朱子を排斥することを最も得意とするのを見ている。仁斎以下皆そうだ。既に治る見込みのない病気であり、服用すれば眩暈を起こすほどの薬があったとしても、役に立たない」と述べた。朴敬行が日本人に宋学を教え、日本人の迷いを覚ますことはできないと考えられた。留守友信は宋学を奉じているので、朴敬行としては、この情勢をどのように考え、どのように挽回するつもりなのかを問うたのであった。

ここで留守友信は、荻生徂徠の経歴を話し、『学則』『弁道』『弁名』の三書を著して「古学」と命名していると話した。教えることは春秋戦国秦漢の模倣であるが、少しでも才覚のある者は荻生徂徠に従っている、とも付け加えた。更に、留守友信は、太宰春台にも言及した。太宰春台は、荻生徂徠一派であり、その説を誇張して古学を唱え、山崎闇斎を誹謗し、「道学先生」を自称している、これは宋朝で聖学とされた朱子学を「偽学」と呼称するようなものであり、太宰春台の罪は荻生徂徠よりも重い、とした。

往路にあっては、留守友信は朴敬行との筆談で「古学」のことには全く言及しなかった。その後も、書簡の中で荻生徂徠も太宰春台も名前を出すことがなかった。復路に、朴敬行が日本の学界状況に詳しくなっていることを知り、危機感を持っていることも知り、真実と留守友信自身の憂慮を示したのであった。ここで、荻生徂徠や太宰春台は自らの学を「古学」と名付けている、と明確に伝えた。朴敬行は、「霧が晴れ、天が見えたかのようだ」と述べたが、「中村蘭林には防禦され、切り込めなかった」と絶望感を示した。博学な朱子学者であり、朝鮮文化を慕っているように思える中村蘭林でさえ、仁斎・徂徠の影響を受けており、朱子批判に影響されていたことは、朝鮮知識人にとっては常識を超えた大変な驚きだったのである。李鳳煥は、「草野山林の間に、経典の奥義を窮め学問を講じ、程子と朱子の教えに悖らない者が何人いるのか」と焦った。

時代は下り、対馬までしか行かなかった1811年使行では、書記・李明五が、古賀精里との筆談で、「昔聞いたところでは、あなたの国の物茂卿（荻生徂徠）と伊藤維楨（仁斎）とは朱子学で力戦し、戊辰（1748年）使行では我が父が書記として来日した時に至って、源東郭が大胆にも大いに聖学を攻撃したとのことである。このため私は、常々あなたの国の学問が正しくないことを訝しく思っていた」と述べた。李明五とは、李鳳煥の息子である。菅沼東郭のことは、父・李鳳煥から聞かされていた可能性がある。

第六節　1764年使行

17世紀までは、朝鮮通信使が日本に一方的に朝鮮の進んだ学問や文化を伝えていたと言えるかもしれない。しかし、日本で古学が一世を風靡した18世紀半ば以降になると、こうした捉え方は事実と違ったものになって来る。通信使一行の朝鮮知識人は、日本で古学が流行し、朱子学が尊ばれない様を目撃し、日本の儒学界は不治の病に取り付かれた、と考えた。一方の日本文士はもはや朝鮮文化を進んでいるとは考えず、逆に古学を朝鮮に伝えようとさえ考えた。

朝鮮通信使に製述官と書記を加えた目的は、日本に進んだ中華文化を示すことであった。しかし、1764年使行では、日本で徂徠学に出会った。朝鮮にはない異質な学問である。朝鮮通信使が、日本にあっても朝鮮にない異質な学問にどう対応したのか、帰国後にそれをどのように紹介したのかが取り上げられたことは少ないように思える。

先に、1719年使行時の状況を眺めてみよう。申維翰は、『海游録』において、「日本での性理の学は、一つとして聞くべきところがない」と述べている。日本の儒学を軽蔑していたのである。朝鮮の李滉の『退渓集』がどこの家でも読まれているとも述べた。日本の儒学は劣っており、朝鮮朱子学に恭慕の念を抱いていたと考えた。日本人の詩文の能力も、劣っていると考えられた。儒学や詩文の本場は中華であり、朝鮮は日本よりも遥かに中華に近いのであった。異質な学問・文化に出会ったとしても、恐れる必要がなかった。

1764年使行で日本の儒者と筆談した顔ぶれを眺めてみる。

氏名	生没年	役職	出身	
南玉	1722～1770	製述官	庶孼（両班）	成大中、李鳳煥と共に、「特に清職に任用すべき」と国王から命令が下されるが、李鳳煥と同じ事件に連座し、獄死[280]。
成大中	1732～1809	正使書記	庶孼（両班）	老論・洛論[281]。北学に傾倒した。
元重挙	1719～1790	副使書記	庶孼？（両班）	老論・洛論。金用謙の学問の影響[282]。
李彦瑱	1740～1766	漢学通事	中人（非両班）	来日時に内山栗斎と筆談し、「2回北京に行った」と語る。

南玉『日観記』癸未7月24日の記事によれば、この日ソウルを出発する時、三使・製述官・書記らが宮廷に集められ、英祖に会った。この時、餞別の詩文を読み、その中に柳逅、李鳳煥、朴敬行ら

[280] 金聲振「南玉의 生涯와 日本에서의 筆談唱和」（『韓國漢文學研究』第19輯、1986年）。
[281] 鄭玉子「成大中」（『韓國民族文化大百科事典』韓國精神文化研究院、1995年）。
[282] 河宇鳳「元重擧의『和國志』에 對해서」（『全北史學』第11・12合輯、1989年）。

が同席していた。日本の儒学界の動きについて、何をどの程度伝えたのかは記録がない。元重挙の日記『乗槎録』によれば、日本に赴く直前この4人が釜山で会話したということである。

元重挙:「日本人は程子・朱子のことを無視している。自分は程子・朱子のことを持ち出して日本人に対応したいと思うが、いかがお考えか。」

南玉・成大中:「お抱え道化師のように笑い話にでもしたらどうか。」

元重挙:「程朱の道について、自分が理解できているとは思わない。しかし、程朱を抜きにしては話の糸口もない。程朱でないものについては語らない、経書でないものについては引かない、という対応がいいように思える。詩文では才能が及ばない。」

南玉・成大中:「通信使の側から程子・朱子を持ち出しても、日本人の側から排斥されたら、白黒はっきりさせて言い負かせられないかもしれない。それでは通信使の体面に傷を付けるだけなので、最初から問題を起こさないほうがいい。」

元重挙:「程子・朱子を排斥する輩は、真顔で排斥し返すべき。唱和で相手にもしなければ、体面を傷付けられることもない。ただ、ここまで行くことはないと思うし、様子を見ればいい。」

1764年使行で、荻生徂徠の名前が初めて現れるのは、1763年12月10日、博多の沖合の藍の島で、一行が亀井南冥と筆談した時である。亀井南冥の『泱泱余響』によれば、南玉が「日本では誰の文集が尊ばれているか」と尋ねたのに対し、亀井南冥は「蘐園翁のものであろう」と答えている。「蘐園翁」が誰を指しているのかは、この時点ではまだ一行には分かっていない。『弁道』『弁名』『論語徴』が荻生徂徠の主要著作であることは、往路赤間が関(下関)で徂徠学派の瀧鶴台から教わっている。南玉が徂徠本人の著作を読んだのは、江戸に到着してからの1764年3月2日のことであると考えられる。大坂から随行して来た那波魯堂に代わりに買って来てくれるように頼んだら、那波魯堂から新井白石の『停雲集』と荻生徂徠の『徂徠集』とを贈呈されたのである。成大中と元重挙にとっても、『徂徠集』を入手できたことは大きな収穫であった。3月5日、江戸の官医である山田正珍が一行の宿舎を訪ねた時、成大中がちょうど『徂徠文集』と『春台文集』とを読んでいるところであった。山田正珍が「徂徠の文章はどうか」と尋ねると、成大中は、「徂徠の言葉遣いは、“日東の巨匠”とでも言うべきだが、学術は大いに誤っている」と答えたという。3月10日には元重挙が『徂徠集』を読んだと日記に書いてあり、『徂徠集』を回し読みしていたと見られる。元重挙も、那波魯堂に対して、かねてから『徂徠集』を読みたい、と漏らしていた。日頃から程子・朱子しか言わない元重挙がなぜ『徂徠集』を読みたがるのか、那波魯堂は訝っており、那波魯堂は『徂徠集』を読んだ感想を元重挙に尋ねた。元重挙は、「奇才、奇気。惜しむべし、哀れむべし」と答えたという。

とは言え、元重挙は、荻生徂徠をよく読み、理解していたと考えられる。江戸を離れる頃に書いた日本論で医学論を提起しつつ、『徂徠集』で荻生徂徠は「人参は海内生霊の命に係わると言っている」と述べる。『徂徠集』「贈対書記雨伯陽叙」には、「人参は海内生霊の命に繫わる」とあるから、この一節を参照したに違いない。

帰国後、南玉・成大中・元重挙は、それぞれの著書において、徂徠学を紹介している。

南玉は、『日観記』において、「荻生徂徠は、朱子が経典を誤って解釈しているとし、李攀龍の文集を得て、聖人の作られた経典の主旨はここにある、経典の解釈はこれを捨ててはあり得ないと述べている」と紹介した。因みに、荻生徂徠は、華音即ち中国音で読書することを教えている。

成大中は、『日本録』において、「京都の伊藤仁斎は『童子問』を著し、その道は陸学つまり陽明学に近い」とした。江戸の荻生徂徠は、「その文章の俊麗なること、ほぼ日本一であるが、学術はねじけて正しくなく、孟子以下全てに侮蔑を加えながら、自身は王世貞・李攀龍のお蔭で道を悟った」と述べている。荻生徂徠は、文辞でも王李を尊び、王李を先生としており、見識が卑しいとも述べている。

元重挙は、『和国志』において、「荻生徂徠はのち王世貞・李攀龍の文集を長崎の中国船から入手し、その詩文を慕うのみならず、これを正学であるとして学び、自ら王李の学と名付けた。自ら『論語徴』を著し、孟子以下を全て侮辱し、程朱に対しては最も酷い。・・・一国の人は波濤のように荻生徂徠に赴き、"海東天子"と称するほどである。しかし仏老が性や徳とは何かを論ずるような奇抜さはなく、陸象山・王陽明が論じた良知良能とは何か、といったことをほとんど論じない。ところが、その尊崇する王世貞・李攀龍とは、これまた天下全てが皆嘲笑する人物と来ている。また華音を以て韻書を学生に授け、華音が解るようになってその後、書を授けている」と紹介している。

帰国後の一行は、徂徠学について言っていいことと悪いこととを弁別していたと考えられる。

南玉は、1764 年 3 月 4 日、勝資哲から「近年日本では宋儒を批判する風気が強まっている」と紹介され、「お国朝鮮では、程朱の教えを尊び、異説を喜ばないと聞いたことがある。お国でも近年また卓識を備えた人がいて、宋儒を批判するに至った者がいるか」と尋ねられた。南玉は沈黙した。

宮維翰によれば、3月10日に元重挙らと筆談した席で、「朱子学をやれ、格物窮理をやれ」の一点張りである一行に閉口し、席を変えて李彦瑱に「本当のところ、あなたはどう考えるのか」と尋ねた。訳官であり気楽な身分である李彦瑱は、比較的率直に答えた。「朝鮮の国法では、宋儒によらずして経典を説く者は厳重に処罰される。この問題については言いたくない。文章について論じようではないか」と。

江戸の儒者、渋井太室によれば、宿舎である本願寺で通信使一行に面会した後、沢田東江らと共に品川まで見送って、夜遅くまで筆談と唱和を交わした。しかし、日本の最新の儒学状況に対しては、「徂徠学は間違っている。朱子学が正しい」の一点張りであったため、再度手紙を送った。「ただ聞くところでは、諸公は江戸で徂徠の『論語徴』と文集（『徂徠集』）を求めて読んだとか。故にどのようなご意見なのか質問したのであって、決して試そうとするつもりではなかった。」

南玉は、金仁謙・元重挙・成大中との4人連名で、次のような返事を書いた。

「『徂徠集』はおおよそ見終わった。・・・あなたが、“決して試そうとするものではない”との言葉で、徂徠についての考えを我々に求めるとは、よくよく考えればその間に深い意図が隠されていることは分かる。この言葉は、果たしてあなたの本心に適うものであるのかどうなのか・・・。」

渋井太室としては、親しくなれたと思ったからここまで踏み込んだのであるが、南玉は回答を拒否した。一行が「朝鮮の国法では、宋儒によらずして経典を説く者は厳重に処罰される」ことを隠そうとした理由は分からない。なぜ勝資哲に対して率直に回答し、「以後この質問には回答できない」と述べてはならなかったのか。ただ、帰国してから徂徠学の全容を伝えたら、朱子学に対して問題提起したことになりかねず、自らが異端と見做され、厳重に処罰される危険性があったのは間違いない。

朝鮮知識人の常識では、日本の学術を受け入れることは考えられなかった。文明は「北から南に流れるもの」と決まっていたからである。一方で、この時期の朝鮮は、野蛮人が統治する清の学術を受け入れることにも否定的であった。朝鮮は小中華であり、世界に冠たる文明国だったのである。

第四章　朝鮮観の変遷

第一節　神国思想

1868年4月6日に、明治天皇の行在所があった大坂で、神祇局と裁判所に対して「御沙汰書」が布告され、豊臣秀吉の勲功を述べている。豊臣秀吉を顕彰することは、徳川家が執権していた江戸時代には憚られていたが、豊国神社が創建され、秀吉300年祭が挙行され、歴史の叙述として、「朝鮮征伐」という見解が主流を成して行く。この時期の研究としては池内宏『文禄慶長の役　成編第一』(1914年)、辻善之助『海外交通史話』(1917年)、徳富蘇峰『近世日本国民史・朝鮮役』(1921年)、杉村勇次郎『豊太閤朝鮮役－軍事的批判』(1922年)、田中義成『豊臣時代史』(1925年) などがあるが、いずれも日本人視点である。『太閤記』やその類本、歌舞伎の脚本、国定教科書では、「朝鮮征伐」が豊臣秀吉の偉業として持ち上げられ、「国民精神の鼓舞」に利用され、豊臣秀吉は「皇威・皇徳を宇内に広めた不世出の英雄」として描写されている。徳川幕府による日朝国交回復や、朝鮮通信使を通じた外交の展開は、研究者の関心の対象ではなくなっていた。

古代・中世の朝鮮観を見てみよう。

森喜朗氏が首相在任中に「神の国」発言をしたように、あるいは「新しい歴史教科書」のコラムで神武天皇の東征や日本武尊が紹介されているように、記紀神話の重要要素として神功皇后の三韓征伐がある。『日本書紀』「神功皇后　摂政前記」によると、神功皇后は夫である仲哀天皇が死んだ後、九州で神託を受け、皇祖の霊を頼って海を渡り新羅に攻め入り、新羅は戦わずして服属した。その時、新羅王は「我聞く、東に神国あり、日本と言う、必ずその神兵たらん」と述べたという。新羅服属の報を聞いた高麗王、百済王も、「今より以降は永く西蕃と言いつつ、朝貢絶たじ」と述べたという。神功皇后の子である応神天皇の記事では、高麗人、百済人、新羅人が続々と来朝・来帰・帰化したという。応神天皇28年9月の条には、「高麗の王、使を遣して朝貢る」という記事が出て来る。高麗とは、朝鮮半島北部から中国東北部に渡って広大な領土を有した高句麗のことであろう。朝鮮半島の統一国家・高麗が出現するのは、これから600年も後のことである。また、朝鮮半島の諸国家が、蕃と呼称されていることにも注意を要する。蕃の訓読はトナリクニであるが、中国に対しては同じくトナリクニと呼称しながらも隣国という漢字を用いている。朝鮮半島の諸国家は、日本と対等ではなく、日本に服属すべき野蛮人なのである。日本では『日本書紀』から始まり『六国史』が編纂され、京都で定期的に講読され、貴族の必須の教養とされた。

中世の神国思想の形成に大きな影響を与えた書籍として、北畠親房『神皇正統記』がある。天皇家が南北に分裂していた時期、南朝方の貴族出身の武将であった北畠親房が、後醍醐天皇の死に当たり、天皇の遺志を後世に伝えるべく、南朝正統論を展開したのであった。冒頭で「日本者神国也」と切り出し、「日神永く統を伝え給う。我が国のみこの事あり。異朝には其の類なし」「是より三韓の国、年ごとに御つきをそなえ」「西蕃相通じて国家とみさかりなり」と続けている。冒頭で森喜朗氏と同様の認識を示し、両者の認識が同じであれば、森喜朗氏も北畠親房と同様の結論を導き出すとも考えられる。『神皇正統記』は、上層武士や五山僧に愛読され、武将たちは戦勝祈願のために、神功皇后の子・応神天皇を祀る八幡大菩薩を信仰した。「八幡大菩薩縁起」には、神功皇后の三韓征伐について、「新羅の大王は日本の犬也」として新羅が日本に朝貢したと述べている。物語である『太平記』でも、一章を割いて「神功皇后新羅を攻め給う事」を述べており、日本の一般民衆に朝鮮蔑視が広まって行く。

幕府が開かれてから、朝廷は外交権を失っていた。元寇の時も、朝廷は八幡大菩薩を祀る石清水八幡宮に国難救助を祈願するしかなかった。

朝鮮側は、日本の天皇の存在をどう考えていたのであろうか。宋希璟『老松堂日本行録』では、将軍・足利義持との会見が思うように実現しなかったこともあり、天皇のことは関心の対象外で、触れられてもいない。申叔舟は、『海東諸国紀』「日本国紀」冒頭の「日本代序」で、天神７代、地神５代の後に「人皇の始祖は神武天皇なり」と記し、当代の後花園天皇までの略事を記している。神功皇后については、仲哀天皇が没した後に、乙酉の年に「新羅国初めて使いを遣わして来る。39年己未、初めて使いを漢に遣わす」とある。三韓征伐については触れていない。三韓征伐を史実ではないと見る立場では、干支を二巡繰り上げて、推古天皇の任那救援出兵の事実を取り込んだ創作であると見做す。神武天皇が人皇始祖であるとする説は、朝鮮半島の建国神話にも見られることであり、特に肯定する考えも、また否定する考えもなかったものと見られる。

豊臣秀吉も、キリスト教を禁止するに当たって、「日本は神の国」であることを述べている。

第二節　朝鮮蔑視

1284 年、北国行脚のために京都の桂を発った一遍上人は、丹波の穴生に 27 日間滞在した。『一遍上人絵伝』巻 8 によれば、そこに集まった人々は、以下のようなものであった。

> 異類異形にして、世の常の人に非ず、畋猟漁捕を事とし、為利殺害を業とせる輩なり。この様にては、仏法帰依の心あるべしと見えざりけるが、各々掌をあはせて、みな念仏うけたつまつりてけり[283]。

一遍上人は、狩猟採集や屠殺に従事する人々に、仏教帰依の心があるようには見えないと述べた。心が形になって表れたものが狩猟採集あるいは屠殺だとするならば、狩猟採集や屠殺を行う心とは、殺害を厭わない獣のような心であると考えるのである。獣のような心に、仏法は無縁である。一遍上人は、このような獣のことを、異類・異形と呼んだ。

1604 年 8 月の豊国大明神祭礼の記録である『豊国大明神祭礼記』によれば、16 日の祭礼に集まった「乞食。非人。鉢叩き。鳴門使。猿使。盲人。居去。腰引。物イハズ。穢多。皮剥。諸勧進之聖」は「イルイ異形、有雑無雑」だとした[284]。異類とは、人格がない、人間としての尊厳がない者なのである。

異形という言葉の初出を探してみると、弘仁年間（810 ～ 823）

---

[283]『一遍上人絵伝』（中央公論社、1988 年）203 頁。
[284]『続群書類従』第 3 集上。

の成立と考えられる『日本霊異記』下巻第5に、「妙見菩薩、変化して異形を示し、盗人を顕す縁」と書いてあるのが見付かる。ただし、異形とは悪い意味だけではない。『七仏八菩薩所説大陀羅尼神呪経』には、「我北辰菩薩、名曰妙見、今欲説神咒擁護諸国土。所作甚奇特、故名曰妙見、処於閻浮提。衆星中最勝、神仙之中之仙、菩薩之大将、光目諸菩薩、曠済諸群生」とある。国土を守り、困窮を救い、願いを充たすなど、奇特であると述べているのである。異形には、悪魔と天使の両面があると言えるだろう。

「異形」の次に、「異類」について検討してみる。養老律「名例律」の「化外人相犯条」に、「凡化外人。同類自相犯者、各依本俗法。異類相犯者、以法律論」とある。「異類」とは、「種類が違う」という意味である。外国人同士で犯罪を起きればその国の法律を適用し、日本人と外国人の間に犯罪が起きれば、養老律を適用するとしているのである。

『続日本後紀』『三代実録』では、蝦夷や新羅に対して、友好的でない文脈で「異類」という言葉を使用している。

『続日本後紀』承和6年（839年）4月26日条には、「胆沢多賀両城之間。異類延蔓。控弦数千」とあり、これが蝦夷に関しては「異類」の初出であると考えられている。また、『三代実録』貞観元年（859年）3月26日条には、「件悖囚等、幼棄野心深愧異類。帰依仏理苦願持戒。仍特許之」とあり、元慶2年（867年）6月8日条陸奥出羽按察使の上表文には、「惟彼両地。異類群居。暗昧是非。簡略礼儀。頃者梟声転大。狼心益狂。殺我人民。焼我城邑」とある。異類とは、異類であることを深く恥じて、初めて仏教による救済を受けることができる存在なのである。

新羅のことは、「他国異類」と呼称している。『三代実録』貞観11年（869年）6月15日条によると、新羅の海賊が博多に上陸し、豊前の国から献上された年貢を奪おうとしたものの、すぐに日本が兵を発したため、年貢を奪うことはできなかった、という事件があった。朝廷は、伊勢太神宮などに対し告文を奉納し、「他国異類加侮致乱事何聞食警賜拒却賜在」と記したが、日本については「我朝神国畏憚礼来故実」と記し、「神明之国」「神国」であることを強調した。また、古代人は、『日本書紀』に書いてあることをそのまま史実として信じていた。宗像大神に対する告文では、「我皇太神掛畏大帯非（神功皇后の別名）彼新羅人降伏賜時相共加力賜、我朝救賜守賜・・・」と記してあり、新羅と言えば神功皇后、神功皇后と言えば新羅、であったことが理解できる。

朝鮮通信使の時代は、日朝両国が友好・善隣の関係にあった時代だと見る歴史観がある。例えば、姜在彦氏は、「室町・江戸時代の善隣関係」[285]において、「少なくとも1404年に両国に交隣関係が始まって、1592年～1598年の豊臣秀吉による朝鮮侵略の時期を除いて、1867年に徳川幕府が大政奉還し、王政復古がなされるまでは、実に400数十年に渡る交隣と交流の歴史があった」と述べる。仲尾宏氏の「室町時代と朝鮮王朝」[286]では、「もう一つの善隣友好の時代」を副題に掲げる。辛基秀・村上恒夫共著『儒者姜沆と日本』には、「それまでの日本の公家外交は、架空の神話伝承の“新羅征伐”以来、朝鮮は日本に朝貢すべきだという伝統的な考えに固

---

[285]『季刊　三千里』37号（三千里社、1984年）28頁。
[286]『季刊　青丘』8（青丘文化社、1991年）。

執し、国際関係は無きに等しいものであったと書いてある[287]。公家外交を接収した足利幕府は、外交政策の一大転換を成し遂げ、朝鮮に対する誤った認識、“上古往昔は来朝の貢賦であった”を正した」と書いている。

しかしその一方で、鎌倉時代末期に集大成された新たな神功皇后譚が、南北朝時代及び室町時代に日本の隅々にまで浸透し、定着したと考えられる。豊臣秀吉の朝鮮侵略は、その上で実行されたと考えられる。

1333年（元弘3年）4月29日、足利尊氏は北条政権に反旗を翻すに当たって篠村八幡宮に願文[288]を奉納し、「右八幡大菩薩者、王城之鎮護、我家之廟神也」で始めている。足利氏は、河内源氏の始祖・源頼信の孫、八幡太郎義家を祖父とする義康が、下野国足利荘に居を定めたのに由来する。この願文は、江戸時代前期成立説もあり、日本古典文学大系『太平記』一の補注では偽作説を取るが、花押が足利尊氏本人のものであると確認されるとして、上島有「篠村の高氏願文偽作説に対する疑問」（『日本歴史』433号1984年）や藤本孝一「足利高氏の二つの願文と篠村八幡宮」（『日本歴史』448号1985年）では、本物であるとの説を取る。篠村八幡宮は、源義信の流れを汲む一系が、八幡大菩薩を氏神として、源氏廿二世之氏祖として崇拝して来た。八幡大菩薩は、神功皇后の三韓征伐と連動した異国降伏の武神である点に注目しなければならない。

室町幕府では、朝鮮国王に対して、足利義満は「王」字を使用し

[287] 辛基秀・村上恒夫共著『儒者姜沆と日本』（明石書店、1992年）183頁。

[288] 京都府亀岡市文化資料館蔵。

たが、足利義持は使用しなかった。更に足利義持は、1420年（応永27年）の朝鮮側の回礼使が明の年号である永楽を使用して、日本の年号である応永を使用しなかったことを咎めた。足利義持以降の室町将軍も、「王」字を使用しないとの姿勢は変わらなかった。

朝鮮側は室町将軍に対して「王」字を使い続けた。朝鮮としては、日本が明の冊封体制下にあると思い込んでいたのである。一方室町幕府は、明に対して「王」字を使用している。室町幕府は、朝鮮半島に対しては優位を保持しようとしていたのである[289]。

世阿弥の作品に、新たなる神功皇后譚の広まりが反映されている。「呉服」には、応神天皇の時代に渡来し、今の世に再び姿を現した呉織が、調物が新羅から日本に次から次へと送り届けられる応神天皇の世を賛美している[290]。江戸時代に入ってからも「呉服」の歴史観は継承され、1832年（天保3年）～1834年（天保5年）の刊行とされる青柳種信『恵登理乃考』では、「神功皇后が新羅を征伐してから、海上交通路が開け、異国の人が夥しく皇国に帰化した。秦・漢の子孫は、その国の人民を率いて来朝した」と記している[291]。

室町幕府6代将軍・足利義教は、1433年（永享5年）4月21日、石清水八幡宮・誉田八幡宮・宇佐八幡宮に『八幡縁起絵』を奉納した。『八幡縁起絵』は、『八幡大菩薩陰御縁起』とでは、物語が異なる。『八幡縁起絵』では、新羅が先に日本を攻撃したとしている。

---

[289] 田中康夫『中世対外関係史』（東京大学出版会、1975年）106頁。
[290] 伊藤正義校注『謡曲集（中）』（新潮日本古典集成、新潮社、1986年）。
[291]『盛田嘉徳　部落問題選集』（部落解放研究所、1982年）394～400頁。

新羅人は、「色は赤く、頭は八つあり、鬼神の形をした」異形であったとする。江戸時代の雨森芳洲でさえ、新羅による先制攻撃説の影響を受けており、1720年（享保5年）の『朝鮮風俗考』に、「惣躰、朝鮮人は其性しぶとく、謀を好み候故、・・・王代の時、新羅は毎度日本を攻め候して、我が国の難儀に成り候段、古、日本の記録に之れ有り候は、偏に其性しぶとく、謀を好み候故にも候や」と書いている。

神功皇后と、幕末以降の朝鮮蔑視とに連続性はないという主張も多い。

① 姜徳相「日本の朝鮮支配と民衆意識」[292]

日本の朝鮮蔑観は伝統的であるとか、「太古の昔」からあるという人もいる。しかし、

仮に江戸時代を取り出した時、江戸の庶民の中に蔑視観が体質化していたかどうか、疑問を挟まずにはいられない。ある特定の階層の個人を取り上げれば蔑視思想はあったかもしれないが、民衆の常識とは到底言えないばかりか、むしろ逆であったと言えよう。

私は、神功「三韓征伐」物語のルーツは、江戸中期以降の尊王討幕思想に求めることができるように思う。尊王討幕と朝鮮朝貢論にどんな関係があるのか、それは尊皇思想の根幹がいわゆる国学であり、運動のモチーフが古事記・日本書紀の世界への復古を意図したことで説明できる。

幕末の国学者、経世家はこの古事記・日本書紀を文献批判やイデオロギー批判無しに受容し、尊皇討幕思想の拠り所にしたのであ

[292] 姜在彦「室町・江戸時代の善隣関係」（『三千里』37号、三千里社）28頁。

る。従って古事記・日本書紀を史実として振りかざせば、古代朝鮮は日本の版図であり、朝貢国であるとの認識が出て来るのは当然であり、日本優位、朝鮮劣位の落差に差別思想が発生する。

朝鮮軽侮論の侵略思想への転化は、1811年通信使外交の終止と、その後急速な尊皇討幕派の風圧の強まりの中に、一つの道があるようである。

② 李進熙『李朝の通信使』[293]

日本人の朝鮮観の歪みは伝統的な根深いものではなくて、近代日本の「国策」の下に作り出され、拡大されたものなのである。

18世紀末に芽生えた朝鮮蔑視の思想は、19世紀に入ると暗い影を落とし始める。即ち、18世紀末頃から「海防論」が台頭する中で、大坂の儒者・中井積善が18世紀の末年、老中の松平定信に『草茅危言』を贈った。巻4「朝鮮の事」[294]では、

一、 神功の遠征已来、韓国服従朝貢。我が属国たること歴代久しく絶ざりしに、今の勢是に異り、渠も以前の如く、我皇京に朝貢するに非ず。唯、好を江都に通ずるのみなれば、属国ともし難く、聘使を待客礼を以せざること能わず。

とある。

③ 仲尾宏『朝鮮通信使の軌跡』[295]

朝鮮蔑視観は明治政権下の日本近代特有のイデオロギーではなく、前近代における日本人の小中華意識の中に既に胚胎していたと

---

[293] 李進熙『李朝の通信使』(講談社、1976年)。
[294] 中井竹山「草茅危言」(近世社会経済学説大系『中井竹山集』誠文堂新光社、1935年) 121頁。
[295] 仲尾宏『朝鮮通信使の軌跡－増補・前近代の日本と朝鮮－』(明石書店、1993年)。

見なければならない。

今、中世以降に限って言えば、モンゴルの侵攻を経て、足利政権初期の南北朝分裂、そしてその危機を補強するものとして持ち出された宋学的名分論が、対外的に援用されたのが『善隣国宝記』の義持批判であり、朝鮮に対する小華夷秩序、即ち「日本的小中華意識」もそこから派生し、その頃から日本社会に根差していたと言える。

更に松平定信への中井竹山建言を経て、幕末に近付くに従って蔑視観が浸透し、通信使に対する見方にも影響が現れて来る。そして平田国学を頂点とする国学意識は遂に「皇国史観」に発展し、明治政権下の支配イデオロギーに馳せ昇り、東アジア侵略の有力な思想的武器へと化した。朝鮮侵略がその第一歩である。

④ 姜在彦「歴史の中の朝鮮王朝」[296]

幕末になると次第に国学思想が台頭し、「神功皇后の三韓征伐」以来の朝貢国・朝鮮が、日本との対等の交隣国であることに異議を申し立てる者が現れた。例えば吉田松陰である。

一方で、日本の朝鮮蔑視に連続性があるという主張もある。

1719 年（享保 4 年）に朝鮮通信使が来日すると、それを当て込んで[297]人形浄瑠璃『本朝三国志』（近松門左衛門）と『神功皇后三韓責』（紀海音）の 2 作が上演された。

『本朝三国志』では、加藤清正をモデルにした加藤正清が、高麗

---

[296] 姜在彦「歴史の中の朝鮮王朝」（『季刊　青丘』14 号、青丘文化社、1992 年）33 頁。

[297] 藤井紫彰校註『復刻　近松全集』巻 11（思文閣出版、1978 年『本朝三国志』解題）。

国王・遼東大王を生け捕りにし、命乞いをする遼東大王に、神功皇后の時のように朝貢をすれば命を助けると言う。そうして耳切の場面が続き、加藤正清と小西如清（行長）とが「鰻を裂くより簡単だ」と股裂きを行い、桟敷で見物の久吉が扇子を挙げて「ヲ、めでたい、めでたい」と喜ぶという。徳川幕府が、朝鮮通信使に大仏殿を参拝させ、耳塚を誇示して来たことが背景にある。

『神功皇后三韓責』では、新羅大王が神功皇后に「頭を下げて平伏する」と、神功皇后は「御気色穏やかに」命を助ける代わりに日本の奴になれ、と命じ、新羅の王城に放火した後、日本に凱旋するという物語が展開される[298]。

明治維新を迎えると、朝鮮蔑視が顕在化する。1876年5月から6月にかけて、江華島条約締結後初の朝鮮使節として金綺秀一行80名が日本を訪れた、一行は東京まで訪れたが、朝鮮使節が江戸＝東京を訪れるのは、1764年以来112年ぶりのことであった。しかし東京日日新聞1876年5月30日付けの社説では、「若し我が昔日を以て今日の朝鮮に比せば、何ぞ其の多人数なるを怪しまんや。又況や其の風俗依服に於いてをや」と述べている。新奇にして大時代的な朝鮮風俗を見て楽しもうとする風潮をたしなめている。大阪日報1876年6月9日付け社説では、「世上の人々皆な之に着目して深く其の景況風俗の鄙野なると人員行列の夥多なるとを笑ふものあり。吾輩は其之を笑ふものを目して却って無鳥島の蝙蝠井水底の痴蛙と嗤笑愍察し、信使の来るや忽ち之を賀するも、是に日本人民の未た野蛮なること朝鮮にも及ばざるを嘆き、為に数行潸潸の涕涙を灑き

[298] 海音研究会編『紀海音全集』（第5巻、清文堂、1978年）60～63頁

たりき」と述べた。浅薄な文明人意識で朝鮮使節団を侮辱するのは、逆に野蛮であるとしているのである。

補論 先行研究に関する補足

ここでは、本書においてあまり取り上げることのできなかった注目すべき先行研究14点について、筆者の理解した範囲ではあるが、その内容の概略を述べて本書の補足としたい。なお、本書の内容と重複する部分や周知の内容もあるが、該当の文献の内容を紹介するためにそれらも掲げている。

〔1〕金ギョンスク『日本に行った朝鮮の知識人たち―朝鮮通信使の日常生活と文化交流―』(熊津シンクビク、2012年)。【韓国語】

同書については、筆者が全訳したので（私家版）、そちらを参照して頂きたい。

〔2〕仲尾宏『朝鮮通信使をよみなおす－「鎖国」史観を越えて－』(明石書店、2006年)。【日本語】

同書は三章構成であるが、ここでは第一章だけを取り上げる。ここに出ている人物は、本書の中でも取り上げているので、簡略に各人物のことを述べておく。

第一章　朝鮮通信使をむかえた日本人

1　通信使にさきだつ時代の交流の中で

ここでは無涯亮倪・宗金・足利義持を取り上げている。

ア）無涯亮倪（生没年不詳）僧侶。応永の外寇について、足利義持の命を受け、朝鮮の意図を探るために、大蔵経の入手を名目に、朝鮮に渡航した。翌1419年、宋希璟と共に帰国した。

イ）宗金（生没年不詳）

応永の外寇後に来日した宋希璟を京都に案内し、将軍・

足利義持と繋げた。博多の大商人であるが、ある時は商人、ある時は僧侶、そしてある時には武器を取る、という様々な顔を持っていた。

ウ）足利義持（1386 ～ 1428）

室町幕府第 4 代征夷大将軍。足利義満が明に対し「日本国王」の立場を取ったことには批判的で、明の永楽帝の使者を兵庫に留め置き、京都に立ち入らせなかった。応永の外寇は、朝鮮の意図によるものではなく、明が日本を侵略する目的で朝鮮に出兵させたと考えていた。

2　秀吉政権下の朝鮮通信使

ア）宗義智（1568 ～ 1615）

対馬宗氏 20 代当主。壬申倭乱では、豊臣軍の急先鋒となり、小西行長と共に渡海して、朝鮮に対して道を貸すよう要求した。関ヶ原の戦いでは、西軍に加わったが、徳川家康から所領を安堵され、対馬府中藩初代藩主となった。江戸幕府からは独立した機関として、朝鮮貿易を行うことを許された。

イ）豊臣秀吉（1537 ～ 1598）

秀吉は、相当に早い時期から朝鮮侵略を構想していたようである。秀吉は、1585 年 6 月に、対馬島主である宗義調[299]、宗義智[300]に対し、「朝鮮は我が与国なり。初めより

---

[299] 1532 ～ 1589。宗氏第 17 代当主。1568 年、津奈調親（宗将盛の異母弟）の叛乱を鎮圧し、宗家を統一した。

[300] 1568 ～ 1615。宗氏第 20 代当主。秀吉には通信使を服属使として会見させたが、朝鮮には秀吉の全国統一を祝賀することが目的の使節であると嘘を吐いた。

隙なし。恐らくは伐するはよからず」と述べている[301]。しかし、対馬にとっては、本来は秀吉による朝鮮侵略に加担することは不可能なことであった。対馬は、室町時代中頃から、朝鮮に藩属することと引き換えに、朝鮮での居留地を確保し、貿易船を特別扱いしてもらい、他の大名の朝鮮渡航許可証である文引の発給権を握るなどをしてきたからである。秀吉は、対馬と朝鮮の関係を知ろうともしなかった。秀吉の脳裏には、国内の天下統一の延長線上でのアジア制覇があった。

秀吉は、朝鮮国王が京都に来て、天皇に謁見することを要求した。日本の朝貢国になれと言ったのである。朝鮮としては、日本の海賊が全羅道を犯すことを手引きした朝鮮人の引き渡しを条件に、朝鮮通信使を派遣することにした。しかし、朝鮮通信使が京都に到着した時、秀吉は小田原攻略の最中で、小田原が陥落した後も特に急いで京都に戻ろうとはせず、ゆっくり戦後処理を行い、それで京都に戻った。秀吉としては、朝鮮通信使など国内の大名の来訪と同列であり、外交使節として尊重するつもりもなかった。秀吉は、宣祖による国書を手交されても、それを入貢と捉えた。

朝鮮通信使が帰国してから、正使・黄允吉[302]は「秀吉

---

[301]『宗氏家譜略』。

[302] 1536～？。朝鮮王朝の官人。西人派。通信使として秀吉と会見し、侵略の可能性があると報告したが、採択されなかった。後日、壬申倭乱を予見したことが評価され、光国原従功臣に本録された。

に出兵の意思あり」と報告した。それに対して、副使・金誠一[303]は、「秀吉は恐れるに足りない」と報告した。誠一は、戦乱が勃発した後に、誤った判断をしたとして、追放された。

義智は、朝鮮に対し、「明に行くための道を貸せ」と要求したが、受け入れられなかった。1591年4月、小西行長の軍と共に義智は渡海した。そして、義智は行長の娘を娶って行長に従うことになった。義智は関ヶ原の戦いで西軍に参加し、敗北したものの、今後は徳川側に従うことを誓うために、行長の娘と離縁した。

3　探賊使松雲惟政と出会った人々

ア）加藤清正（1562 ～ 1611）

肥後熊本藩初代藩主。壬申倭乱では、出世を競う小西行長と漢城への一番乗りを競い、中国東北部にまで踏み込んだ。松雲大師惟政[304]は、釜山に近い西生浦で清正との国交回復交渉を開始した。

イ）景轍玄蘇（1537 ～ 1611）

---

[303] 1538 ～ 1593。朝鮮王朝の文官。李滉の弟子となり、1568年、科挙に及第。東人派。秀吉による侵略はないと報告し、派閥力学により報告が採用された。しかし、誤った報告をしたことで、逮捕された。

[304] 1543 ～ 1610。朝鮮慶尚南道密陽郡生まれ。幼児期から祖父より史学、儒教を学んだが、長ずるに従って仏教に関心を抱き、13歳で仏門に入る。18歳で僧科に合格。壬申倭乱が始まると、宣祖から八道郡総摂に任じられ、抗日武装闘争に蹶起。高麗時代から、仏教の使命は護国にあると考えられるようになっていた。日本軍と遭遇し、無道を諫め、無用の殺戮を避けさせた。師匠である西山大師は、老齢のため、国王から託された任務を松雲大師に託した。1593年の平壌攻防戦では、僧兵軍を率いて日本軍撃退の戦果を挙げた。松雲大師は、小西行長と対立していた加藤清正と接触し、秀吉の真意を確かめようとした。

対馬宗氏の外交僧。壬申倭乱の開戦阻止交渉や、小西行長に同行した上での停戦交渉を行ったが、成功していない。秀吉の命で明にも派遣され、万暦帝から「本光国師」の称号を賜っている。1609年、朝鮮との間に己酉約条[305]を締結し、対朝鮮貿易を再開。以酊庵を創設した。

ウ）西笑承兌（1548～1607）

秀吉の側近であり、ポルトガル領ゴア総督や、スペイン領ルソン総督に宛てた外交文書を執筆した。壬申倭乱時には、名護屋で秀吉のそばにおり、明からの冊封状を、そのまま読み上げないで穏当に読み替えてくれと小西行長から依頼されたが、そのまま読み上げ、秀吉を激怒させた。

4　国交回復と幕府草創

ア）徳川家康（1542～1616）

家康は、1605年3月に、伏見城で松雲大師惟政と会見し、「われ壬申の時には関東にあり、かつて兵事に預からず」と述べている。松雲大師の帰国を受け、朝鮮としては、①家康の方から先に謝罪の国書を送ること②壬申倭乱中、漢城の王陵を暴いた犯人を捕縛して送ること、を対日交渉開始の条件とし、対馬に伝えた。これに対し、対馬は、家康の名義で朝鮮の要求に沿った偽の国書を作成し、日本国王の印章を押した上、明の年号を使用した。更に、

[305] 朝鮮に渡航できる日本人の資格や船の数を定めた他、日朝貿易の場は釜山の倭館に限ること、日本人が漢城に出入りすることを禁止することなどが定めてあり、明治時代の初期に、対馬藩が版籍奉還するまで効力を有した。

国書の冒頭にあった「奉復」の語を「奉書」と書き替え、家康の側が先に謝罪していることを疑いのないものにしようとした。朝鮮側は、日本側があまりにも簡単に要求を丸呑みしたものだから、逆に疑念を抱いたが、朝鮮側も早期国交回復を望んでいたので、要求は満たされたものとして回答兼刷還使を送ることにした。使節が江戸に着く前に、家康が秀忠に将軍職を譲ったため、国書の宛て先が不明になるとの混乱もあったが、1607年5月20日、普請中であった駿府城で、朝鮮国三使と家康の会見が実現した。朝鮮国三使は、この時鎌倉を見学し、清見寺を訪問し、駿河湾に遊覧船を出して海上遊覧を楽しんだ。

イ）徳川秀忠（1579 ～ 1632）

日朝関係安定化のため、使節の派遣を望んでいたのは対馬であった。しかし、この時も朝鮮は、秀忠が先に国書を送って来ることを求めた。そして対馬は、日本国王・秀忠の国書を、またしても偽造した。1617年、使節を迎えた秀忠は、喜んでいた。使節の側も、満足した。

壬申倭乱で日本に拉致された朝鮮人で、帰国を希望する者は300人に留まった。大名や日本人の主が手放さなかったり、日本人と結婚していたり、日本で子供が産まれていたり、帰国後の生計の見込みが立たなかったり、帰国を拒む理由は様々であったが、共通点は、既に日本に生活基盤ができていることであった[306]。また、使節が帰国するに

---

[306] 李景稷『扶桑録』。

当たっても、秀忠の返書に「王」の字がないとしてその受け取りを拒否し、またしても対馬が「日本国王秀忠」国書を偽造した。

5　対馬の苦悩と策略　国書偽造事件

ア）規伯玄方（1587 ～ 1661）

景轍玄蘇の門人である。玄蘇の跡を継ぎ、後金国の勃興と朝鮮との関りを探るために、朝鮮に 2 回使者として派遣された。江戸時代の日本人で、漢城入りを果たしたのは、後にも先にも規伯玄方のみである。柳川一件で責任を問われ、1635 年、盛岡藩に配流された。盛岡藩では、学問・文化の指導者として尊敬された。1658 年、赦免されて京都の南禅寺に戻った。

イ）柳川調興（1603 ～ 1684）

対馬府中藩家老。もともとは商人の家系であり、自身も江戸で生まれ育った。対朝鮮外交実務を担う中で、国書改竄が行われていることを幕府に訴え、自らが敗訴。弘前藩預かりとされたが、弘前藩では一流の文化人として歓待され、弘前城南西に広大な屋敷を与えられた。弘前で生涯を閉じた。

6　朝鮮通信使号の復活と大君

ア）徳川家光（1604 ～ 1651）

江戸幕府第 3 代征夷大将軍。1639 年の禁令により、日本人の外国への渡航、外国にいる日本人の帰国を禁止すると共に、外国との交流の窓口を四つの口に限定した。対馬はその中の一つであり、朝鮮に対して窓を開いた。

イ）林羅山（1583 ～ 1657）

藤原惺窩[307]と交流し、朱子学に傾倒した。中国の朱子学ではなく、朝鮮の朱子学に傾倒しており、羅山という名も、朝鮮の『延平問答』によっている。仏教に対しては、現世の問題を議論せず、来世の問題ばかりを議論していると批判していた。近代科学には興味を示さず、地球球体説と地動説を拒否し、地球方体説と天動説を主張した。

1636年使節から、朝鮮外交を担当する重要人物となる。朝鮮との書契の起草を、江戸ですることになったからである。羅山は、日本国王という呼称を廃止し、日本大君を名乗ることにした。国王という用語は、日本国内では用いられていない上、朝鮮国王との対等な関係を維持しながら、名分上の問題を発生させない曖昧語として選定したのである。年号については、それまでは、明の年号や、干支を用いてきたが、日本が明から冊封を受けていないことを理由として、日本の年号を用いることにした。更に、今次使節から、通信使の呼称を用いることにした。

7　天和度の通信使を巡る人々

ア）徳川綱吉（1646 ～ 1709）

江戸幕府第5代征夷大将軍。文治政治を行い、湯島の聖堂を設立し、朱子学を幕府の正学として大学頭に林信篤（林羅山の孫）を任命した。1682年に朝鮮通信使を迎えた

---

[307] 1561 ～ 1619。朱子学者。壬申倭乱で、朝鮮から捕虜として日本に送られてきた姜沆と交流し、その影響を受ける。仏教に対しては、肯定的であった。

時には、木下順庵とその門人が朝鮮通信使に対し果敢に筆談を挑んだ。綱吉は、筆談に当たって「朝鮮通信使に対し、自分の知識をひけらかし、あるいは相手の無知を嘲ってはならない」と注意していた。ただ、1682年通信使では、江戸城での国書伝達の最中、簾が下がったままで、将軍の顔が見えないことについて、通信使が抗議したという。一旦決まったことだとして簾が上げられることはなく、通信使側は処罰を恐れたためかこの件について記録していない。

イ）徳川光圀（1628～1700）

水戸藩第2代藩主。1084年刊行の司馬光『資治通鑑』の影響を受け、朝鮮の歴史書である『東国通鑑』を刊行させた。同書の刊行に当たっては、林羅山に学び、水戸藩に仕えた辻端亭[308]が訓点を加えた。

1643年通信使、1655年通信使では、国書伝達式の後の饗宴に参席したが、一藩主の立場で外国使節に話し掛けることは憚られたため、宿舎に藩士を派遣して、朝鮮の諸事情について質問させた。「もし日本が朝鮮に使節を派遣するなら、正使には自分が相応しい」と述べたとも言われている。

ウ）木下順庵（1621～1698）

京都出身。藤原惺窩の弟子である松永尺五[309]に師事し

---

[308] 1624～1668。京都生まれ。

[309] 1592～1657。京都生まれ。幕府や藩には仕官していない。

た。加賀国金沢藩主・前田利常[310]に仕えた後、1682年、江戸幕府の儒官となり、徳川綱吉の侍講を勤めた。朱子学に基本を置くが、古学[311]にも傾倒した。京都に雉塾を開いて、新井白石、雨森芳洲[312]、室鳩巣[313]など、木門十哲を育てた。

1682年朝鮮通信使は、江戸に到着する前から、順庵に会うことを望んでいた。京都で通信使を訪ねてきた柳川震沢[314]の文才に驚き、師は誰かと尋ねたところ、順庵の名前が出てきたからである。順庵は、正使の尹趾完宛てに七言律詩を贈り、正使とは対馬藩の江戸藩邸で面会した。

エ）狩野常信（1636～1713）

江戸幕府に仕えた御用絵師。将軍から朝鮮国王への返礼として贈られる屏風図の制作を、1682年と1711年に幕府から依頼され、また1711年朝鮮通信使正使の趙泰億[315]の

---

[310] 1594～1658。加賀藩第2代藩主。大坂の陣では、徳川側に加わり、奮戦したことから、阿波・讃岐・伊予・土佐4国を恩賞として与えると提示されたが、これを固辞し、それまでの加賀・能登・越中の安堵を望んで認められた。

[311] 朱子学・陽明学などの解釈を批判し、『論語』『孟子』などの経書の本文を直接に研究し、その真意を解明しようとするもの。山鹿素行、伊藤仁斎、荻生徂徠が代表的人物である。

[312] 1668～1755。近江国の町医者の子として生まれ、1689年に京都に出て医学を学び、1685年、江戸に出て木下門に入門した。優秀な人材を探していた対馬に仕官し、この頃長崎に出て中国語を学んだ。1698年、朝鮮方佐役を拝命し、1702年から1703年に掛けて、釜山の倭館に滞在し、朝鮮語を学んだ。1711年朝鮮通信使と、1719年朝鮮通信使に随行した。朝鮮人参輸入政策に不満を抱き、1721年、朝鮮方佐役を辞任した。

[313] 1658～1734。1711年、新井白石の推挙で、江戸幕府の儒学者となる。徳川家宣、徳川家継、徳川吉宗の3代に仕え、幕府により駿河台に屋敷を与えられた。徳川吉宗のブレーンとして享保の改革を補佐した。

[314] 1650～1690。順庵の代講を勤め、順庵の子らに教えた。

肖像画を描いた[316]。

8　筑前藍島での文人交流

ア）貝原益軒（1630 ～ 1714）

福岡藩の儒学者。1682 年、益軒は相島の接待所を訪ね、日朝両国の共通語であった漢文を駆使し、李退渓など著名な儒学者の思想や、教育制度について尋ね、詩文を交換した[317]。江戸時代の中頃まで、日本の学問水準をかなり下に見ていた朝鮮通信使は、舌を巻いたという。1711 年、次の朝鮮通信使が来た時、晩年の益軒は、弟子を島に送って、薬剤に使われる動植物について質問した。

9　外交の主体性の確立を目指す

ア）新井白石（1657 ～ 1725）

6 代将軍・徳川家宣の侍講でありながら、実質的に幕政を主導した。

対朝鮮政策としては、まず、朝鮮通信使の待遇を簡略化した。通信使には食料と燃料を現物支給し、これを自炊するよう求めた。これにより、従来 100 万両掛かっていた接待費を、60 ～ 70 万両に切り詰めることができたという。また、日本の政治制度の中国風の再編を狙い、将軍家の称号を、家康以来の「日本国大君」から、「日本国王」に変

---

[315] 1675 ～ 1728。朝鮮後期の官人である。1702 年、科挙合格。1711 年朝鮮通信使として来日した時の官職は右議政であった。日本に譲歩を重ねたとして、帰国後、官爵剥奪に遭ったが、後に復帰した。

[316] 韓国国立中央博物館所蔵。

[317]『筑紫史談』。

更した。更に、国諱論争を引き起こし、朝鮮に対する過剰な譲歩を拒否した。白石は、漢文で書かれた朝鮮書籍を読んでおり、朝鮮人たちが日本人の悪口を言っていることを知っていて、「朝鮮何するものぞ」という対抗意識があった。これらの対朝鮮政策は、同じ木下門下である雨森芳洲の反撥を招いた。

10　美濃路の名医

ア）北尾春圃（1658 ～ 1741）

1711 年の朝鮮通信使で、医官の奇斗文と全昌寺で問答し、この時の様子を 1713 年に『桑韓医談』として刊行した。1719 年朝鮮通信使では、製述官の申維翰と出会い、維翰の側が春圃との出会いについて『海游録』に記録を残している。仙台藩からの招聘を断り、美濃に残ったことから、地元では高く評価されている。

11　京都相国寺慈照院僧

ア）別宗祖縁（1658 ～ 1714）

臨済宗僧侶。幕府は京都五山の僧を朝鮮修文職に任じ、対馬以酊庵に輪番で派遣しており、朝鮮との外交文書の作成や、使節の応接、貿易の監視を行わせていた。祖縁も以酊庵に派遣されていて、竹島一件の交渉に関わった。1711 年朝鮮通信使では、接伴僧として対馬から江戸まで通信使に同行し、その世話役を勤めた。この時、正使・趙泰億とは、深い友情を結び、2 人の書簡が慈照院に残っている。

12　異色の将軍、江戸城へ

ア）徳川吉宗（1684 ～ 1751）

父は紀州藩主、徳川光貞[318]。母の素性はよく分からず、農民の娘とも旅芸人の娘とも言われている。1716年、第7代将軍家継[319]が、8歳で夭折し、秀忠以来の徳川宗家が断絶した。水面下の抗争を経て、本命の尾張徳川家を差し置いて、紀州藩主の吉宗が第8代将軍の座を射止めることになった。

吉宗が将軍襲職してから、譜代大名から、間部詮房[320]、新井白石両側用人の罷免要求が高まり、吉宗はこれに応じることにした。白石の一連の改革は全面否定されることになり、特に朝鮮通信使の聘礼は天和旧格に復するものとされた。

吉宗は、朝鮮医学に関心を示した。朝鮮では、17世紀初めに、許浚[321]が『東医宝鑑』という医学全書を著し、東洋医学の最新の知識、医学技術、薬学処方について纏め

---

318 1627～1705。紀州藩第2代藩主、吉宗の実父。徳川光圀の従兄。文武両道を貫き、明律学を学んで刑法の基礎を作り、水墨画も嗜んだ。

319 1709～1716。幼名、世良田鍋松。第6代将軍徳川家宣の子はいずれも病弱で、鍋松のみが生き残った。病床に伏した家宣は、次期将軍について、尾張の徳川吉通にする案と、鍋松を将軍にして吉通を鍋松の世子として政務を代行するとの案を示していた。鍋松の擁立は、新井白石が推進した。家宣が死去し、鍋松に諱を与える者がいなくなったため、朝廷の霊元上皇が諱を授けた。鍋松を元服させた後、幼少の家継に成り代わり、生母である月光院と、間部詮房、白石が政務を代行したものの、若く美しい月光院と、独身であった詮房の間に醜聞の噂が絶えず、江島生島事件が起きている。

320 新井白石『折たく柴の記』参照。

321 1539～1615。朝鮮の医師。医科を受験して内医院に入り、王室の病気治療で功を立てた。宣祖の主治医となり、壬申倭乱時に宣祖が明との国境にある義州に逃避すると、これに随行した。墓所は、京畿道坡州市の臨津江を越えた場所にある。現在は軍事境界線に近い非武装中立地帯内であり、民間人の立ち入りが厳しく規制されている。

た[322]。この本は、日本にも持ち込まれていたが、吉宗は対馬藩に命じ、本を献上させることにした。更に吉宗は、小石川にある幕府直営の薬園を拡張し、1719年の朝鮮通信使では、日本の医者たちが一行の宿舎である浅草東本願寺に赴き、朝鮮の医官たちと医事問答を重ねた。1682年通信使以降、2名の医員の他に、1名の良医を随行させるよう日本側が求めていた。吉宗は、朝鮮薬剤を輸入し、いずれは国産化することを狙っていた。

吉宗は、対馬藩に対し、朝鮮薬剤の調査を命じた。対馬藩は、吉宗の意向を汲み取って、朝鮮人参の生草と種子を献上した。また、稲生若水[323]門下の本草学者、丹羽正伯[324]を採薬使として幕臣に登用した。

朝鮮人参の生草や種子の採種、蒔種、栽培は享保から元文にかけて普及した。これは、対馬藩の朝鮮貿易収入にとって、打撃になった。

13　光っていた異文化認識の目

ア）雨森芳洲（1668～1755）

芳洲が幼少期をどこで過ごしたかは分かっていないが、

---

[322]「中国の三皇五帝は、100歳以上の長寿を実現している。確かな養生を行えば、人間にはそれが可能である」と述べている。

[323] 1655～1715。父は淀藩の御典医であった稲生恒軒。父から医学を学び、大坂の福山徳潤から本草学を学び、京都の伊藤仁斎から古義学派の儒学を学んだ。加賀金沢藩主・前田綱紀に儒者として召し抱えられた。

[324] 1691～1756。伊勢国松坂出身で、家業は医師。本草学を京都の稲生若水に学んだ。徳川吉宗から薬草探索を目的に登用され、箱根・富士・東北各地で採取した薬草は、小石川養生所で栽培が試みられた。著書に、稲生若水から引き継いだ本草学書『庶物類纂』がある。

雨森家の父祖の地は現在の滋賀県高月町であると考えられている。芳洲は、18歳の時、木下順庵に入門した。同門に新井白石がいるが、白石は芳洲より11歳年上であるにも拘わらず、芳洲より遅れて入門している。

芳洲は、22歳の時、順庵の推挙で、対馬藩の江戸藩邸に仕官することになった。順庵の下に、対馬藩から西山順泰[325]が派遣され、勉学に勤しんでいたが、不幸にも急死し、対馬藩が順泰の跡を継ぐ者の推薦を順庵に依頼していたものと考えられる。

芳洲は、25歳の時、「唐音稽古」のために長崎に赴いている。師の木下順庵は、中国から渡来した儒学者、朱舜水[326]とも交流しており、中国語学習の必要性を説いていた。29歳の時、再び長崎を訪問し、外国語学習の困難さと意義を理解した。

芳洲は、対馬藩主・宗義倫[327]の侍講を命じられ、初めて対馬に赴いた。知行として200石を与えられ、これは上級武士と同じ水準の待遇であった。5年後には朝鮮方佐役を任ぜられ、朝鮮政策について藩主の顧問の立場に就くことになった。その時期、対馬は空前の朝鮮貿易ブームに沸いていた。日本では、銀・銅の産出が豊富で、朝鮮では薬

---

[325] 1658～1688。対馬府中藩士。木下順庵に学び、新井白石と親交があった。

[326] 1600～1682。明の儒学者。満州族の清が中国全土を占領すると、復明運動を展開するが、やがて運動を断念、長崎に亡命。水戸藩主の徳川光圀に招聘され、水戸学に思想的影響を与えた。

[327] 1671～1694。21歳で、父である第3代対馬府中藩主・宗義真の家督を相続するが、若年であったため、実権は父が掌握し続けた。父に先立った。

用人参・木綿・生糸が生産され、藩が運営する公貿易も、商人が運営する私貿易も、共に潤っていた。後日、貿易が不振になった時、芳洲は政策転換を進言する立場になった。

芳洲は、35歳から38歳まで釜山に渡り、朝鮮語の学習に励んだ。ハングルの音訓に日本語の用例を加えるという学習方法を採っており、それは後日、『交隣須知』に纏められた。対馬では、朝鮮語を話せる人はいても、教える人はいなかった。芳洲は、通訳官の養成の急務を藩に説いて、実現させた。

43歳時、1711年の朝鮮通信使では、新井白石が次々に前例無視の改革を行い、朝鮮側が「前例に非ず」として従わずにトラブルになった。対馬の役人が、間に入って苦労したという。この時、芳洲は異文化の相互理解の必要性を痛感しており、それは白石にはない姿勢だった。製述官の申維翰[328]や、書記の南聖重は、芳洲の姿勢を評価した。

52歳時、1719年の朝鮮通信使では、対馬島主の前で詩文の応唱をする時、維翰が対馬島主と朝鮮国王の格を問題にして従わなかった。また、帰路の京都で、大仏の前での招宴で、維翰が大仏前は秀吉の願堂前であり、こんな場所での招宴は受けられないと述べたところ、芳洲は一歩も譲らず激論した。「日本のことを『倭』と言うのをやめてく

---

[328] 1681～1752。朝鮮後期の文官。1713年、科挙に合格。1719年に朝鮮通信使製述官として来日した折、日本事情観察記録である『海游録』を著す。1748年朝鮮通信使が来日した折には、その消息を尋ねる日本人が多かったという。

れ」「日本こそ、我が国のことを『唐人』と呼ぶではないか」との激論が交わされたのも、この時である。

芳洲は、『交隣提醒』を著し、「互いに欺かず、偽らず、真実を以て」交際することを説いた。現代で言う文化相対主義であり、異文化に上下関係はないものとする。

14　仁斎の古義学を伝える

ア）伊藤梅宇（1683 ～ 1745）

梅宇は伊藤仁斎の次男であるが、長男の伊藤東涯とは母が異なる。仁斎や東涯は生涯仕官を断ったが、梅宇は仕官を志向した。

1711 年、将軍家宣の襲職祝賀の通信使が招聘され、周防徳山藩のお抱え儒者として、一行と詩文応酬した。1719 年朝鮮通信使では、備中福山藩主に請われて移籍し、福禅寺対潮閣で通信使と交流を重ねた。書記の成夢良との筆談が特筆されている。1719 年通信使では、例え朱子学ではない異学であっても、それを知ろうとする姿勢があった。朝鮮でも、実学[329]が台頭しつつあった。

15　大坂の画壇と文人たち

ア）大岡春朴（1680 ～ 1763）

1748 年朝鮮通信使に大坂で遭遇し、その時の行列図を残している。この絵図の最後には、将軍徳川家重[330]か

[329] 朝鮮後期に興った、小中華思想を否定する諸思想の総称。1920 ～ 30 年代の日本植民地時代に命名されたもので、体系的な思想はない。清を中華と認めようとする李瀷、国粋的な立場をとりながらも山崎闇斎を評価した安鼎福、中華思想を否定して日本の古学を評価した丁若鏞などがいる。

ら、朝鮮国王に宛てた国書の文言が掲載されている。文言は機密ではないが、春朴が文言をどこで知り得たのか、掲載に当たって当局の了承を得たのかは不明である。

イ）木村兼葭堂（1736 ～ 1802）

春朴の門下。大坂で酒造業を営んでいたが、若くして本草学や詩文に興味を持った。1764 年朝鮮通信使には、大坂西本願寺で面会し、文士の筆頭に名前が上がった。成大中の使行録『日本録』に名前が残っている。

16　近江守山宿と東門院守山寺

ア）宇野春敷（生没年未詳）

朝鮮通信使との詩文のやり取りを立派に行った知識人ということ以外に、経歴は伝わっていない。宇野宗佑元首相は、その末裔である。

イ）宇野禮泉（1722 ～ 1780）

江戸時代中期の儒者。近江の土豪。

17　朝鮮通信使に出会った少年・少女とその後の画家

ア）葛飾北斎（1760 ～ 1849）

「東海道五十三次」の中に、朝鮮通信使を登場させているが、江戸まで最後の朝鮮通信使が来た時は 4 歳であったため、直接朝鮮通信使を知っているわけではない。同作の制作が 1824 年だから、江戸まで来た最後の朝鮮通信使か

---

[330] 1712 ～ 1761。江戸幕府第 9 代将軍である。吉宗の長男。猿楽を好み、文武を好まなかったため、廃嫡されかけたことがあるが、吉宗が後継に選んだ。享保の改革の遺産で、酒造の規制を緩和したが、改革の負の遺産で、増税のやむなきに至り、一揆が頻発した。

ら60年が経過しており、円山応挙[331]のスケッチを元絵にした可能性がある。

〔3〕田代和生『書き替えられた国書－徳川・朝鮮外交の舞台裏』(中央公論社、1983年)。【日本語】

同書については本書でも取り上げているが、規伯玄方について補足として詳細を説明する。

対馬藩の外交僧である景轍玄蘇の後継者である。玄蘇が己酉約条を結ぶために朝鮮に渡った時、留守中の以酊庵の管理の一切を任された。外交僧は、漢文で書かれる外交文書の解読から起草、朝鮮の高官や文人との漢詩のやり取りをこなさなければならない。老練な政治力がなければならず、それ相応の僧位がなければならなかった。僧位を上げるには、本山で修業を積まなければならない。そのため玄方は、京都の東福寺や南禅寺で修業をした。

玄方が京都にいる間に、対馬では宗義智と柳川智永が相次いで死去し、11歳の柳川調興と12歳の宗義成[332]がそれぞれ家督を継いだ。しかしこれと前後して、柳川氏と宗氏の対立が顕在化し、柳川氏の息のかかった偽造・改竄グループが、勢力を伸ばしていた。

日朝間の文書のやり取りは、国と国との間で行われているだけ

---

[331] 1733～1795。江戸時代中期～後期の絵師。「足のない幽霊」を初めて描いた絵師として有名。立体画に接近した表現技法を編み出している。

[332] 1604～1657。対馬府中藩2代藩主。義智の長男。1615年、父が死去すると、上京して徳川家康・秀忠に謁見し、家督相続を許可される。大坂夏の陣にも、徳川方で参戦している。朝鮮通信使の待遇簡素化による財政節減や、銀山開発で藩政の基礎固めをする。1635年、己酉約条締結時に国書を偽造していたことが露見し、一時は改易の危機に見舞われるが、朝鮮との仲介役として宗氏を使うことが得策と考えた家光は、柳川調興を処罰した。

ではなかった。己酉約条で決められたように、受図書人[333]や受職人[334]も、独自に朝鮮と文書のやり取りをすることができた。玄方が柳川氏の書簡を作成しようとしたところ、原稿だけを依頼され、清書をするのは断られた。後日、清書を見てみると、玄方の原稿にはないことが書いてあった。

玄方は、義成に辞職を申し出たが、義成は柳川氏の振る舞いをそのままにし、玄方を慰留することにした。

その頃、朝鮮半島は再度の外的侵略に悩んでいた。満州の女真族が、1616年、ヌルハチ[335]の下に結集し、後金国と称し、清と改めて明を滅ぼした。清は朝鮮に対し、自らと宗属関係を結ぶか、少なくとも自らと同盟して明を滅ぼすことを求めてきた。朝鮮がこれを拒否したら、清は漢城に侵入した。清が漢城に侵入したことは、釜山を通じ、対馬の知るところとなった。日本軍が朝鮮に立ち入ることは、朝鮮が恐れることであるが、柳川氏は、それを知りながら、朝鮮に対し軍事支援を申し入れた。

玄方を正使とする使節が、釜山に到着したのもこの頃であった。玄方一行は、将軍の国書を所持していなかった。玄方一行は、上京を強く要請した。壬申倭乱以降、朝鮮側は、日本に国内

---

333 朝鮮国王から図書と呼ばれる銅印を与えられて、通交貿易上の特権を認められていた日本人のこと。

334 朝鮮に投降し、朝鮮の官職を授けられた女真人や日本人のこと。韓文鐘は、受職した日本人は、朝鮮に帰化した向化倭と、日本に居住したままの通交倭に分かれると指摘する。

335 1559～1626。明の万暦帝の時、父と祖父を明軍に殺された。1616年、後金を建国し、年号を天命と定めて、明に対抗する姿勢を示した。1618年、七大恨を掲げて明に宣戦を布告し、1619年のサルフの戦いで明軍に勝利した。1626年、2度目の対明総攻撃を仕掛けたが、明軍がキリスト教宣教師の指導で火砲を用いたため敗北し、この時受けた傷が原因と言われながら死去した。

事情を偵察されることを恐れ、日本人の上京を一切許可していなかった。当初、玄方一行も、「前例により上京は罷りならぬ」と通達されたのだが、仁祖とクーデター（仁祖反正[336]）を共にした李貴[337]が、玄方一行の上京を支持したため、一転して上京が許可されることになった。

玄方一行は、漢城において、国王による雨乞いであるとか、狼煙伝達の取り決めであるとか、朝鮮の国内事情や、軍事事情にも触れている。とは言え、玄方一行は、江戸幕府の権益を代表すると言うよりも、宗氏の権益を代表していたため、朝鮮が宗氏よりも柳川氏を重視していることが分かると、不満を表明して帰国することとなった。

玄方一行に対する上京許可は、北方の脅威に対抗するための臨時の措置であり、江戸時代を通して、日本人の上京が許可されることは二度となかった。

〔4〕鄭章植『使行録に見る朝鮮通信使の日本観－江戸時代の日朝関係－』（明石書店、2006年）。【日本語】

前掲の仲尾宏『朝鮮通信使をよみなおすー「鎖国」史観を越えてー』では、朝鮮通信使に出会った日本人個人の伝記に言及しているのに対し、この書籍では、江戸時代の各朝鮮通信使の様相を時系列的に見ている。

・1617年朝鮮通信使

---

336 1623年に発生した。西人派が光海君を廃位し、綾陽君李倧が即位して仁祖となった。

337 1557～1633。朝鮮の文人。1603年、科挙を受け、文科に及第。仁祖反正では、金瑬や崔鳴吉と行動を共にした。

北辺の後金との関係が不安定であったため、南辺の日本との関係を安定させせようとした。壬申倭乱で日本に拉致された朝鮮人の帰国も目的であったが、既に多くの朝鮮人は日本に定住しており、朝鮮国王からの一方的な諭達文には関心を示さなかった。対馬との羈縻関係強化が最大の目的であったと考えていい。羈縻関係については、後述する。

・1624年朝鮮通信使

通信使は、当初日本人を野蛮人として嫌悪していたが、対馬に到着した直後から、整然とした秩序や、物資の豊かさに驚いた。また、日本人が朝鮮の儒学と詩文に関心を抱くのを見て、日本にはあり朝鮮にはない武に対する劣等感すら抱くようになった。江戸幕府の刑罰の厳しさについては、日本人の性格がきついせいだと考え、朝鮮の徳治主義と比較した。

今次通信使以降、朝鮮は日本に対する警戒を緩め、北辺に対する警備に専念することになった。

・1636年朝鮮通信使

国際情勢が急変を告げる中での使行となった。日本に対する根深い不信と蔑視を容易に変えることはできず、日本に対する軍事的な劣等感を文化的な優越感で克服しようとした。また、対馬を羈縻しなければならず、幕府の中での対馬の立場を擁護した。大君号称や年号号称で紛糾し、日光遊覧にも容易には応じられなかったのは、復命の際に弾劾もあり得るからであった。

通信使は、至る所で書画を請われたが、文明国の人から蛮地の人への恵みであるとして、快くこれに応じ、日本の文士との交流でも、常に教える側の姿勢を取った。派手な饗宴や贈り物も、へつらいと考えることはなく、敬慕の礼であると満足した。復命の際、林羅山の文章が立派であると報告し、「これ以上、日本人を野蛮人と蔑むことはできない」と述べた。ただしこれは、日本人も進歩しつつあるという見下した気持ちから発せられた評価であった。

・1643 年朝鮮通信使

清から侵攻されるという国難に遭い、日本外交に積極的になった。丙子胡乱[338]以降、朝鮮が疲弊したのを見て、対馬が高飛車になったが、朝鮮はこれに耐えた。家光の世継ぎ誕生に対する使行は前例にないもので、幕府から強引に要請された日光東照宮参詣にも応じることにした。家光は、将軍家の権威を高めるため、家康の神格化と、東照宮の聖域化を進めようとしていた。通信使としては、こうした幕府の意図を見抜くのは困難であった。

・1655 年朝鮮通信使

朝鮮は北伐計画[339]の最中であり、東照宮での祭祀を受け入れて、幕府との協調関係を誇示した。そして、朝鮮は中華文明を継承する唯一の国であるとして、あたかも朝鮮が日本を羈縻するかのように振る舞った。

従事官の南龍翼[340]は、日本の自然の恵みと、商工業の発達を

---

[338] 1636 年から 1637 年に掛けて、清軍が朝鮮を服属させた戦争。朝鮮の朝廷が清軍の侵入を知った時には清軍は既に開城を通過しており、江華島に逃れようとした仁祖は行く手を阻まれた。南漢山城に逃げ込むものの、清軍に包囲され、40 数日後に降伏し、和議を結んだ（三田渡の盟約）。1637 年 2 月 24 日、仁祖は平民の服を着用し、清のホンタイジの前で三跪九叩頭の礼で臣下の立場を示し、許しを請うた。

[339] 朝鮮第 17 代国王、孝宗が推進した清打倒計画。済州島に漂着したオランダ人のハメルに武器を作らせ、宋時烈、宋浚吉を登用して軍備を拡張したが、孝宗の死去により中止された。

認識したが、儒教を基準にしての認識であった。日本に朝鮮との同質性を見出した場合、中華文化圏での日本の存在を認めたが、一方で異質性を見出した場合、理解しようとせず、これを、夷狄視した。

・1682 年朝鮮通信使

中原[341]で叛乱が起きたとの情報があり、朝鮮では北伐が実行できるかと色めき立ったが、誤報であった。朝鮮朝廷も、援明抗清はしないとした。本次通信使は、粛宗[342]が徳川綱吉の襲職を祝うために派遣した。日本側の文人も、朝鮮を中華文明の継承者として関心を示し、同宗同文の国としての親和感に満ちた。

・1711 年朝鮮通信使

本次の日本側の政権担当者は、新井白石であった。白石は周到に理論武装した上で、通信使に聘礼改革と日本国王という呼称の復号要求をした。通信使は、前例を理由にこれを拒否しようとしたが、もてなしているのは幕府であり、居所も日本であり、北辺の脅威も消えていなかったことから受け入れることにした。江戸で起きた国書犯諱の問題も、朝鮮がこれを認め、帰国時に対馬で書き替えた国書を交換することにした。復命時、通信使は国辱の罪で処罰されたのに対し、白石は通信使接迎に対する論功行賞として、500 石を加増された。

---

340 1628 ～ 1692。朝鮮の文人。1648 年、文科に合格。孝宗、玄宗、粛宗の 3 代に仕える。文章に秀でていた。

341 中華文明発祥地である、黄河中下流域のこと。春秋戦国時代に、周の王都があった。

342 1661 ～ 1720。1674 年、14 歳で即位。垂簾聴政を行わず、直接国を統治した。党争が最も激しい時代だった。ある党派が違う党派を完全に追い出して、一党による換局政治が主たる現象となった。

1716年、将軍家継の死去と同時に白石も失脚し、8代将軍吉宗の1719年通信使からは、聘礼制度は元に戻された。

・1719年朝鮮通信使

恐らく今次通信使の立役者は、申維翰であった。維翰は、『海游録』において、遊郭や男色について言及するなど、好奇心溢れる日本観察をした。維翰は、日本の兵制についても探索しようとしたが、日本の厳しい法度に阻まれ、探索の方法すら見付からなかった。日本の詩文の平仄が合っていないことを指摘し、その原因を究明しようともした。維翰は、関白が普段から木綿の服を着用しているのを見て、日本が倹約に励むから日本は豊かなのだと述べたが、これは、通信使が日常の日本を見て評価しているのではなく、一部を見て全体を評価することから来る誤謬であった。

・1748年朝鮮通信使

18世紀半ばには、東アジアの国際関係は安定していた。朝鮮は倭乱と胡乱の後遺症を治療した。朝鮮は、狄に対する反感と、明に代わって儒教的な価値観を守るという名分で、国内において、忠臣と烈士を顕彰する事業を推進していた。対外的には義理と名分を重視し、日本には通信使を、清には燕行使を派遣しながら、安定した国際関係を維持していた。日本においては、享保の改革を断行した吉宗は健在であったが、家重が襲職し、巷では暗愚と評された。朝鮮では、礼単人参が不足し、これを購入するための予算が不足していた。

通信使は、儒教に基づく儀礼には注視したが、日本式の儀礼は無視しがちであった。一方で、通信使の風流を知らずに、季節に合わない雉を持参した大名もおり、通信使の不興を買った。通信使は、小中華思想[343]に凝り固まっており、日本の隆盛と国力には驚きつつも、あえてこれを無視した。通信使は、幕府との親交を深めるよりも、国家の威厳を示すための儀礼的な交流を重視しようとしていた。朝鮮は、壬申倭乱以前はかなり日本を好意的に見ていたが、以後は警戒の対象になっていた。しかし通信使は、幕府のある姿勢を、過小評価していた。幕府は、対等な外交を装いつつ、通信使を朝貢使のように見せかけたのである。通信使は、国家の体面を損なわないよう、これに抵抗しただけだった。

通信使により日本国内の事情が朝鮮国内に伝えられると、日本研究が行われるようになった。代表的な人物が、許穆[344]と洪汝河[345]である。彼らは、通信使と交流し、使行録を参考にしたが、通信使の視線を借りただけであり、通信使以上の日本認識をすることはできなかった。

李瀷[346]は、読書を通じ、時勢に合わせて学問を変え、夷を見る視線も変えなければならないとした。

・1764年朝鮮通信使

---

[343] 朝鮮で唱えられた中華思想の一変種。自らを中華王朝（大中華）と並び立つ文明国と見做す文化的優越思想である。ここで言う文化とは、儒教文化のことである。周辺諸民族を夷狄、禽獣と他者化する。

[344] 1596～1682。朝鮮の文臣。文科に不合格ながらも、重く用いられた。南人で、礼訴を争った。

[345] 1620～1674。1654年、文科乙科に合格。1674年、粛宗即位時に、服喪問題の当事者になり、追放処分を受けた。

[346] 1681～1763。儒学者。父の李夏鎮が南人に属していたものの、庚申換局で平安道雲山郡に追放され、そこで誕生した。京畿道安山郡に移り、そこで成長したが、兄の李潜が父を擁護したために杖殺され、仕官の道を諦め、生涯を同地で過ごした。清が中原を統治している現実を認め、明の年号を使い続けることを批判した。漢訳された西洋科学の書籍も読み、弟子は西学派を形成してカトリックに入信する者も現れた。檀君は荒唐無稽であるとして否定した。

18世紀後半、日本も朝鮮も、慢性的な財政難に瀕していたが、国内政治は勿論、東北アジアの国際情勢も安定していた。慣行も確立しており、紛争の起こる心配もなかったので、朝鮮側にも通信使派遣に反対する声はなかった。しかし、通信使に要する費用は莫大で、「嶺南道（慶尚道）の半分の財産を倭に貢ぐ有様」となっていた。対馬も「幕府の威光と日本の武威」で朝鮮を牽制していたので、根深い相互不信は、崔天宗殺害事件[347]として吹き出すしかなかった。通信使は、日本の学問水準を軽蔑しながらも、日本の富の豊かさは意外に感じた。

朝鮮側の、日本コンプレックスは強烈であった。朴趾源[348]は、夷に対して先入観を捨てた視線で異文化を眺めようと述べていながら、日本に対しては優越意識を持っていた。趙曮[349]は、江戸で国書伝達式を見ながら、「恥と憤りが倍に増した」と嘆いた。朝鮮は、小中華でありながら、倭皇でもない関白の前に進み、四拝礼まで行い、「よその力を借りて、群衆の意を鎮圧」しようとする幕府の政略に従い、朝貢使扱いされることに対する憤懣があった。

通信使を政略的に利用した、幕府による日本型華夷秩序[350]が

---

[347] 1764年4月7日、大坂の北の御堂の旅館で、対馬の通辞役である鈴木伝蔵が、来日中であった朝鮮通信使の随行員、崔天宗を殺害したもの。口論の末の殺害であり、逃亡した鈴木は摂州小浜で捕らえられ、朝鮮通信使の立会いの下、同年5月2日に死刑に処せられた。当時は唐人殺しと呼ばれ、歌舞伎の題材にもされたが、その一つ『世話料理鱸包丁』は、2日間で上演が中止させられた。

[348] 1737～1805。朝鮮の思想家。清の進んだ文物を取り入れるよう主張したが、性理学に反するとされ、受け入れられなかった。紀行文『熱河日記』は、『海游録』と並び称せられる。

[349] 1719～1777。朝鮮の文臣。朝鮮の英祖から日本の徳川家治に派遣された朝鮮通信使で、正使を勤めた。

朝鮮に対する優越感を助長し、1789年、中井竹山[351]が『草茅危言』で朝鮮通信使を批判した。本居宣長[352]も、『からおさめのうれたみ』で外国に対する称号を厳しくするよう主張した。

本次通信使は、朝鮮にサツマイモを持ち帰り、東莱と済州島で栽培した。

・1811年朝鮮通信使

易地通信であり、通信使は、大坂はおろか、対馬にしか行かなかった。松平定信[353]が提起した易地通信の理由は、朝鮮蔑視ではなく、単純に、天明期に凶作や災害が相次いでいた状況での、経費節減であった。朝鮮も、消極的に易地通信を受け入れた。対馬では、江戸から来た儒官と交流はあったが、儀礼的であり、盛り上がりに欠けた。国学者が、日本古代史と古典を基に、朝鮮蔑視論を醸成し、朝鮮を遠ざけようとしていた。

本次を以て、通信使外交は幕を下ろした。両国は、旧例尊重と

---

[350] 江戸時代中期に発生した国学思想を基にする。林鵞峯は、明清交替を華夷逆転だとして驚いた。山鹿素行は、中国は王朝が頻繁に交替し、君臣関係が守られないが、我が国には万世一系の天皇が存在しており、外国から侵略されたこともないと述べた。佐藤信淵は、『混同秘策』において、皇国は世界の中心であると述べた。

[351] 1730～1804江戸時代中期の儒学者。10歳で大坂の懐徳堂に入門し、53歳で懐徳堂の第4代学主となった。各藩からの招聘も断り続け、懐徳堂の官学化を目指すなど、懐徳堂と共にした人生を歩んだ。大坂城主・堀田正順と親交を結び、大坂城の出入り自由が許されたが、大坂大火で懐徳堂は消失し、幕府からも再建資金が期待したほど出ないなど、晩年は不遇であった。

[352] 1730～1801。江戸時代の国学者、医師。家業である江戸での商売には興味がなく、京都に遊学し、契沖の文献考証と賀茂真淵の古道説を継承した。仏家神道や儒家神道を漢意であると批判し、大和心を強調した。著書『古事記伝』は、衝撃を持って受け止められ、それまで『日本書紀』の副読本に過ぎなかった『古事記』を、独自の価値を持つ史書としての地位を獲得させた。

[353] 1759～1829。白河藩第3代藩主。一時は将軍・徳川家治の後継と目された。白河藩での天明の大飢饉の対応が評価され、老中に迎えられる。

いう消極的理由ながら、1856年、大坂での通信使聘礼を計画したが、両国の事情により実現しなかった。しかし、朝鮮は、幕府や対馬の慶弔の度に訳官使を対馬へ派遣したり、異国船が出没すると、幕府に通報したり、信義ある交隣を保とうとした。

（5）李元植『朝鮮通信使の研究』（思文閣出版、1997年）。【日本語】

本書は、鄭章植『使行録に見る朝鮮通信使の日本観－江戸時代の日朝関係－』と同様に、朝鮮通信使を時系列的に見ている。本書の結語に注目してみる。

日朝交隣は、倭寇に端を発する。倭寇の禁制求請使が日本に派遣され、朝鮮王朝と室町幕府の間に使者の往来が開始した。これにより、日本には通信使が、中国には燕貢使が派遣されることになった。

壬申倭乱以降、日朝の善隣友好関係の復活の経緯では、徳川征夷大将軍と、朝鮮国王が対等の抗礼関係を樹立することが目指された。

朝鮮通信使の性格は、初期には俘虜の奪還が目的であった。これと同時に日本の国情視察が行われ、それ以降は修好に重点が置かれるようになり、将軍の代替わり祝儀の賀使として定例化され、1607年から1811年まで、12回の通信使が派遣された。

日本としては、幕藩体制の下、朝鮮と琉球を通信の国として、中国とオランダを通商の国として関係を維持した。対馬の領主・宗氏に対しては、朝鮮貿易に対する特殊権益を認め、朝鮮に関する渉外事務を担当させた。幕府による外交は、幕府の威光を知らしめるものとされた。

朝鮮通信使の任務は、幕府の征夷大将軍に謁見し、朝鮮国王からの国書と別幅（贈り物）を進呈し、将軍から朝鮮国王への返書と別幅を受け、帰国して国王に復命することであった。朝鮮国王からの国書原本が、1607年と1617年のものが京都大学総合博物館に、1682年のものが京都藤井有鄰館に、1811年のものが外務省外交史料館に現存している。

朝鮮は、文化的接触に備えて、詩文と書画に秀でた文才を選んだ。朝鮮通信使の入国があると、日本の儒者、文人、僧侶たちは、沿道の客館に馳せ参じ、書画の揮毫を請い、筆談を通じて朝鮮の歴史、文化、風習、制度、医事、果ては中国の事情に至るまで通信使たちに質問した。詳細については、省略する。

近年、朝鮮通信使の訪日を、入貢と見做す見解を発表した歴史学者がいる。根拠として、①『朝鮮人大行列大全』（朝鮮人来朝物語序）に通信使をあたかも朝貢使であるかのように説明している。②徳川将軍の称号を、日本国大君に設定することにより、朝鮮を一段低位に置いた。③通信使の京都での通路を、天皇の権威が傷付けられるのを防ぐために変えた点などを挙げている[354]。それに対し、李は次のように反論している。

① 国学者の間には、古事記・日本書紀の伝承により、朝鮮を朝貢国と見做す意識が流れている。しかし、これが徳川政権の対朝鮮観と見ることはできない。出典も、通俗的刊行物に過ぎない。

② 大君号について、新井白石は、朝鮮国王子の爵号であることを知り、国王号に改めた。大君号の設定により、朝鮮を一段低く見たとは言えない。

[354] 荒野泰典『近世日本と東アジア』（東京大学出版会、1988年）。

③　1655年通信使従事官、南龍翼『扶桑録』に、対馬の藩主が、倭王（天皇）の要請として彩牋を使臣に送り、揮毫を求めてきたので、三使は古詩を書写して送ったとある。天皇の権威を持ち出す必要はない。

また李は、通信使を朝貢使と見做すことの不当性として、次の根拠を挙げている。

(1)　朝鮮が、講和条件として、家康の先の書契を求め、戦乱中に王室陵墓を暴いた賊の引き渡しを求めたところ、幕府がこれに応じた。朝鮮の方が、立場が上である。

(2)　通信使の訪日は、幕府の招請があって行われた。朝貢使は招かれて来るものではない。

(3)　対等儀礼の原則に基づき、国書と別幅が交換された。

(4)　平成天皇が、韓国の盧泰愚大統領（当時）が訪日した際、宮中晩餐会において、「我が国は国を閉ざしていた江戸時代においても、貴国の使節を絶え間なくお迎えし、朝野を挙げて歓迎したとのことです」と述べた。

(5)　日本の知識人たちは、通信使との交流を、終身の栄誉として誇っていた。

(6)　朝鮮使節の行列絵図に見られるように、巡視旗、清道旗、令旗について、大坂の懐徳堂の学主を勤めた中井積善は、「清国より朝鮮に使者のゆく時は、定めてしかるべし。我が邦をかれが属国として使者を遣わし、公然として我を辱めること憎むべし」と訴えている。

(7)　朝鮮使節は、江戸に登城したが、日本の使節は釜山倭館止まりで上京を許されなかった。朝鮮の方が、立場が上である。

(8) 朝鮮使節が将軍に謁見した際に行った四拝礼を以て、清国に派遣された赴京貢使の四拝礼と照らし合わせ、朝貢国としての拝礼と見做す学者もいる[355]。しかし、清国に入朝した朝鮮使者は、行五拝三叩頭礼を行ったのであり、琉球王国使節は、江戸登城の際に、九拝礼乃至五拝礼を行った。

〔6〕河宇鳳『朝鮮王朝時代の世界観と日本認識』(明石書店、2008年)。【日本語】

同書についても本書で再三取り上げてきたが、改めてその内容をまとめてみる。

＜第一部　朝鮮時代の対外認識の構造と日本認識＞

・第一章　朝鮮時代の人々の世界観と日本

小中華意識は朝鮮時代前期に確立した。自民族中心主義の性格を持っており、文化相対主義[356]の入り込む余地は少なかった。華夷観は、女真・日本・琉球・東南アジアなどを他者化したが、同時に包摂の論理も持っていて、向化政策[357]に見られるような受容政策を展開した。

倭乱と胡乱を経た17世紀前半、朝鮮思想界では極端な華夷峻別

---

[355] 三宅英利『近世日朝関係史の研究』(文献書院、1986年)。

[356] アメリカの文化人類学者、フランツ・ボアスが提唱した概念であり、1948年にジュリアン・スチュアートが広めた。「何が正しく何が間違っているかという自分たちの基準で文化を判断しない」「異なる文化的慣習を、その文化的文脈の中で理解しようとする」を骨子とする。これとは反対に、自分か中心主義とは、自分が育ってきた民族・人種の文化を基準として他文化を否定的に評価したり、低く評価したりすることで、レイシズムと結び付く。ただし、嬰児殺しや女性器切除のような慣習に至るまで、文化の名において正当化されるかは疑問がある。

[357] 朝鮮沿岸で海賊行為を働く女真人や日本人に対して、朝鮮に帰化させたり、朝鮮の官職を与えたりして非武装化を目指す政策。これにより、かなりの海賊が平和的な通交者に変貌した。

論が強調され、外来文化と異民族に対する排他的な認識が広まった。こうした朝鮮中華主義では、周辺諸国を他者化すると言うよりも、周辺諸国を除外した。言い換えれば、朝鮮中華主義は、中華を中国の土地に固定されたものではないとしながらも、国際社会の中で民族・地域を超えた普遍的な価値があり、朝鮮が継承した明の文明を絶対的な価値基準としたのであった。朝鮮の価値基準を理解しない、あるいは受け入れようとしない民族・地域に対しては、排他的認識で臨んだ。これは、北方遊牧民族に対し、農耕民族である漢族が示した蔑視を、そのまま受容した。

朝鮮時代の人々の小中華意識と朝鮮中華主義は、文化主義的な華夷観に基づいており、独自の天下観と世界観に基づいた新たな発想とは言えず、中華主義的な華夷観から脱することはなかった。その結果、近代に中華主義的国際秩序が崩壊した時、朝鮮はこれに対応できず、独自の進路決定に失敗した。

・第二章　朝鮮時代後期の対外認識の構造と日本認識

朝鮮時代後期における思想の主流は、朝鮮性理学の深化と教条化であり、対外観における小中華意識の確立であった。17 世紀の宋時烈に見られる華夷観ないし対外認識は、朝鮮後期の政治・思想界の主流をなし、19 世紀まで続いていく。しかし、清が中国を統一した 17 世紀末以降は、小中華思想はその思想的役割を果たしたにも拘わらず、形を変えることなく存続した。

18 世紀半ば以降、華夷観からの脱皮及びその克服は、実学者によって展開された。彼らは、朝鮮の独自性を確保すると同時に、各国の個別性・対等性を認めようとしており、前近代の朝鮮思想史上では進歩的であった。しかし彼らも、華と夷を区分することをやめることはできず、国家間の対等な関係を志向するには至らなかった。

それと言うのも、1801年以降に勢道政治[358]が行われるようになると、執権派である老論[359]系の小中華意識は、更に強化されたのである。一時は北学[360]が勃興し、清の学問、ひいては西洋の学問を学ぼうとする姿勢も現れたが、18世紀末になると、北学は事大守旧の論理として利用されただけだった。

華夷観の全面的克服は、19世紀半ばに崔漢綺[361]を経て開化派[362]へと至り、漸く達成された。開港以降、開化派官僚は、万国公法[363]を受容して、清に対する事大関係を清算し、西欧列強と条約を締結し、近代的な国際体制への編入を実現した。

---

[358] 朝鮮後期の政治形態。王の信任を得た人物もしくは集団が、政権を独占的に担う状態を指す。士林派の思想が基礎にあり、有能な人物が王を補佐し、世の中を教化するものとされたが、幼君が相次ぐ中、外戚や寵臣が政権を担うものへと変質した。

[359] 朝鮮時代の朋党の一つ。元は西人で、1680年の庚申換局の時に少論と分かれた。宋時烈の支持者が多かったが、1689年に宋時烈が処刑されると勢力は減退した。1724年、英祖が即位すると、政権に返り咲いた。

[360] 朝鮮後期には、士大夫たちは、老論、少論、南人、北人の四色党派に分かれていた。老論派の中からも、伝統儒教を批判して、利用厚生による生産力の発展と民生問題の解決を主張した一派が北学派であり、朴大容、朴趾源、朴斉家などがいる。彼らは朝鮮儒教の尊明排清を批判し、利用厚生のためには北（＝清）の長所から学ぶべきとした。入清したイエズス会士を通じて西洋の科学技術からも学ぶべきだとした。

[361] 1803～1877。朝鮮の実学者。開城出身。1825年に、科挙に合格したが、仕官していない。清から輸入した書物で、読書と著作に専念した。その内容は、天文学、地理学、数学、果ては社会思想に及び、経験主義哲学の影響を受けている。

[362] 明治維新の影響を受けて、1870年代に朝鮮宮廷内の若手の両班を中心に形成。1884年、金玉均・朴泳孝らが中心となり、福沢諭吉邸を拠点にし、慶應義塾の関係者が全面協力して朝鮮に武器・弾薬を送った。1894年、日清戦争時に、親日政権に参加したが、1895年に親露派の事大党に追われた。

[363] 国際法学者ヘンリー・ホートンの著作≪ Elements of International Law ≫の漢訳名。漢訳したのは、アメリカ人プロテスタントの宣教師、ウィリアム・マーティン。19世紀後半から20世紀前半にかけて、東アジア各国に国際法を普及させた。

・第三章　朝鮮半島の人々の対馬認識－朝鮮時代を中心に

① 対馬故土意識。往時において対馬は朝鮮の地であったとする。

② 対馬藩屏意識。対馬は朝鮮の東藩であったとする。

③ 対馬区分意識。対馬は日本の本州とは異なるとする。

朝鮮朝廷は、対馬は例え領土としては日本に属していても、政治的には朝鮮の藩属国であると見做していた。これは、対馬征伐後に、一時対馬が慶尚道に属していたこと、対日通交体制下で、対馬が朝鮮の国際秩序の中に藩臣として編入されたことがあるという経緯がある。

朝鮮朝廷は、対馬に対日外交の窓口としての役割を担わせる代わりに、授図書制と受職倭人制を実施し、歳遣船[364]や歳賜米豆を支援した。典型的な外夷羈縻の形態である。

朝鮮時代のこうした対馬認識は、明治維新後、日本が王政復古し、外交を東京の外務省に一元化したことにより、対馬の役割が解体され、一変した。日本帝国主義により国土が蹂躙される中で、領土に対して強い執着を持つ民族主義者にとっては、対馬は更なる回想の対象になった。

今日の韓国人は、対馬のみに故土意識を抱いているわけではない。高句麗や渤海の故土である中国東北地方への郷愁、日本帝国主義の策略によって奪われた間島[365]に対する失地回復運動も含んでいる。戦後間もなくの、李承晩[366]大統領による対馬返還要求に

---

[364] 室町時代以降、修好・交易のために、朝鮮に派遣された船。約条により船数が制限された。1871年、廃止。

[365] 豆満江以北の満州にある朝鮮民族居住地を指す。現在の中華人民共和国吉林省東部の延辺朝鮮族自治州一帯。

は、このような歴史性がある。

＜第二部　日本認識の展開＞

・第一章　朝鮮時代初期における対日使行録の日本認識

李芸[367]、宋希璟、申叔舟の日本観を比較した。

彼らの共通点として、対馬征伐以後、室町幕府の将軍と、西日本の豪族の勢力関係を正確に把握したことが挙げられる。また、実用的な観点から日本の文物を認識し、日本の文化的な独自性を認めていた。更に、日本人全体に対しては夷狄視したものの、日本人個人に対しては好意を示した。関心の対象が政治や軍事に集中し、日本の儒教や仏教には関心がないことも挙げられる。

相違点としては、李や宋が日本の天皇に対してほとんど関心を示さなかったのに対して、申は天皇と室町幕府将軍の関係を明らかにしようとしたことが挙げられる。日本の将軍と朝鮮国王とが対等の儀礼を行っていいのかという問題があったからである。

---

[366] 1875～1965。朝鮮の独立運動家であり、大韓民国初代大統領。科挙が廃止されたため、アメリカ人宣教師によるミッション・スクール培材学堂に入学し、第1期生となる。アメリカのプリストン大学で哲学博士号を取得。同大学総長が、後にアメリカ合衆国大統領となり、民族自決の原則を唱えたウッドロウ・ウィルソンであり、ウィルソンは自宅で開催していた懇親会で、李のことを「将来の朝鮮独立の救世主」と紹介していた。1919年、上海で大韓民国臨時政府初代大総理に就任。朝鮮の独立達成には国際連盟による委任統治が必要との見解に立ったが、左派の李東輝から「第二の李完用」と批判され、上海を去り、アメリカでロビー活動に専念した。李は中国国民党にも人脈を広げており、戦後、ダグラス・マッカーサーに李を推薦したのは蒋介石だった。韓国初代大統領に就任した後は、失脚まで独裁者として振る舞い、「与党と野党」「体制と反体制」の対立図式ではなく、「李と議会政治家たち」の対立図式となった。反共統一、北進統一の方針を貫いたが、1960年の4・19学生革命で失脚し、ハワイに亡命して、同地の養老施設で客死した。

[367] 1373～1445。朝鮮の外交官。8歳の時に、倭寇に母親を拉致され、母親を救出することを目的に、拉致された朝鮮人の本国送還に努める。1416年、琉球に派遣されるが、これは、朝鮮が琉球に派遣する最初で最後の使節になった。

・第二章　朝鮮時代後期の通信使使行員の日本認識－1764年甲申通信使の元重挙を中心に

1764年使行録としては、正使・趙曮の『海槎日記』が著名であるが、元重挙が書記の立場で書いた『乗槎録』の方が遥かに詳しいと言われる。また、元の『和国志』は、日本国志としては、それ以前の通信使の日本見聞の蓄積を踏まえた、最高峰であると言われる。

しかし元は朱子学者であり、朱子学で日本人を教化するとの意思を持って日本に赴いた。日本の古学派儒学に対しては、公正な判断を下せる立場ではなかった。また元は、江戸幕府はいずれ崩壊するであろうとの予測を立てた。とは言え元は、日本の討幕派が依って立った国学については知るところがなく、100年後の江戸幕府崩壊には西洋という要素が絡むことも予測しておらず、江戸幕府が義理名分論の立場では筋が通らないからいずれ崩壊するであろうと予測したに過ぎなかった。

・第三章　朝鮮後期の南人系実学者の日本認識

17世紀の洪汝河や許穆は、小中華的世界観の中で、日本夷狄観の体系化を試みた。しかし、彼らの関心は、政治・軍事に偏っており、社会・文化に関心を向けることはなかった。

18世紀半ばになり、華夷的名分論から脱却し、日本を客観的に眺めようとする動きが始まった。こうした動きは、主に、李瀷や丁若鏞[368]などの南人派の実学者が担った。李は、日本史や日朝関係史を体系化し、日本の再侵略の可能性に対して対案を提示し、特に、丁においては、日本儒教研究を始めるに至った。南人でありながら、特殊な位置に立つのが安鼎福[369]である。安は、朝鮮中心の華夷観を理論的に深化させ、日本夷狄観を強力に主張し、日本との関係においても、原則論と名分論に立った強硬な立場を堅持し、日本の再侵略に対して警戒を促し、日本の再侵略への対策を提示しようとした。

北学派の李徳懋[370]や金正春は、日本の文化的な分野に関心を示し、日本の実力が向上していることを認めたが、一方で日本による再侵略の可能性もより深刻に考えるようになった。

・第四章　朝鮮時代の漂流民の日本認識

朝鮮知識人の日本体験は、書籍を通じた間接体験であり、侮蔑を含んだ先入観があった。それに対し、漂流民は、日本を直接体験しており、日本人は命を救ってくれた恩人との認識があった。初期の漂流民は、奴婢にされたり、売買の対象にされたりすることがあったが、朝鮮朝廷が漂流民送還に恩賞を支給するようになると、鄭重な扱いをされることが多くなった。漂着地から長崎までは漂着地の藩主の負担、長崎から対馬までは幕府の負担、対馬から釜山までは対馬の負担とされた。朝鮮人漂流民の中には、長崎でシーボルトに会った者もおり、朝鮮にとっては貴重な情報源となった。

---

[368] 1762～1863。朝鮮の儒学者。南人の家庭に生まれ、1789年、科挙合格。西学に関心を示したため、カトリックを信じているのではないかという疑惑を招き、多くの親族が処刑される中で、自身も全羅道康津へ流刑に処せられた。伊藤仁斎・荻生徂徠・太宰春台を評価しており、「劣っているとは言え日本にも文は存在しており、文が存在している以上朝鮮再侵略はないであろう」と述べている。韓国初のキリスト教教義書である『主教要旨』を、漢字・漢文ではなくハングルで著した。

[369] 1712～1791。朝鮮の文臣。李瀷の弟子。朝鮮が建国される前、殷が朝鮮を征服し、殷の政治家である箕子が建国したことから、朝鮮は礼と文の国であり、中華の正当な継承者であるとする。檀君神話には、仏教説話を基にしたと思われる要素が多いことから、これを荒唐無稽であるとして否定した。漢四郡や、渤海も朝鮮史から除外した。

[370] 1741～1793。朝鮮の学者。国王直属の奎章館の検書官であり、百科全書『青荘館全書』を著した。

・第五章　開港期の修信使の日本認識

修信使は、1876年から1882年まで、4次派遣された。1876年とは、日朝修好条規[371]が締結された時である。1882年とは、朝米修好条規[372]が締結された時である。この6年間で、日朝関係は、伝統的な交隣体制から、近代的な外交秩序に移行した。もともと、1840年に清がアヘン戦争で敗れて以来、東アジア諸国と西欧諸国は近代的な外交秩序で結ばれることになったが、東アジア諸国同士では、伝統的な交隣関係で国交を続けていたのであった。

修信使は、日本が富国強兵を成し遂げたという認識では一致していたが、明治維新のような近代化政策を朝鮮でも取り得るか否かについては、認識が一致していなかった。

〔7〕関周一『日韓関係史』(吉川弘文館、2017年)。【日本語】

本書は、古代からの日韓関係を説明している。その日本列島の存在が、中国文明に知られるようになったのは、漢四郡の設置が契機である。西暦44年、韓の廉斯人蘇馬諟が楽浪郡に朝貢し、後漢を建てた光武帝は、漢廉斯邑君に封じている。奴国が後漢に使者を派遣し、「漢委奴国王」の金印を授かるのが、57年のことである。韓の一国である廉斯国の後漢遣使とそれに対する冊封に刺激され、奴

---

[371] 1876年締結。清が、宗主国として江華島事件の責任を取らないと明言したため、朝鮮は清の冊封から独立した主権国家であると明記した。片務的領事裁判権が設定され、朝鮮の関税自主権は否定された。

[372] 1882年締結。アメリカと清の間の条約案文を朝鮮が事後承認し、清の馬建忠と立ち合いの下に、アメリカ海軍総督・シューフェルトと、朝鮮正使・申櫶と副使・金弘集の間で結ばれ、条約文は英文と漢文で作成された。清の李鴻章は第1条に、朝鮮が清の属国であることを明記しようとしたが、アメリカに拒否されたため、朝鮮国王自らが、朝鮮は清の属国である趣旨の文書をアメリカ大統領に送付することで妥協した。

国が後漢に遣使した可能性がある。奴国と廉斯の交流が、列島と中国の交流を促すことになった。107年に倭国王師升が後漢に遣使しており、廉斯が仲介したものと思われる。

この時期、九州北部を中心に、日本では鉄の需要が増していた。鉄は日本国内では入手できなかったので、奴国と廉斯の交流には、鉄の入手が絡んでいたことが推測される。なお、147年から189年に掛けては、倭国大乱が起きている。気候の寒冷化が背景にあると思われる。瀬戸内を中心に、防衛施設である高地性環濠集落が普及するが、高地性環濠集落は、狗邪韓国の大成台遺跡や、鳳凰台遺跡にも見られる。

魏になると、中国の倭国への窓口は、帯方郡になった。邪馬台国の女王・卑弥呼も、帯方郡に使者を送っている。韓は、辰韓・弁韓・馬韓に分かれており、帯方郡に統治されていた。一部の韓は、帯方郡に従わずに叛乱を起こし、帯方郡大守・弓遵を戦死させたが、二郡から討伐を受け、滅ぼされている。

ヤマト王権が、日本統一に乗り出せた要因に、鉄の使用があった。ヤマト王権が、朝鮮半島進出に拘った理由に、鉄の入手があった。折しも、高句麗が南下しようとしており、百済は日本と同盟して高句麗の南下を防ごうとした。

戦前は、4世紀後半以降、日本が半島南部を領域的に支配しており、任那日本府という出先機関が存在していたものと考えられていた。しかし、戦後はそのような考えは否定されている。日本府は、『日本書紀』の古訓で、ヤマトノミコトモチのことであるとされる。ヤマトノミコトモチは、欽明天皇[373]の時代に集中的に現れる。遠隔地に常駐する官職ではなく、天皇の言葉を伝える使節である。その人員は、倭国から派遣された中央豪族と、中央豪族に付随した地方豪族と、現地の倭系人士から成っていた。ヤマトノミコトモチは、百済の聖明王が、新羅の伽耶進出を危惧して主催した、任那復興会議に参加した。

当初、列島と半島の交流は、国と国との一元的な交流ではなかった。日本の信濃地域から、伽耶独特の鉄剣が見付かるなどしている。ヤマト政権としても、地方の豪族が独自に半島と交流するのを抑制するほどの権力がなかった。しかし、527年の磐井の挙兵[374]では、ヤマト政権が地方豪族による独自の交流を抑制しようとした痕跡が見られる。570年、越の道君が高句麗使に対して天皇を詐称した事件があり、天皇を称さなければ交流が成立しなくなったのがこの頃であると思われる。

この時期の倭国の対朝鮮政策は、親百済一色のように思われがちだが、それとは少し異なる。639年には恵隠[375]らが、640年には高向玄理[376]が新羅の仲介で唐から倭に帰国している。新羅として

---

[373] 509～571。百済の聖明王と任那復興について協議していた。しかし、聖明王が死去すると、新羅軍が勢い付き、任那を滅ぼした。これに対し、新羅に対して討伐軍を送るが、新羅の罠に掛かり、退却。在位中に、百済から仏教が公伝した。

[374]『日本書紀』によれば、527年、大和朝廷は、新羅に奪われた南加羅を奪回するため、任那に派兵しようとしたが、これを知った新羅は、筑紫国造・磐井に贈賄し、大和朝廷軍の進軍を妨害したという。しかし、本件に関しては、『日本書紀』以外にほぼ文献資料がなく、朝鮮側の『三国史記』『三国遺事』にも言及がない。

[375] 生没年不詳。近江国滋賀郡出身の漢人。608年、小野妹子に同行して唐に渡るが、帰国は31年後になり、639年に新羅の送使に従った。

[376] ？～654。608年、聖徳太子に選ばれ、隋に赴くものの、新羅経由での帰国は31年後の639年になった。646年、遣新羅使として新羅に赴き、新羅から任那への調を廃止させる代わりに、新羅から人質（金春秋）を差し出させた。654年、新羅経由で唐に赴き、3代皇帝・高宗に謁見するものの、病気になり、客死した。

も、倭に便宜を図ることで、倭との友好関係を維持しようとしていたのである。百済との関係では、607年遣隋使帰国時の国書が、百済に不都合と見られて、百済から強奪される事件が発生している。百済が倭の国書に接近できる立場にあったことを示す一面、倭の外交行動全てを信頼していたわけでもなかったのである。むしろ倭の対朝鮮政策の基本は、任那での鉄権益の擁護であった。倭国としては、新羅による伽耶併合を承認する代わりに、伽耶権益を新羅が倭国に提供するものであり、これを任那の調と呼ぶ。

百済と高句麗に挟まれた新羅は、親唐路線を採ることになった。650年、唐の年号を採用し、独自の年号を廃止した。651年には官制改革を行い、執事省以下中国風官制に改めた。同年、新羅は唐服を着た使節を倭国に送り込み、親唐政策を対外的にも示している。660年、唐と共に百済を挟撃し、これを滅ぼした。しかし、百済統治は難航し、遺臣たちによる百済復興運動が各地で起こった。倭国は、復興運動のために、倭国に滞在していた豊璋[377]に倭国の冠位を授けて帰国させ、百済を自らの国際秩序に包摂することを目論んだ。それにも拘らず、復興運動は内紛を起こし、白村江の戦いで大敗を喫した。豊璋は高句麗に逃げ、復興運動は瓦解した。唐は、列島に反唐勢力が残存するものと見做した。倭国は、唐や新羅の来襲を恐れて、百済人の築城技術を採用し、大野城や高安城など朝鮮式

[377] 生没年未詳。百済最後の王、義慈王の王子。唐により百済が滅ぼされたものの、大部分の唐軍は引き上げ、駐留唐軍は1万に過ぎないとの知らせを受け、倭国の中大兄皇子が百済の全面支援を決断。中大兄皇子は筑紫朝倉宮に遷都し、半島に大軍を送った。豊璋は帰国を果たして百済王に推戴されるものの、鬼室福信を殺害したことから、再度の唐軍の侵入を招いた。高句麗に逃げたものの、高句麗も間もなく唐に降伏し、高句麗王族と共に、唐に連行され、流刑に処せられた。

山城を築城した。

661年、済州島の耽羅が倭国に使節を派遣してきた。耽羅は新羅の周縁部に当たり、百済滅亡後は新羅の政治的制約から離れて独自の外交を展開していた。耽羅の使者は、佐平などの百済の官位を名乗っており、百済官制を利用して独自の権力を構築しようとしていた。耽羅は、国として発展する可能性を秘めていた。

668年、唐が高句麗に進攻し、これを滅亡させた。高句麗復興運動もないわけではなかったが、小規模の内に鎮圧した。670年、高句麗王族の安勝[378]が新羅に亡命し、新羅は安勝を高句麗王に封じ、新羅が高句麗を従えるという国際秩序を生み出そうとした。しかしこれは、唐の認めるところではなかった。674年、唐は新羅侵攻に乗り出したが、新羅は交戦に消極的な貴族を処罰した上で、唐を撃退した。唐は、更に新羅に進攻しようとしたが、吐蕃[379]が唐に進攻を始め、これ以降唐は東アジアに積極介入することはなくなった。

8世紀になると、東アジアにおいて、律令制国家群が成立した。倭国では独自の律令を制定したものの、新羅では唐から冊封を受けている立場から、独自の律令は制定しなかった。契丹[380]の李尽忠[381]の反唐蜂起が挫折した後、高句麗遺民や靺鞨[382]が自立し、

---

[378] 生没年未詳。新羅の文武王から高句麗王に封じられ、報徳王と称したが、新羅の神文王は安を新羅の都・慶州に移し、金氏の姓を授けた。

[379] チベットにあった統一王国。618年建国、779年滅亡。安史の乱以降は、唐に対して軍事的優位を保ち、763年には長安を占領した。シルクロードに支配権を及ぼしたこともある。唐との間では対等・平等な国境線画定と和平協定を結び、唐から貢女と朝貢が行われた。

[380] モンゴル系の民族である。916年、遼を建国。1125年、金の侵攻により遼が滅亡すると、耶律大石の一派に導かれ、西に向かって西遼を建国した。

698年に振国[383]を建国した。降国は、唐から冊封を受けると、713年に渤海と称するようになった。3代・文王[384]の頃には、唐の制度を模倣して、三省六部を創設した。

7世紀後半から9世紀前半にかけて隆盛を誇った新羅であるが、9世紀後半になるとその政治的な衰退は顕著になった。この時期になると、日本沿岸にも、新羅人と考えられる海賊がしばしば出没するようになった。900年には甑萱[385]が後百済[386]を建国し、901年には弓裔[387]が後高句麗を建国した。918年、王建[388]が弓裔を放逐し、高麗を建国した。都を松嶽（現在の開城）に定めた。新羅は、

---

[381] ？～696。契丹のハーン（モンゴル語で「皇帝」の意味）。無上可汗（それ以上の優れた者がいないハーン）との称号を持つ。

[382] 古代東北アジアの沿海州に居住していたツングース系民族。その一部は高句麗支配下に入り、698年、高句麗人らと共に振国を建国し、渤海に至った。

[383] 高句麗復興を掲げて、698年に大祚栄が建国。高王と称した。

[384] ？～793。渤海第3代国王。本名、大欽茂。三省六部と五京制を整備し、唐に帰順すると同時に、日本との文化交流を進めた。『続日本紀』には南京府の名前が現れる。

[385] 867～936。尚州出身。892年、武珍州（現在の光州）を占領して独自の基盤を築く。926年、新羅の都、慶州を陥落させ、暫くの間、高麗に対して軍事的優勢を保った。929年、高麗に敗れると勢力が傾き始め、高麗の王建に投降する臣下が相次いだ。935年、王位継承問題で、長男の甑神剣によって流刑に処せられるが、脱出。王建に投降すると同時に、王建に神剣討伐を要請。自ら後百済を滅亡させた後に、黄山寺で凍傷により死去。

[386] 892年建国､936年滅亡。920年、高麗南端の進礼城に進軍し、高麗との戦端を開いた。922年、日本に参戦を要請したが、拒絶された。後唐にも朝貢したが、名ばかりの官職しか得られなかった。929年、慶尚北道で快進撃を始め、日本にも援助を要請したが、再び拒絶された。936年、高麗と共に、甑萱自身が滅ぼした。

[387] 857？861？～918。一旦は僧侶を目指したが、自分は新羅の王族であるとの思いから政治に転身。半島中部に勢力を拡大した頃は、一兵卒とも苦難を共にする、戦利品を分配する、などの公平な姿勢から人望を集めたが、911年、泰封を建国し、年号を水徳万歳と定めた頃から、自分は弥勒菩薩であり、長男は青光菩薩、次男は神光菩薩であると神格化の傾向を強めたために人心を失い、遂には部下たちが新しい王に王建を推戴した。王位から追われた裔は、飢えを凌ぐために畑の作物を盗もうとして、村人から殺害されたという。

慶州を中心に辛うじて勢力を保つに過ぎなくなり、935年、高麗に降伏した。

高麗と日本の外交交渉は、高麗主導で行われた。高麗は、937年と939年に牒状を送ってきたが、日本は大宰府が返牒を持たせて帰国させている。日本側が外交関係を拒絶したのである。10世紀以降、日本の朝廷は、外国の首長から日本の天皇に宛てた外交文書には返書をせず、中央の太政官もしくは地方官衙の大宰府が返牒している。972年の使者も、返牒を与えただけで帰国させた。997年には、朝鮮半島で日本人の倭寇が狼藉行為を働いたことに対する抗議が送られてきた。日本の朝廷は、これを、日本国を辱めることが目的か、さもなければ宋の謀略ではないかと受け止め、返牒をしないと同時に、要害を警固し、祈祷に努めることにした。

1079年、高麗は大宰府に医師の派遣を要請してきた。医師を派遣して治療に失敗したら日本の恥との意見に基づき、朝廷は要請を拒絶した。医師の派遣を拒絶する理由として、日本の朝廷は、高麗の牒状の形式的な不備を指摘している。このように、君主間の使節が往来し、方物を交換するという通交関係は成立せず、使節は大宰府に留め置かれ、京都に上ること（上洛）は許されていない。

---

[388] 877～943。初代高麗王、太祖。新羅の末期、叛乱軍の首領・弓裔の部下として頭角を現し、裔が地方政権である後高句麗を樹立すると、その首相格となった。周囲から推されて、918年に王位に就き、開京（現在の開城）に都を定めた。高麗の国号は、高句麗の後継国家との意識から命名した。935年、新羅王敬順が高麗に投降すると、新羅王の娘を妃として迎え、多くの新羅貴族を高麗の官僚に起用した。926年、渤海が契丹に滅ぼされると、多くの渤海遺民の高麗亡命を受け入れ、彼らを官僚として起用した。936年、南西部にあった後百済を平定し、更には北西に進出して、平壌を回復し、西京と改称した。こうして、高麗の領域は、ほぼ朝鮮半島全域に及んだが、北部領土はまだ鴨緑江に達していなかった。国境は仏教とした。後百済が最後まで抵抗した全羅道は叛逆の土地とし、全羅道差別の源流になった。

両者の交渉の背景には、互いが持つ小中華意識があった。日本では古代以来、新羅や渤海を朝貢国と見做しており、高句麗・渤海の後継者と見做される高麗を、日本よりも下位に位置付けようとしていた。その一方で、高麗も日本に対して小中華意識を持っており、牒状に「聖旨」「詔」という表現を使用し、高麗国王を中国皇帝に準えていた。以上の交渉は、両者の小中華意識の衝突という側面があった。

1019年3月末から4月にかけて、大宰府管内に刀伊が侵入した。刀伊とは、高麗の女真に対する呼称で、のちに金を建国するツングース[389]系民族であり、沿海州方面に住み、狩猟・牧畜を行っていた。これらの女真海賊は、現在の咸鏡道の咸鏡平野を拠点にしており、朝鮮半島東岸を略奪し、鬱陵島にあった于山国[390]は、頻繁に襲われていた。女真海賊は、50余隻の船団で対馬・壱岐を襲い、筑前国怡土郡に上陸し、千数百人を捕え、老人や子供を含む400数十人を殺し、牛馬や犬を殺して食べ、穀米を略奪し、民家を焼くなどの被害を与えた。中納言兼太宰権帥・藤原隆家[391]は、朝廷に急

---

[389] 満州からシベリア、極東にかけての東北アジアに居住し、ツングース語族に属する言語を母語とする諸民族を指す。エヴェン人など極地に居住する北方ツングースと、満州族など中国東北部から沿海州にかけて居住する南方ツングースとに分かれる。現代中国語の「東胡（東の異民族)」から派生したとも言われるが、根拠がないとも言われる。

[390]『三国史記』に、512年に新羅により服属させられたとある。竹島に国家が成立していたとは考えにくいので、鬱陵島を単独統治していたものと考えられる。

[391] 979～1044。平安時代の公卿。1012年、先の尖ったもので目を負傷。大宰府に名医がいると聞き、自ら大宰府赴任を希望。関白家と九州在地勢力の結合を嫌う藤原道長に妨害されたが、自らも眼病に悩む三条天皇に支持され、9か月を要して大宰府着任。刀伊の入寇では、総指揮官として戦う。高麗が日本人捕虜を奪還し送還したことに対しては、今回も返牒を行い、禄物を与えるのみで対応し、高麗が求める国交樹立には応じなかった。

報すると共に、軍を整え防戦を命じた。大宰府の軍勢はこれを撃退し、最後に襲った肥前国松浦郡で、現地の武士たちに撃退され退却した。その後、高麗軍が女真海賊を撃破した際、捕虜の日本人200数十人を救出して、手厚く保護して日本に送還した。高麗が、日本に対する友好姿勢を示したのである。

この送還よりも前に、家族と共に、女真海賊に捕えられていた対馬判官・長岑諸近[392]が脱出したが、残した老母を気遣い、高麗に渡り、捕虜になった女性たちを伴って帰国し、捕虜の状況などを朝廷に報告している。しかしこの頃の朝廷には、渡海制があった。朝廷の許可なく異国に渡航した者は、処罰の対象になったのである。この渡海制については、山内晋次・細川やよいが律条に基づくとの見解を示し、石井正敏が、911年に定められた年紀制に基づくとの見解を示している。年紀制では、海外からの入国者だけではなく、日本からの出国者も管理していたと考えられており、これらの事情に関しては、石井正敏「高麗との交流」（荒野泰典・石井正敏・村井章介編『日本の対外関係三　通交・通商圏の拡大』、吉川弘文館、2010年）に詳しい。

〔8〕NHK「日本と朝鮮半島2000年」プロジェクト編著『日本と朝鮮半島の2000年』（日本放送出版協会、2010年）。【日本語】

本書については、古代の日本と朝鮮半島との交流の記述が注目されるが、扱っている時期が前掲の関周一『日韓関係史』と重なるの

---

[392] 生没年未詳。百済系渡来氏族。家族を救出するため、国禁を犯して高麗に渡航したが、生きていたのは伯母のみだった。服装や武器から、海賊は女真と見られていたが、それが正解であったことを大宰府に報告。ただ、国禁を犯したことを見咎められ、禁錮刑に処せられた。

で、ここでは省略する。

〔9〕孫承喆『朝鮮時代　韓日関係史研究』(知性の泉、1995年)。【韓国語】

本書は、韓国側から見た日本との関係史である。以下の内容である。

・序論－中華体制から脱中華の交隣体制へ－

朝鮮王朝が、建国以後、東アジア国際秩序で取った対外政策の基本的な枠組みは、事大交隣であった。明に対しては事大で臨み、日本・琉球・女真に対しては交隣で臨んだ。

一般的に、韓日関係の基本的な枠組みは、「交隣」という用語で認識される。「交隣」は、隣国と平和的に共存するという意味を持っているが、朝日関係の歴史的推移は、これと大きく異なっていた。

朝鮮時代の韓日関係を時期的に見ると、1392年の朝鮮建国から、1872年の倭館[393]占領までを指すことが多いが、これを朝鮮前期(1392～1592)・壬申倭乱直後(1607～1635)・朝鮮後期(1636～1810)・開港前期(1811～1872)の4つに区分することができる。

・第一章　東アジア国際秩序と交隣体制

朝鮮時代交隣体制の概念と、その成立過程を把握するためには、

---

[393] 中世から近世にかけて、朝鮮王朝により、朝鮮南部に設定された日本人居留地である。商船の入港地を制限した明とは異なり、朝鮮は当初商船の入港地に制限を加えなかったが、交渉が決裂すると倭寇と化す日本商人もいたため、入港地を制限した。漢城にも倭館が開設された。しかし壬申倭乱以後は、国交が回復してからも、日本人に国内事情を偵察されることを恐れた朝鮮が、日本人の滞在を釜山の倭館に限定し、日本人が倭館の外に出ることも禁止した。日本で明治維新が起こり、1871年、廃藩置県が実施されると、対馬に委ねられていた対朝鮮外交権を外務省が接収。1872年には倭館も接収し、大日本公館と改称した。

まず東アジア国際秩序の基本的な枠組みであった、冊封体制を理解しなければならない。なぜならば、冊封体制が前提となり、被冊封国相互間に成し遂げられる関係であったためである。

羈縻政策もあった。羈縻政策とは、国家間の関係を、あたかも牛か馬でも扱うかの如く、付かず離れずの往来をし、それ以上の積極的な措置を取らないという意味である。積極的な措置とは、周辺国を武力で制圧し、官吏を派遣して統治するという意味である。

・第二章　朝鮮前期　中華的交隣体制

高麗末期・朝鮮初期の日本との関係で、最も大きな問題は、倭寇の禁圧であった。北の大陸対策と同じくらい、南の倭寇対策は国家存亡の危機であった。1405年、日本が明から冊封を受け、東アジア外交関係に編入されたのは、朝日間の多元的かつ階層的な構造を形成する上での契機となった。しかし、朝中関係が、中央集権相互間の一元的な関係であったのに対し、朝日関係は、幕府は多くの通交者の一つに過ぎなかった。

日本との関係を考慮したためか、朝鮮と琉球の関係をテーマにした研究はあまり見られない。しかし琉球は、1372年に国王・察度名義で明に入貢を始め、1404年には明から冊封使が派遣され、正式に冊封を受けた、立派な独立国であった。恐らく、朝鮮は琉球を敵礼的に待遇し、日本国王使と同じ水準であったと考えられる。

琉球使節の派遣主体は、琉球国王しか存在せず、一元的な外交関係であった。日本使節の派遣主体が、日本国王使の他、節度使や対馬島主使など、多様であったのと対照的である。そして、朝鮮と琉球の関係は、捕虜や漂流人の送還の比重が高かった。また、琉球使節には偽使が多く、朝鮮はその対応に苦慮した。

・第三章　壬申倭乱直後　中華的交隣体制の復活

壬申倭乱は、朝日関係だけではなく、東洋三国全体に大きな傷跡を残し、関係修復は容易なことではないと思われた。しかし、1604年には惟政[394]と孫文或[395]が対馬を経て京都に至り、日本の将軍が先に国書を送ることと、犯陵賊を朝鮮に引き渡すことを条件が実現したため、1607年には呂祐吉[396]一行が江戸に到着した。1609年には己酉約条が締結され、歳遣船が渡航することとなった。

朝鮮は、朝鮮との通交を願う倭人を統制する役割を、対馬に与えた。対馬は、幕府と朝鮮の交渉が円滑に進むよう国書改作を始めたが、いつまでも通用することではなく、柳川一件で改作が露見した。

・第四章　朝鮮後期　脱中華の交隣体制

17世紀前半に、中国で明清交替が起きると、朝鮮でも日本でも自民族中心主義が台頭した。朝鮮における自民族中心主義は、朝鮮中華主義と呼ばれる思想体系であり、日本における自民族中心主義は、日本型華夷意識と呼ばれる思想体系である。前者は、朝鮮こそが中華の唯一の継承者であるとし、朝鮮の周辺異民族を夷狄として

---

[394] 1544～1610。朝鮮の僧。尊称は松雲大師。慶尚南道密陽郡生まれ。13歳で仏門に入り、18歳で科挙の僧科に合格。妙香山の西山大師休静の直弟子となった。壬申倭乱では、宣祖は僧たちに抗日戦を命じ、休静を八道都総摂に命じたが、休静は老齢であったため、この任務を惟政に託した。1594年、惟政は3回にわたり加藤清正の陣地に乗り込み、腹を割って講和交渉を行った。戦後、朝鮮は、民間の僧であり、日本の武士の間でも知名度がある惟政を探賊使として日本に送り、1605年3月に京都の伏見城で徳川家康と会見した。数千人の朝鮮人捕虜の帰国も実現し、家康は惟政の人となりに感服したという。日本滞在中、西笑承兌や景轍玄蘇らと漢詩の応酬を行った。

[395] 朝鮮の外交官。壬申倭乱時に日本に拉致されたが、日本語を習得したため、戦中から戦後にかけて、諜報活動も含めて朝日間を往来した。

[396] 1567～1632。朝鮮の文臣。1591年、科挙及第。外交使節として日本とも明とも往来した他、平安道都事や江原道観察使などの地方官も勤めた。

蔑むものである。後者は、日本の天皇は神の子孫であるとする選民意識であり、日本の周辺異民族を夷狄として蔑んだ。

・第五章　交隣体制の変質と崩壊

朝鮮通信使は、1764年に江戸を訪問したのを最後に、1811年は対馬までしか行けなかった。易地通信である。易地通信の表向きの理由は、江戸幕府の財政悪化とされているが、実の理由として、朝鮮蔑視論が台頭していたと考えられる。この時期の、朝鮮蔑視論のイデオローグは、中井竹山であったと考えられる。

財政難に喘いでいた対馬では、大島友之允[397]が、西欧列強が朝鮮に進出する前に、対馬が朝鮮に進出するべきだとの議論を始めた。征韓論の論理が、そのまま継承されている。

1868年、日本で大政奉還があり、江戸幕府が崩壊した。明治政府は、朝鮮に対して大政奉還が行われたことを通知したが、朝鮮側は書契に「皇室奉勅」の文字があることを問題視して、「国制の変更は、日本の国内事情に過ぎない」とこれを拒否することにした。そして、日本が倭館を接収したことにより、朝日の交隣関係は終焉した。倭館は、倭人を懐柔するために、朝鮮が建てたものであり、維持費も朝鮮が出していた。

・結び

1392年、朝鮮王朝が建国された時、東北アジア情勢は複雑であった。中国大陸では、元・明交替期に当たり、日本では南朝と北

---

[397] 1826～1882。対馬藩士であり、日本の外交官である。明治維新直後の日朝交渉に参画した。対馬藩は財政難に苦しんでおり、援助を求めて奔走していた時、老中・板倉勝静の顧問であった山田方谷と出会い、これに感化され、征韓論を唱えるに至った。映画監督・大島渚の曽祖父。

朝が分立していた。朝鮮は、明に対しては事大政策を取り、軍事的脅威を緩和すると共に、日本に対しては対等交隣を、対馬に対しては羈縻交隣を行った。朝鮮後期に至るまで、朝鮮と日本の対等交隣の関係は続いたが、明治維新直後の日本が侵略的な姿勢に転ずることで、対等交隣の関係は終焉した。

〔10〕夫馬進『朝鮮燕行使と朝鮮通信使』(名古屋大学出版会、2015年)。【日本語】

同書の内容は、筆者がこの書物で扱ってきた内容と重なるので、特に注目すべき部分に限定して説明する。

第二部　16・17世紀、朝鮮燕行使による中国観察と中国批判

・第五章　1574年朝鮮燕行使の「中華」国批判

1574年に中国を旅した2人の朝鮮知識人（許篈[398]、趙憲）は、中華人以外の何者でもなかった。中国と朝鮮の税と役を比較する時にも、華夷の区別で行った。朝貢のために北京を訪れたモンゴル人やチベット人を笑った。朱子学でなく、陽明学[399]を奉じる一部の中国人を、批判した。

2人は、「中華」国をも批判し始めた。高麗末期に、最新の学術であるとして学び始めた朱子学は、中国と交流が少ないままに生育し、朝鮮独自の展開を遂げていた。2人は、本来あるべき儒教が尊ばれていない中国にではなく、真に儒教が尊ばれている朝鮮に、中

[398] 1551～1588。

[399] 陽明学は、16世紀に朝鮮に齎された。朝鮮で陽明学を受け入れたのは南彦経、李瑤などであり、発展させたのは許筠、張維などである。朝鮮陽明学は一貫して少数派であり、朱子学派から抑圧され、徐々に衰退し、実学や経世思想に影響を残すのみとなった。大韓帝国末期や、日本統治時代には、若干の復興が見られた。

華が実現されることを期待した。

・第六章　改革法案『東還封事』に見える趙憲の中国報告

趙憲が見た中国は、確かに道路網が整備されており、城壁が堅牢であり、官僚機構が体系的であり、宮廷内部は荘厳であり、万暦帝は学問と政務に励んでおり、理想に近い中国が存在していた。しかし賄賂が横行し、学生は礼儀に欠け、朝鮮同様に税役が重い、という現実の中国も存在していた。理想の中国とは、夏殷周の古代中国であり、古代の中国を朝鮮において回復しようとした。

第三部　朝鮮通信使による日本古学の認識

・第九章　朝鮮通信使による日本古学の認識

朝鮮にとって、朝鮮燕行使は幹線であり、朝鮮通信使はローカル線であった。朝鮮燕行使により、様々な思想や書籍が、北京からソウルへ運ばれた。しかし、明清交替により、朝鮮知識人は、清朝の支配層である満州族を軽蔑し、また満州族の支配に服している漢族をも軽蔑した。

日朝関係で言えば、それまでは高いところにある朝鮮から、低いところにある日本に向かって、思想や書籍が流れるものと決まっていた。しかし、日本で古学が台頭したことで、日朝の流れは一変した。伊藤仁斎の『童子問』は、朝鮮でも読まれており、朝鮮でも古学を無視することはできなくなっていた。1748 年朝鮮通信使の使命の一つに、古学に反論することがあった。

・第十章　1764 年朝鮮通信使と日本の徂徠学

1748 年朝鮮通信使では、通信使たちは日本の古学に反発するだけであった。しかし、1764 年朝鮮通信使では、荻生徂徠[400]に好奇心を示し、徂徠の弟子までもが関心の対象になった。

しかし、徂徠の学問が、朝鮮に伝えられることはなかった。一つには、「宋儒によらずして経典を説く者は厳重に処罰される。」朝鮮では、朱子学は国定の学問であり、朱子学とは異なる儒教を広めようとしたら、それは反体制と見做された。また、元重挙[401]によれば、「天地の気は北から南に流れる」ものであって、南から北へは流れない。北にある朝鮮から、南にある日本へ思想や書籍が流れることはあっても、南にある日本から北にある朝鮮に向かって思想や書籍は流れない。特に18世紀は、朝鮮的華夷観念の最も激しい時期であり、中国の学術・文化すら拒絶していた。

日本の学術・文化が朝鮮に影響を与えるようになるのは、それから50年後である。契機となったのは、洪大容[402]の燕行であった。

・第十一章　朝鮮通信使と日本の書籍

朝鮮通信使として来日した成大中の子、成海応は日本古学の業績に関心を持ったが、「倭人はもともと贋作を好む」という先入観があり、『論語義疏[403]』は日本人が巧妙に捏造した贋作であると断定

---

[400] 1666～1728。江戸時代中期の儒学者、思想家、文献学者。朱子学や伊藤仁斎の仁斎学を批判し、古代の言語、制度文物の研究を重視する古文辞学を標榜した。ただし、古文辞学も古学の一種に分類される。漢籍を訓読せず、元の音をそのまま読むことで、本来の意味を復元できると考えた。

[401] 1719～1790。朝鮮の文官。1764年朝鮮通信使の書記として来日し、日本の記録を多く残した。日本人を朱子学に教化することを目標にした。

[402] 1731～1783。朝鮮後期の哲学者、天文学者、数学者。忠清南道出身。35歳の時、北京に赴き、ドイツ人の欽天監正（天文台長）と議論を行い、『医山閭山問答』を著し、地球自転説を唱えた。ただし、朝鮮で最初に地球自転説を唱えたのは、半世紀前の金錫文である。

[403] 中国・南朝梁の儒学者、皇侃による『論語』の注釈書。現在、日本での抄本は、室町時代にまで遡れる。江戸時代には、そうした抄本に基づき、種々の木版本が刊行された。特に有名なのは、荻生徂徠門下の根本武夷が、足利学校蔵の室町写本を底本にしながら、他本との校勘を加えて刊刻したものである。

した。しかし、『論語義疏』は15～16世紀には存在しており、彼がそれを知ったならば、その段階で彼の考証は崩れていたことになる。

第四部　東アジアにおける洪大容燕行の意義

・第十二章　1765年洪大容の燕行と1764年朝鮮通信使－両者が体験した中国・日本の「情」を中心に－

日本や中国の知識人は、「情」を重視していたが、朝鮮知識人は「情」を重視していなかった。朱子学は厳格さを特徴とするが、日本古学や日本国学は情欲を積極的に肯定した。伊藤仁斎は、中国の戴震[404]に酷似しているという。そして、この「情」は、当時としては国際感染力を持っていた。最初、洪大容は中国人の「情」を責め立てていたが、1か月足らずで「過情」の人となり、帰国してから自らの体験を『乾浄術会友録』に纏めたところ、忽ちこれに共鳴する者が現れた。代表的な人物は、朴斉家や李徳懋[405]である。

・終章

1764年朝鮮通信使は、日本で蘭学という新しい学問が出発する10年足らず前に来日した。このため、『解体新書』の出版には間に合わなかった。『解体新書』が出版された時、洪大容はまだ存命であったが、その出版を知る由がなかった。1811年の最後の朝鮮通信使は、対馬止まりであったため、新しい学問の動向については何も伝わらないで終わった。

---

[404] 1724～1777。中国・清代中期の学者、儒学者、思想家。清朝考証学を代表する。安徽省出身。
[405] 1741～1793。朝鮮後期の学者。百科全書『青荘館全書』を編纂。庶子出身でありながら、奎章閣検書官に抜擢される。開城で没。

〔11〕姜在彦『朝鮮儒教の二千年』(朝日新聞社、2001年)。【日本語】

この文献も、本書の記述内容に関連する部分に限定して説明する。

・第一章　孔子以前の箕子朝鮮

朝鮮古代史について叙述している、日本の『日本書紀』に当たる文献は、高麗17代国王・仁宗[406]が儒臣・金富軾[407]に命じて編纂させた『三国史記』である。『三国史記』では、庶民の非合理的な迷信・伝説・卑俗な歌謡は取り上げておらず、箕子についても触れていない。朝鮮の儒者たちが、朝鮮を古くから中国と同質の礼を持つ、東方君子の国として誇る場合、中国の殷末周初の時代に、箕子が朝鮮に封じられたことを根拠にするにも拘わらず。この箕子東来説は、中国の史書には取り上げられている。

僧の一然は、『三国史記』からこのような怪力乱神が省略されたことが不満であった。そのため、私撰の歴史書『三国遺事』を編纂し、『三国史記』では無視されている建国神話や、古民謡、民潭などを採録することにした。檀君の物語は、『三国遺事』に記載されており、日本の建国神話とも類似点が多い。

・第四章　高麗王朝の「仏教立国」

高麗を創建した王建は、新羅末期の貴族の出身ではない。恐らく

---

[406] 1109～1146。母方の祖父であり、養父である李資謙と対立し、毒殺されかけたが、叛乱に勝利し、李を流刑にした。開城から平壌への遷都運動をきっかけに発生した妙清の乱では、『三国史記』の著者・金富軾を総征討大将に任命し、遷都反対の文臣派が勝利した。金や宋との外交・交易にも注力した。

[407] 1075～1151。高麗の官人、儒学者。慶州金氏。西京（平壌）出身の妙清が、風水地理説を根拠に西京（平壌）遷都を主張したが、儒教的な正統思想の立場から西京（平壌）遷都に反対し、遷都の動きを封じ込める。『三国史記』を著したものの、中国文献を無批判に引用しており、儒教の基準により古い伝説を切り捨てているとの指摘がある。

開城を拠点とし、臨津江[408]河口の穴口鎮で海上貿易に従事し、富力と軍事力を蓄積した豪族であったと思われる。

958年、光宗[409]が科挙制を始めた。科挙制は、1894年の甲午改革[410]で廃止されるまで、1000年近く、官僚登用の国家試験として機能した。ここに世襲制の貴族ではなく、一代限りの士大夫層が現れた。ただし建国功臣の一部には、科挙の結果とは関係なしに官職が与えられる蔭叙制も設けられた。976年、土地からの租税収入を官僚の等級によって支給する田柴科が施行された時、官僚が文官と武官の両班に分けられた。

高麗の科挙制度は、尚文軽武と呼ばれる。教育制度としても、武学が欠落していた。建国初期の、私兵集団対策の結果であると考えられる。武班は、蔭叙によるか、戦争の時に武勲を立てるより他に、官職を得る方法がなくなった。

高麗にとって、契丹＝遼[411]の騎馬軍団は大きな脅威であった。遼は、鴨緑江[412]西方の領有を巡って、993年、1010年、1018年と高麗に侵入した。特に1010年の侵入では、顕宗[413]が羅州に避難したため、都・開京が焼き尽くされた。1021年、高麗が遼の冊封を

---

[408] 源流は江原道法洞郡。全長273km。京畿道坡州市で漢江と合流し、川幅が広がる。河口には江華島がある。元の軍隊に脅かされた高麗は、一時都を開京から江華島に移した。元の騎馬部隊は、川幅800mの臨津江を渡ることができなかった。

[409] 925～975。第4代高麗王。中国に対しては国王を称していたが、国内に対しては皇帝を称することもあった。奴婢を解放し、豪族の力を削ぎ、王権の強化に努めた。

[410] 1894年から1895年に掛け、開化派が中心となり、保護国状態の朝鮮の近代化を図ろうとした改革である。大日本帝国の指導の下で行われた。当初高宗は拒否していたが、後に拒否をしたのは閔族や清の李鴻章・袁世凱の意向によるものだったと拒否を撤回。三国干渉後、閔妃を中心に親露派の影響力が強まり、改革は停滞した。改革の停滞は、日露戦争と、それに引き続く日韓併合に道を開いた。

受けることで和平が成立したものの、女真族が自立して国号を金[414]とし、1125年に遼を滅ぼした。北方に再び脅威が現れ、軟弱な文治主義を以てしては、対応は不可能であった。睿宗[415]の時代に、武臣養成のために武学斎が設置され、科挙でも武科を実施したが、武臣が進出して文臣とトラブルを起こすことを恐れ、1133年には武科は廃止されてしまった。文臣から蔑視されたことに対する怒りは、後の武臣政権出現の背景となる。

尚文軽武の文治政治は、高麗後の朝鮮にも引き継がれ、朝鮮末期にまで及んだ。自主国防を疎かにし、中国諸王朝との事大外交で独立を維持しようとする他力本願的な姿勢は、近代まで尾を引いた。

・第六章　私学十二公使と国子監

中国では、宋の時代になると、儒教では従来の唐漢学に代わって、朱子[416]が創始した宋学即ち朱子学（程朱学とも）が台頭す

---

[411] 内モンゴルを中心に、中国の北辺を支配した契丹人耶律氏の征服王朝である。916～1125。中国の版図を領有したのは、燕雲十六州と遼寧のみであり、中原は領有していない。

遊牧民と農耕民を別の方法で統治する二元政治を行い、遊牧民に対しては部族法で、農耕民に対しては唐法で統治した。遊牧民に対しては、国民皆兵が実施された。日本人が遼と貿易した場合、日本の側が密貿易と見做した。高麗に対しては、高句麗の故地の獲得を目指して大いに侵攻し、一旦は高麗の側の要請で、高麗に対する冊封が成立するものの、その後も高麗に対し大いに問罪の師を興した。

[412] 白頭山に源を発し、黄海に流れる。全長790km。10世紀以降、高麗が江東六州を領有し、鴨緑江を朝鮮半島の北限とした。

[413] 992～1031。第8代高麗王。高麗と宋の関係を断ち切ること、江東六州を取り戻すことを目的にした遼軍に侵入され、遼に対する入朝を誓約したものの、反故にした。

[414] 満州から中国北半部を領有した女真族の征服王朝。国姓は完顔氏。1115～1234。漢族王朝の北宋を滅ぼし、タングートの西夏を服属させた。猛安・謀克制を実施し、この制度を通じて徴募された一般女真人が、金の軍事力拡大に一役買った。

[415] 1079～1122。第16代高麗王。父王・粛宗の事業を引き継ぎ、女真征伐を行い、千里長城東北地域に9城を設置した。

る。この後朱子学は、朝鮮においては国定の哲学として定着する。

高麗でも、主に君主権を強化する目的から、仏教を批判し、儒教を広めようとする傾向が現れた。挫折はしたものの、成宗が国子監を設置しようとしたのは、儒教の官学化を目指したものである。官学化が挫折した後は、私学であった。

折しもこの時期、北方では遼が滅亡し、金が台頭した。開京にいる官僚たちは、金に以小事大し、金の矛先を交わそうとしたが、これに反対する者が叛乱を起こした。妙清の乱（1135 ～ 1136）である。西京（平壌）を都に定めて、国号を大為、年号を天開とした。「大」や「天」の字は、宋に対する配慮から、避けていたものである。『三国史記』の著者・金富軾は、この叛乱を鎮圧することに成功した。

・第七章　文臣の退廃と武臣政権

文臣による武臣蔑視は、目に余るものがあった。金富軾の息子・金敦中[417]は、将軍の髭を焦がしてふざけ、また博打に負けた将軍に平手打ちを食らわせたという。そしてその日、武臣たちによる叛乱が起きた。当時、上将軍や大将軍の合議機関として重房があり、これが政府の実権を掌握した。しかし武臣たちの間では権力争いが絶えず、主導権は猫の目のように変わった。

---

[416] 1130 ～ 1200。5 歳の頃に、「宇宙の外側はどうなっているのか」と思い詰めたという。18 歳で科挙の本試験に合格。禅に傾倒したこともあったが、儒教の古典の学習に励み、40 歳の時に心を未発（心の中に情や思慮が芽生えていない状態）と已発（心の中に情や思慮が芽生えた状態）に分けた。身分制度の尊重や、君主権の重要性を説いていることから、明の国教に定められ、朝鮮からは唯一の学問とされた。

[417] ？～ 1170。科挙文科に合格し、侍従を務めた。

1196年、崔忠献[418]が権力を掌握し、漸く武臣政権は定着した。崔氏武臣政権は、1196年から1258年間で、4代続いた。高麗王朝の国王も存続していたが、崔氏は自由にその廃立を決定できた。対モンゴル戦争で、結局は敗北したものの、金王朝や南宋のようには蹂躙されなかった。

武臣政権の時代には、「袈裟を掛けた儒者」が現れたという。つまり、「儒」と「仏」との境界線が低くなり、儒教と仏教が融合したのであった。このような状況を、後の朝鮮の儒学者たちは、「儒教の暗黒期」と呼ぶこともある。

・第八章　朱子学の伝播と排仏論

北宋の時代には、新法派[419]と旧法派[420]が対立し、南宋の時代には、講和派と抗戦派とが対立し、士大夫層の政治意識が高揚した時期である。士大夫層は門閥貴族とは異なり、実力によって科挙に合格するために読書し、「修己治人」の儒教を身に着けつつ、一代限りの官僚として政治に従事した。

従来の儒教は、唐の太宗[421]の時に制定された『五経正義』[422]が科挙のための教科書となっており、それは五経に対する漢代の注釈

---

[418] 1149～1219。政権を牛耳っていた李義旼を暗殺し、政権を掌握。高麗王・明宗に弊政の改革を要求する封事10か条を進言した。1197年には明宗を廃して、弟の神宗を擁立。都房と呼ばれる、国軍に勝る強力な私兵を養成し、私田を蓄積して、それを経済的・軍事的な基盤とした。

[419] 北宋の王安石が進めようとしていた改革。西夏や遼との国境線の緊張、律令制度の実態との乖離による令外官の増大、地主と小作人の格差の拡大などが背景にあった。

[420] 新法に反対した者。元老では欧陽脩、富弼、文彦博、韓琦がおり、若手では司馬光、程顥、蘇軾兄弟などがいる。

[421] 598～649。高祖李淵の次男。諱は世民。貞観の治と呼ばれる太平の世を築いた。東突厥を撃破し、西北の遊牧民の首長から天可汗の称号を贈られた。

[422] 唐の太宗の勅を奉じて撰した『周易』『尚書』『毛詩』『礼記』『春秋左氏伝』。

を集めたものであった。漢代の訓詁学[423]や、唐代の詞章学では、宋代に高揚した士大夫たちの政治意識に応えて、治国・平天下の道筋を示すことはできなかった。異端としての仏教に対抗することもできなかった。これが、宋学、あるいは程朱学、あるいは朱子学が成立した背景である。

程朱学は、元代に入ってから科挙に採用された。高麗の儒者たちにも、元の科挙を受ける者が現れた。華夷の弁別にやかましい程朱学が、モンゴル人の元を通じて高麗に導入された。もっとも、モンゴル人は西域の文明に接しており、中華文明を至上のものとは考えておらず、むしろモンゴル人の文明化＝中国化を警戒していた。そうしたモンゴル人を夷狄として蔑視したのは、宋や高麗の儒者たちの独りよがりであった。

・第九章　易姓革命－高麗から朝鮮へ

明の太祖李元璋は北征を続け、元の都の大都（北京）に迫った。元の順帝は各地のモンゴル軍閥に救援を依頼したが、これに呼応した者はなく、大都を放棄し、北方の上都（開平府）に逃げた。これより後の元を北元と言う。順帝が病死した後、北元の帝王となった昭宗はカラコルムに拠点を移し、中原復帰を狙っていたが、太祖が満州を制覇すると、モンゴル族は分散し再起不能となった。

高麗に設置された征東行省は、日本遠征を目的に設置された官庁であったが、弘安の役に敗北した後は、高麗の内政に干渉するための機関として利用されていた。高麗には親元勢力がおり、高麗王朝

---

[423] 経の意義を解釈した学問。秦の始皇帝が経典を焼いた後、漢の時代に経書の収集と訓詁に努め、唐の頃に大成した。宋・明の時代の理学の対義語。

を廃止して元の一省とし、元の直轄下に置くことを主張した。元が北方の故土に縮小した後も、親元勢力の抵抗は根強いものがあったが、恭愍王[424]は親元勢力の粛清に成功し、征東行省理問所を廃止し、制度及び風習のモンゴル色の一掃を完遂した。

そして、李成桂による威化島回軍が起き、高麗はクーデターで転覆されることになった。

・第十一章　教育と科挙、そして王朝実録

朝鮮が建国された1392年、李成桂は、最高学府である成均館の建設を命じた。成均館は、科挙試の文科大科に応試するための、予備校的性格を持っていた。

ソウルには、成均館の他に、中等教育機関として、四部学堂が設置され、身分の別なく入学できた。また、王族の宗族子弟のための宗学もあり、これは日本で言えば戦前の学習院に相当する。また、地方での儒教教育のために、全国の地方行政区域を単位として、中等教育機関である郷校が設置された。私学の郷校は、書院と呼んだ。

初等教育機関としては、書堂があった。書堂は、日本の寺子屋に相当するが、寺子屋が読み・書き・算盤を教え、帳簿を付ける技能の習得を目指したのに対し、朝鮮の書堂は、儒教一色、朱子学一色である。そのため、大多数の生徒が脱落し、多くの文盲者を生み出す結果となった。

そして、李朝時代の科挙には、文科・武科の他に、訳科、医科、

[424] 1330～1374。第31代高麗王。幼少時は元の宮廷に育つ。即位後は、元の衰退と、明の台頭を背景に、親明政策を取る。南方からの倭寇の侵攻に悩まされ、北方の防備が疎かになり、一時は紅巾軍に首都を奪われた。親元派の宦官に暗殺された。

律科、陰陽科が設置され、雑科と呼ばれた。雑科は世襲され、両班と常民の中間に、中人として位置付けられた。

外国語、天文学、地理学、医学、法律学、数学、画学といった実用の学問を雑学として軽視し、経学尊重・実学軽視の思想が、科学技術の停滞を招いたのであった。

〔12〕赤嶺守『琉球王国－東アジアのコーナーストーン－』(講談社、2004年)。【日本語】

この文献も、本書の記述内容に関連する部分に限定して取り上げる。

琉球王国は、15世紀初期に、中山王により統一され、奄美諸島から先島諸島にまで版図を広げる。しかし1609年、薩摩の樺山久高[425]を大将とする100隻・3000人の軍勢により征服され、以後、幕藩体制の下に異国として組み込まれた。一方、琉球は、明・清との進貢関係・冊封関係を強化し、自身の中国化、つまり日本に対する異国化を進め、薩摩藩や江戸幕府に吸収されないよう、牽制を始めた。幕藩体制下に異国として組み込まれた琉球は、日本の中の琉球であり、清の冊封体制に組み込まれた琉球は、中国の中の琉球であると表現することができる。

中華世界では、中華皇帝と諸王との間の上下関係だけではなく、諸王相互の、対等の礼も存在した。これを敵礼と呼ぶ。しかし琉球は、周辺諸国から敵礼を適用されることはなかった。朝鮮は、琉球国王から敵礼を意味する咨文が送られてきても、咨文で応じず書契

[425] 1560～1634。戦国時代から江戸時代初期にかけての武将であり、島津氏の家臣である。朝鮮出兵に参加し、李舜臣が率いる朝鮮水軍を撃破した。和歌や蹴鞠にも造詣があったと言われる。

で応じた。対等の礼を拒んだのである。日本の足利義持[426]が琉球国王・尚思紹[427]に送った文書にも、日本国内で上意下達の文書として用いられた、御内書様式を用いた。足利将軍は、琉球国王を外国の王と認めながらも、一方では足利氏の家臣と同じ程度に認識していた。

日本は、明の皇帝に対しては、明の年号を用いた上表文を送り、自らを日本国王と名乗り、臣を表明していたが、朝鮮国王に対する文書では、明の年号は用いず、干支あるいは日本の年号を用い、日本国王も称さず、敵礼関係を拒んでいた。

薩摩藩が制海権を握り、幕府の印判を持たない商船の取り締まりを行っていたとしても、独立国・琉球には、薩摩藩による取り締まりに従う義務はなく、商船の那覇入港を許可するかどうかは、琉球王国独自で判断する権限があった。しかし、1570年、薩摩藩は琉球に対し、島津義久[428]への代替わりを慶賀する紋船の派遣を要求し、また、薩摩藩が取り締まりの対象にしている商船の那覇入港を許可しないよう要求してきた。1579年、琉球に渡った明の冊封使は、「琉球にある日本館では、日本人が帯刀し、琉球人が怯えている」と報告している。それ以前の薩琉関係は、隣好之交儀と呼ばれる対等を基本としたが、これ以降の薩琉関係は、島津氏の政治的優

---

[426] 1386～1428。室町幕府第4代征夷大将軍。在職28年は室町将軍の中では最長。守護大名をよく調整したと言われる。

[427] 1354～1421。琉球王国の第一尚氏王統の初代国王。山北を滅ぼし、沖縄本島統一に踏み出した。在位16年間に、明に30回進貢をした。

[428] 1533～1611。戦国時代から安土桃山時代にかけての武将。薩摩藩の守護大名・戦国大名。島津氏第16代当主。一時は九州全域を制覇する勢いを見せたが、豊臣秀吉の九州征伐に降伏し、薩摩・大隅・日向諸県郡を安堵される。

位が明確になって来る。

1570年代、島津氏は、九州制覇を目指していた。肥後・水俣で相良氏を破り、肥前・島原で龍造寺氏を破った島津氏は、豊前の大友氏まで風前の灯火に追いやった。しかし大友氏が、私戦を禁じた秀吉の命に反するとして秀吉に訴え出たため、秀吉は島津氏に軍勢を送った。島津氏に、秀吉の軍勢に勝てる見込みはなかった。島津氏は、一戦も交えることなく、九州制覇の野望を放棄した。その一方で、因幡国の亀井茲矩が、秀吉の全国統一が実現したら琉球を賜りたいと望んでおり、島津氏としては、これを挫いておかなければならなかった。

関白就任後、秀吉は琉球に対しても上洛を要求していた。秀吉に反旗を翻しても、琉球に勝ち目はなく、1589年9月、島津義久の案内により、京都の聚楽第[429]で、琉球国王・尚寧[430]の使僧・天竜寺桃庵が秀吉に拝謁した。秀吉は、これを以て、琉球が服属したものと見做した。

1590年、琉球の実効支配を狙う亀井茲矩は、琉球への遠征を目的として巨艦を造り、3500人を率いて、肥前の名護屋に向かおうとしていた。これを知った島津氏は、朝鮮出兵のために秀吉が島津氏に課した軍役の一部を琉球に課し、兵糧の供出と、名護屋城普請のための資金提供を求め、秀吉に島津氏が琉球を実効支配している

---

[429] 安土桃山時代、豊臣秀吉が、平安京大内裏跡に建てた政庁・邸宅・城郭である。竣工後8年で取り壊されたため、不明な点が多い。

[430] 1564～1620。琉球王国第二尚氏王統の第7代国王。第二尚氏の陵墓は玉陵であるものの、尚寧は浦添ようどれに埋葬されている。薩摩の侵攻を受けたことを恥とし、王家の陵墓に入らなかったとする説があるが、異論もある。

ことを印象付けた。1594年、島津氏は琉球に再度朝鮮出兵の軍役負担を要求してきたが、国力衰微を理由に、琉球はこれに応じなかった。明が朝鮮の側に付いたことを見た琉球は、豊臣政権と距離を取ることを決意し、明に対する服属を強く打ち出すようになった。

1602年、琉球の船が陸奥に漂着した。1599年に、朝鮮に対して国交回復を打診していた家康は、島津氏に対し琉球人たちの送還を安全に実現するよう命じ、もし琉球人が1人死亡したら薩摩の役人5人を成敗すると警告した。家康は、琉球が日朝国交回復交渉の後ろ盾になることを望んでいた。だが島津氏はこの時も、家康が琉球人の送還を薩摩に任せたのは、琉球が薩摩の附属国であるからだと琉球に対し念を押した。

1607年の朝鮮通信使が無事実現すると、家康は、琉球の来聘を求めていたが、琉球はこれに応じなかった。秀吉は、琉球出兵の準備をさせた上で、島津氏に最後の交渉を行わせた。島津氏は、朝鮮出兵の軍役を完納するか、奄美大島を割譲するかのどちらかを求めた。朝鮮出兵の時、琉球が兵糧供出に非協力であったため、島津氏としては、病気と飢餓に苦しんでいたのである。1609年3月、薩摩藩の家老・樺山久高を大将とする軍勢が、薩摩・山川を出発し、奄美大島・徳之島を攻略しつつ、4月に首里を攻略した。王府の守備軍は総崩れして、尚寧は降伏した。5月、島津軍は尚寧を薩摩に連行し、翌年8月には、尚寧に明の皇帝から下賜された中国風の衣装を着用させ、駿府城で家康に接見させた。家康は島津家久に琉球支配を命じつつ、尚寧を江戸で饗応し、琉球はもともと中山国が統治していたから、改易は行わず、これまで通り存続させると伝えている。1611年9月、尚寧は鹿児島を出発し、2年6か月に及ぶ抑留生活を終えた。帰国に際し、尚寧は薩摩に忠誠を誓約する文書を提出している。その後、琉球国王だけでなく、王府首脳も薩摩に忠誠を誓約する文書を提出することが慣例となった。

江戸幕府は、1630年代に鎖国を完成させ、オランダ・中国を通商の国とする一方、朝鮮・琉球を通信の国とした。通商にせよ、通信にせよ、日本型華夷秩序を背景にした制度であった。オランダ商館長は江戸に参府して、将軍に拝謁しなければならなかったし、中国商人たちは、長崎において、家康が江戸に入場した日を祝賀する行事に参加しなければならなかった。通信とは、誼を通じる、善隣友好を指しており、朝鮮はそのような理解をしていたが、実際には江戸幕府は朝鮮通信使を朝貢使と見做していた。薩摩に支配されている琉球については、朝貢使としての意味合いがもっと明確であり、1853年に幕府が編纂した『通航一覧』では、琉球が来航することを来貢と記述している。

薩摩は、琉球の役人の給与決定権、裁判権、祭祀権を保障した。一方で明・清も、琉球が朝貢国の立場を取っている限り、内政には干渉しなかった。しかし、もともと士農工商の身分制度が存在しなかった琉球で、日本に倣った士農工商の身分制度作りが進行した。

1709年、江戸幕府は、琉球の江戸上りを無用とした。しかし、薩摩藩は、琉球国王の江戸上りが、日本の東アジアにおける威信強化のためになると訴え、江戸上りの継続を勝ち取った。これ以降、一旦は琉球国司の名称を与えられて、外国色を薄められた琉球国王が、再び中山国王を名乗らされ、殊更中国風の衣装を着用させられ、清に朝貢する外国からの使節であることを演出するようになった。

琉球では、中国化の一環として、儒教が振興されるようになった。儒教の初等教育が、首里・那覇・泊村で行われるようになり、平等学校や国学では中等教育も行われるようになった。儒教倫理のテキストである『御教条[431]』を地方役人らに命じて農民に読み聞かせを行った。

士族のみに許されていた家譜にも、中国化の影響が現れた。家譜編修時の1690年に、王府から下賜する形式で、首里・那覇・泊の士族に、馬・蔡・毛などの中国姓が与えられた。当初、家譜は和文で書かれていたが、中国化が進む中で、漢文に変更されていった。もともと士族の姓は、領地の地名を名乗っていた。

風水[432]思想も普及した。風水説に叶った墓を作れば、家や子孫が繁栄するとされ、墓の造営に風水師が関与し、中国・福建省の墓に類似した亀甲墓[433]が造られるようになる。

中国化を推進する上で、実務面で重要な役割を果たしたのが、久米村[434]出身の士族たちであった。1671年、久米村の最高役職である総理唐営司を務めた金正春[435]が、尚貞王から孔子廟の建立を許

---

[431] 1732年、琉球王国における実践道徳として布達された文書。蔡温が発案し、豊川親方が起草した。国法、生活規範、道義、習俗、冠婚葬祭について規定している。木版で大量に流布された。
[432] 古代中国の思想で、都市、住居、建物、墓など位置の吉凶禍福を決定するために用いられた。気の流れを物の位置で制御する、という意味がある。
[433] 琉球王国時代には、士族にのみ許された墓であったが、廃藩置県後は庶民の間にも普及した。第二次世界大戦後は、火葬の普及に伴い、より小型化している。沖縄では、本土復帰後に建てられた墓を除いて、大和墓と呼ばれる四角柱の石の墓はほとんど見られない。
[434] 中国・福建省からの移住者が生活した集落。那覇にあった。移住者を久米三十六姓と呼び、琉球で政治的・経済的に高い地位に就いた。日清戦争後に没落したものの、沖縄県の仲井真眞弘知事も、久米三十六姓の子孫とされる。
[435] 1618～1674。

可され、1676年1月に完成している。明清交替期に途絶えていた官費留学生としての官生派遣も1686年に復活し、久米村から選抜された、梁成樹、蔡文溥[436]ら4人が、北京に派遣された。これらの官生は、清の最高学府であった国子監[437]に入学したが、国子監に入学を許された外国人は、琉球人とロシア人のみだったという。

琉球は、琉球が日本に服属していることを、清に隠蔽しようとしていた。琉球王府は、中国人と接触する可能性のある琉球人に対し、琉球と日本との関係を口外しないよう指示していたが、琉球船が清の海岸に漂着することを最も恐れた。積み荷や航海記録から、日本服属が露見してしまう恐れがあったのである。琉球王府は、琉球船に対し、清の海岸に漂着したら、日本との関係を示す積み荷・文書を焼き捨てるよう指示した。もっとも、清の使節は、首里や那覇の市場に寛永通宝[438]が流通していたことから、琉球と日本との関係をうすうす気付いてはいた。しかし、琉球が進貢や冊封を守っている限り、琉球と日本の関係を詮索しなかった。

〔13〕高野史男『韓国済州島－日韓を結ぶ東シナ海の要石－』(中央公論社、1996年)。【日本語】

・二、古代・中世時代

済州島は、耽羅と称する独立国の地位を長く保ち、『三国志[439]』

[436] 1671～1745。帰国後、34歳で病に倒れ、官職にはほとんど就かなかったが、文人として名高く、『同楽苑八景』『四本堂家礼』を著している。

[437] 隋代以降、前近代の中国の最高学府である。特に元代の国子監は、漢族のための国子監とは別に、モンゴル人のための蒙古国子監、西域出身者のための回回国子監を設置した。

[438] 1636年に鋳造が開始された日本の通貨。明治維新以降も通貨としての使用は可能であったが、1953年に通貨単位としての銭や厘が廃止され、これ以降、使用は不可能になった。

[439] 二十四史の一つ。著者は、西晋の官僚の陳寿。

や『後漢書[440]』には、体質・生活様式・言語において、「韓と異なる」ようになった。良（楽）、高、夫の有力3氏族の内、高氏の権力が強くなり、朝鮮半島本土や日本に対して、実質的に耽羅国を代表するようになった。

『日本書紀』『続日本紀』によると、遣隋使や遣唐使は、北路を取るにせよ、南路を取るにせよ、海が荒れると五島列島の次に、あるいは五島列島の前に、耽羅に漂着していた。耽羅の存在は、日本の朝廷に早くから知られていた。『日本書紀』の記述では、661年、嵐のため耽羅に漂着した遣唐使船を送還する際、国王は王子である阿波伎を日本に派遣し、大和朝廷に貢物を献じた。耽羅は、679年には強大化した新羅の服属国となることを余儀なくされたが、日耽の通交は693年間で続いた。耽羅は、日本の支持を得て、領土面での独立を維持しようとしていた。

669年に耽羅国王子・久麻岐が来日し、五穀の種を賜った。672年、677年、688年に耽羅国使節が来日した。しかし、1105年に耽羅が高麗の郡制に組み込まれると、国交を維持する余地はなくなり、海上交通による人的交流のみが維持された。

1105年、済州島は、島民以外による統治を受けるようになった。しかし、済州島民は1168年、1202年、1267年に民乱と呼ばれる叛乱を起こし、高麗の役人を島外に追放した。高麗にとって、済州島は難治の島であった。

モンゴル人の元が高麗を征服しようとすると、高麗は都を開京から江華島に移して抵抗するが、力尽きて1270年、元に降伏した。

---

[440] 二十四史の一つ。著者は、南朝・宋の政治家、范曄。

これを不服とする高麗の三別抄[441]軍は、全羅道珍島[442]に移動して抗戦を続けた。翌年、元・高麗連合軍に珍島を追われると、三別抄軍は更に南下して済州島に逃れた。軍は島民とも協力して海岸沿いに防塁を築いたが、1273年に元・高麗連合軍に降伏した。三別抄軍は日本に使者を送って救援を求めたものの、鎌倉幕府は動かなかったという。

〔14〕金光哲『中近世における朝鮮観の創出』(校倉書房、1999年)。

【日本語】

・序章　異類・異形とその思想

養老律には、外国人同士が犯罪を行った場合は、その国の法律を適用し、日本人と外国人の場合は、養老律を適用するとある。養老律の原文には、日本人を同類、外国人を異類と表現している。日本人と外国人では種類が違うというのである。

養老律と同時期に編纂された『続日本紀[443]』や『三代実録[444]』では、蝦夷と新羅を異類として取り上げている。異類は、敵対するものであり、排斥の対象である。9世紀には、異類は獣観とも呼ばれるようになった。

蝦夷の場合は、単に異類と呼ばれたが、新羅の場合は、他国異類と呼ばれた。他国異類に対する日本については、神明之国と表現し

---

[441] 済州島、巨済島に次ぎ、韓国で3番目に大きい島。東海岸で海割れが起きる。

[442] もともとは崔氏政権の私兵組織であったが、高麗の軍事組織が崩壊していたため、事実上の国軍と化していた。

[443] 平安時代初期に編纂された勅撰史書である。菅野真道らによって797年に完成。『日本書紀』に引き続き、文武天皇から桓武天皇までの歴史を記録する。

[444] 平安時代に編纂された日本の歴史書。清和天皇、陽成天皇、光孝天皇の3代30年を扱う。編年体の漢文で書かれた。

ている。他国異類にも、獣観を伴った。

『今昔物語集[445]』では、異類は修行僧に危害を加えるものとして現れている。異類もしくは異形は、鬼のイメージである。江戸時代中期の荻生徂徠の『政談[446]』では、被差別部落民に別種という言葉を用い、被差別部落民は朝鮮からの帰化人であるとの説に道を開いた。その説の裏には、日本は神国であるとの発想がある。

・第一部　朝鮮観の受容と変容の諸相

914年、三善清行[447]が醍醐天皇[448]に撰上した『意見十二箇条[449]』には、新羅の降伏を聞いた高句麗と百済も降参し、日本に朝貢を絶やさぬようにした、とある。

また、藤原伊通[450]は二条天皇[451]に撰上した『大槐秘抄[452]』において、新羅は神功皇后が打ち取らせた国であり、日本の領に従った国であるとした。

江戸時代後期の小倉藩士・西田直養は、神功皇后を出発点としな

---

[445] 成立年代と作者は不明。前九年の役と後三年の役に関する説話を収録しようとしていることから、1120年代以降の成立であると推測されているが、保元の乱、平治の乱、治承・寿永の乱に関しては一切収録されていないこと、同書が他の資料で確認できるようになるのは1449年のことであることから、1120年代～1449年の成立であると考えられている。

[446] 江戸時代の政治書。荻生徂徠著。享保年間に成立。幕政の危機について、幕府の要人の諮問に答える形式で、政治・経済・社会の問題点と対策を説いた。

[447] 847～918。平安時代前期の公卿・漢学者。

[448] 885～930。第60代天皇。臣籍の身分で生まれた唯一の天皇。藤原時平・菅原道真を左右大臣とし、摂関を置かずに親政をしたことから、延喜の治として称賛された。しかし901年に藤原時平の讒言を入れて、菅原道真を太宰権帥に左遷した。

[449] 平安時代中期、学者である著者が、備中国国司を務めた経験から、国家財政窮乏の原因を指摘し、その対策を提案したもの。律令制解体の様相を伺い知ることができる。

[450] 1093～1165。平安時代後期の公卿。

[451] 1143～1165。第78代天皇。藤原伊通と平清盛を頼りにした。

[452] 政治の在り方から日常生活の過ごし方まで纏めた意見書である。

がら、神功皇后が自ら親征して、属国として毎年80隻の朝貢船を来航させたと『日本書紀』に書いてあると述べる。

・第三部　連綿たる伝統としての展開

865年6月15日、新羅の海賊が博多を襲ったという。これに対して、866年2月15日、宗像大神[453]への告文で、新羅を他国異類として非難している。

---

[453] 日本から大陸及び朝鮮半島への海上交通の平安を守護する三女神である。

結語

本書で述べてきた全体を振り返ってみる。

序章において、朝鮮通信使とは何であるかを述べた後、第一章では三節を通して、朝鮮王朝の対中国王朝、対他国・他民族の外交原理を考察した。それは、中国の考え方に大きな影響を受けていた。華夷秩序、即ち中国の中原を統一した王朝が世界の中心であり、周辺諸民族は中国王朝の皇帝に冊封し、中国皇帝から自国の王に任ぜられて初めて国王の権威を発揮できるというものであった。その体制では、中国皇帝に対する礼が重視され、自発的に礼を守るよう誘導するものの、礼が守られない場合には中国王朝による武力行使もあり得た。

朝鮮は、このような中国の考え方に大きな影響を受け、「事大」と「交隣」を外交原理としていた。中国に対しては「事大」、他国・他民族に対しては「交隣」を原理としていた。その具体的なものが朝鮮から中国に派遣された事大使節である朝鮮燕行使であり、朝鮮から日本に派遣された交隣使節の朝鮮通信使である。朝鮮通信使については、数多くの研究が積み重ねられ、両国の市民レベルでの認知度も高い。それに対して、朝鮮燕行使については、世界の学会においてあまり概要さえも知られていない。それ故、本書では朝鮮燕行使についても取り上げた。

第二章も三節で構成して、16名の朝鮮知識人を取りあげ、その対日認識を検討した。この16名の過半は、朝鮮通信使などとして実際に来日した人々であった。これらの人々の対日認識を観察すると、日本を夷狄視している点に共通点がある。その一方で、日本の技術が優秀であることを認めている。このような日本認識は、日本について知っていることと言えば、中国書籍で日本について言及されていることや、壬申倭乱の記憶ばかりであった人々に於いて、大きな影響を与え、また貴重な情報源ともなったのである。

第三章では六節から、朝鮮通信使の日本における足跡、一行を迎えた日本の人々の関心や交流などについて取り上げた。迎え入れた日本側の人物としては20名を挙げた。次に、朝鮮通信使の中から1748年使行と1764年使行とを取り出した。

1748年使行では、使節一行が伊藤仁斎の古学に触れたことが注目される出来事の一つであった。周知のように、朝鮮では朱子学を中心とする宋学が国是ともいうべきものであったから、仁斎の古学という異質な儒学に触れたことは大きな意味を持ったのである。

次に、1764年使行では、古学の旗頭の一人であった荻生徂徠の思想に触れたことが重要である。それは亀井南冥を直接の接点としての接触であったが、大きな反発を招くと共に、その思想を受容する側面も見られるのである。

日本に進んだ中華文化を示そうとする朝鮮通信使と、徂徠の学問やその影響を受けて発展してきた側面を持つ国学の台頭から、朝鮮文化を進んでいるとは考えなくなってきている日本側の学者などの対立が生じてきていると見られる。

このような状況について、18世紀前半ばまでは、日本人は朝鮮通信使に敬意を抱いていたが、金ギョンスク氏は、『日本に行った朝鮮の知識人』(原文韓国語、筆者邦訳・熊津シンクビク2012年)で「1748年使行以降、日本が朝鮮通信使に対する態度を変えた」とその変化を述べている。

第四章は二つの節から、日本側の朝鮮観の変遷について考察した。日本側に連綿と流れる朝鮮蔑視と、具体的な朝鮮蔑視について記述した。そこには、国学・日本庶民の伝統的な朝鮮蔑視・西洋の衝撃といった3つの要素が、朝鮮差別の源流になって行ったと考察した。

最後に付した補論は、本書の骨格を成すものは今から七年ほど前に作成したものであるので、その後に得た知見を含めて先行研究の補足として加えたものである。14の先行研究を取り上げその内容を紹介した。

さて、以上が本書の全体で述べてきたことであるが、前述のように金ギョンスク氏は、『日本に行った朝鮮の知識人』の中で、1748年使行以降、朝鮮通信使に対する態度を変え始めたという問いをなげかけている。本書は、金ギョンスク氏のそのようななげかけに答えることも主眼としている。

また、数多くある朝鮮通信使の研究の中で、朝鮮側からの視点による研究は少ない。本書はそのような視点からの研究である。当該問題について筆者なりの考察をすることができたと思うが、いかがであろうか。読者諸賢のご示教を仰ぎたい。

主要参考文献

1. 日本語

書籍

・田中康夫『中世対外関係史』（東京大学出版会、1975年）。
・荒野泰典『近世日本と東アジア』（東京大学出版会、1980年）。
・田代和生『書き替えられた国書－徳川・朝鮮外交の舞台裏－』（中央公論社、1983年）。
・宮崎道生『新井白石の研究』（吉川弘文館、1984年）。
・宮崎道生『新井白石の現代的考察』（吉川弘文館、1985年）。
・辛基秀・村上恒夫『儒者姜沆と日本』（明石書店、1991年）。
・松浦茂『清の太祖ヌルハチ』（白帝社、1995年）。
・田中健夫『前近代の日本と東アジア』（吉川弘文館、1995年）。
・山本博文『対馬藩江戸家老』（講談社、1995年）。
・片野次雄『徳川吉宗と朝鮮通信使』（誠文堂新光社、1996年）。
・高野史男『韓国済州島－日韓を結ぶ東シナ海の要石－』（中央公論社、1996年）。
・李元植『朝鮮通信使の研究』（思文閣、1997年）。
・金光哲『中近世における朝鮮観の創出』（校倉書房、1999年）。
・河宇鳳『朝鮮実学者の見た近世日本』（ぺりかん社、2001年）。
・姜在彦『朝鮮儒教の二千年』（講談社、2001年）。
・赤嶺守『琉球王国－東アジアのコーナーストーン－』（講談社、2004年）。
・仲尾宏『朝鮮通信使をよみなおす－鎖国史観を越えて－』（明石書店、2006年）。

・鄭章植『使行録に見る朝鮮通信使の日本観ー江戸時代の日朝関係ー』(明石書店、2006 年)。
・河宇鳳『朝鮮王朝時代の世界観と日本認識』(明石書店、2008 年)。
・嶋村初吉『玄界灘を越えた朝鮮外交官・李芸』(明石書店、2010 年)。
・NHK「日本と朝鮮半島 2000 年」プロジェクト編著『日本と朝鮮半島の 2000 年』(日本放送出版協会、2010 年)。
・井上泰幸・金時徳『秀吉の対外戦争ー変容する語りとイメージー』(笠間書院、2011 年)。
・夫馬進『朝鮮燕行使と朝鮮通信使』(名古屋大学出版会、2015 年)。
・関周一『日韓関係史』(吉川弘文館、2017 年)。

論文

・金仙熙「江戸期朱子学者の『武国日本』認識と朝鮮観」(『広島大学大学院教育学研究科紀要』第 2 部、文化教育開発関連領域 51、375 〜 383 頁、2003 年)。
・韓桂玉「征韓論の原点、『三韓征伐』は虚構の物語」(『理戦』(78), 106 〜 121 頁 , 2004 年、実践社)。
・井上厚史「新井白石の朝鮮観」(『環』23 号 114 〜 125 頁、藤原書店、2005 年)。
・姜錫元「国学と対朝鮮観」(『環』23 号、136 〜 142 頁、藤原書店、2005 年)。
・片山幸治「韓日の小中華思想に対する雨森芳洲の批判ー文化相対主義の観点から」(韓国外国語大学日本学、2008 年)。
・鄭英実「朝鮮後期知識人と新井白石像の形成ー使行録を中心

に－」（『東アジア文化交渉研究』第 4 号、関西大学）。

2. 韓国語

書籍

・鄭玉子『朝鮮後期文化運動史』（一支社、1988 年）。
・鄭玉子『朝鮮後期知性史』（一支社、1991 年）。
・孫承喆『朝鮮時代韓日関係史研究』（知性の泉、1995 年）。
・鄭玉子『朝鮮後期朝鮮中華思想研究』（一支社、1998 年）。
・金경숙『日本으로 간 朝鮮의 선비들－조선통신사의 일상생활과 문화교류』（熊津싱크빅、2012 年）。
・金두헌『朝鮮時代技術職中人身分研究』（景仁文化社、2013 年）。

論文

・韓우근「白湖 尹鐫研究 1・2・3」（『韓國學報』15・16・19、1961 年）。
・李成茂「朝鮮初期의技術官과그地位－中人層의成立問題를中心으로－」（『柳洪烈博華甲紀年會論叢』1971 年）。
・유봉학「北學思想의 形成과 그 性格」（『韓國史報』8、1982 年）。
・河宇鳳「李德懋의『蜻蛉國志』에 對해서」（『全北史學』第 9 輯、1985 年）。
・河宇鳳「元重擧의『和國志』에 對해서」1989 年。
金進「朝鮮後期醫官研究 18 世紀『醫科榜目』을中心으로」（高麗大學校教育大學院碩士學位論文、1990 年）。
・許在惠「18 世紀醫官의 經濟的活動樣相」（『韓國史研究』71、1990 年）。

・李원술「朝鮮後期（江戸時代）韓日交流의 位相」(『韓国史學論叢』(下)、1992 年)。
・강신항「韓日兩國譯官에 對한 比較研究」(成均館大學校人文科學研究所、1993 年)。
・金良洙「朝鮮後期醫官의 顯宮實職進出」(『清大史林』6、1994 年)。
李규근「朝鮮後期內醫院醫官研究『內醫先生集』의分析을中心으로」(『朝鮮時代史學報』3、1997 年)。
・李원식「朝鮮通信使와 韓日文化交流」(『朝鮮通信使研究』朝鮮通信使學會、2000 年)。
・齋藤明美「『交隣須知』의 系譜와 言語」((株) J & C、2001 年)。
・金헤란「雨森芳洲의 教育観」(韓國外國語大學校日本學、2008 年)。
李호윤「新井白石와雨森芳洲－朝鮮으로부터의視線」(『石堂論叢』45 輯、東亞大學校石堂學術院、2009 年)。
・李길원「雨森芳洲의 言語觀과 國際交流」(東亞大學校、2012 年)。

あとがき

朝鮮通信使というと、日本の高等学校の教科書でも少なからず取り上げているように、比較的広く知られている使節であろう。しかしながら、その名前を知っているだけで、具体相についてはほとんど思い浮かばない、というのが多くの人々の受け止め方ではないだろうか。専門研究の角度を考えてみても、日本側からの視点による研究が多く、朝鮮側からの視点による研究は相対的に少ないのが現状であると思われる。

筆者は、これまで韓国語の修得に努め、朝鮮側からの研究に目配りしてきたので、本書は朝鮮通信使の研究に多少なりとも寄与できた部分があるのではないかと自負している。

本書で述べてきたように、朝鮮通信使の往来は、時には緊張と反発を示しながらも、日本と朝鮮との文化交流という面でも大きな意義があった。この点でも、日本では、新井白石・雨森芳洲など特定の人物や時期に注目されてきた傾向が強いと思われる。その意味から、同時代の知識人、特に朝鮮側の知識人について筆者なりの紹介や見解を述べることにも努めた。

勿論、日本側の研究の渉猟が未だ不十分であること、日本と朝鮮の儒教理解、その土台をなす中国の儒教への理解など、今後の課題とすべき点も多い。恩師矢嶋道文先生が本書にお寄せくださった文章にあるように、「テーマ全体を鳥瞰し、なおも緻密に仕上げる技」の修得に精進したいと思う。

さて、このように単著を刊行することができたことは、実に感慨無量である。これは、本書へもエールを送ってくださっている矢嶋道文先生のご指導と応援に拠るものである。また、厳しい出版事情の中、本書の刊行を引き受けてくださったクロスカルチャー出版の川角功成社長の英断がなければ、実現しなかったものである。さらに、同社顧問の三澤勝己先生には、本書全体の構成や表現などについて、有益な示唆を与えていただいた。この場を借りて、三人の方々に深甚の謝意を申し述べさせていただく。

最後に私事にわたり恐縮であるが、本書の企画を知らせてから、本書の刊行を待ち望んできた両親に捧げられることが何よりも嬉しい。

なお、本書末尾にある「著者略歴」のスケッチは、父によるものである。

2024年8月

小田弘史

著者略歴：

小田弘史（おだ　ひろし）

小学校非常勤講師。
東京都生まれ。
1992 年 3 月　早稲田大学社会科学部卒業。
2009 年 4 月　明星大学人文学研究科教育学専攻博士前期課程入学。
2011 年 3 月　同上修了。
2013 年 4 月　関東学院大学文学研究科比較日本文化専攻博士後期課程入学。
2019 年 3 月　同上単位取得満期退学。
論文「金ギョンスク氏の朝鮮通信使研究とその課題」（『KGU 比較文化論集』8、2016 年）「韓国における韓日交流関係史研究を考える」（『KGU 比較文化論集』9、2018 年）「孫承喆『朝鮮後期対日政策の研究』の研究」（『KGU 比較文化論集』11、2020 年）など。

朝鮮通信使と同時代の知識人

2024 年 11 月 30 日　第 2 刷発行

著　者　　小田弘史
発行者　　川角功成
発行所　　有限会社　クロスカルチャー出版　事業部
〒 101-0064　東京都千代田区神田猿楽町 2-7-6
電話 03-5577-6707　　FAX 03-5577-6708
http://crosscul.com
印刷・製本　モリモト印刷株式会社

ISBN 978-4-910672-43-4 C3023 Printed in Japan

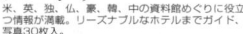